房地产企业战略突围的N种模式①

与13位卓越总裁巅峰对话

明源地产研究院◎编著

中信出版社 · CHINACITICPRESS · 北京 ·

图书在版编目（CIP）数据

房地产企业战略突围的 N 种模式：与 13 位卓越总裁巅峰对话 / 明源地产研究院编著.
—北京：中信出版社，2014.11（2019.9 重印）
ISBN 978-7-5086-4866-8

Ⅰ.①房… Ⅱ.①明… Ⅲ.①房地产企业－企业管理 Ⅳ.①F293.3

中国版本图书馆 CIP 数据核字（2014）第 233176 号

房地产企业战略突围的 N 种模式：与 13 位卓越总裁巅峰对话

编　　著：明源地产研究院
策划推广：中信出版社（China CITIC Press）
出版发行：中信出版集团股份有限公司
（北京市朝阳区惠新东街甲 4 号富盛大厦 2 座　邮编　100029）
（CITIC Publishing Group）
承 印 者：北京通州皇家印刷厂

开　　本：787mm×1092mm　1/16　　印　　张：23　　字　　数：300 千字
版　　次：2014 年 11 月第 1 版　　印　　次：2019 年 9 月第 8 次印刷
广告经营许可证：京朝工商广字第 8087 号
书　　号：ISBN 978-7-5086-4866-8 / F·3275
定　　价：55.00 元

序

白银十年的生存法则

黄金十年已然过去，白银十年悄然来临，房地产业正从过去卖方市场转向买方市场，消费者更加理性、成熟，甚至越来越“挑剔”……没有成功的企业，只有时代的企业。在买方市场主导的白银十年，房地产界越来越清醒地认识到，拿地即赚钱的时代已经过去了，做地产必须回到企业原点，扎实做好产品与服务，这才是白银十年的王道。而目前热火朝天的全民营销，只是房企为了快速卖房的一种渠道与理念创新，它或许只是一种短期行为，在更长的时间轴线上，房企要回答，消费者为什么要买你的房子？你的产品竞争力在哪里？你的服务有什么差异化？这些问题房企若不能直接回答并成功实践，未来的路将不再乐观。

成长型房企在保安全前提下死磕规模

地产进入千亿时代后，很多房企在回归产品与服务的同时，也发现规模是一个综合竞争力的表现。在过去几年中，很多房企在“规模战略”上频频出招。首先，很多房企主动舍弃部分利润，以价换量，快速出货，最终迅速拉升规模，涌现出 N 匹黑马；其次，很多房企在产品线上聚焦“主流刚需”市场，切实提升刚需、首置产品的结构占比，以此更快速地去化；最后，调整城市布局，许多房企将主战场从过去的三、四线城市转向一、二线城市，而由于一线城市的相对高房价，这种高基数带来的规模增长更加事半功倍。某种程度上，城市布局结构的升级也是快速做大规模的一种策略。

规模房企强调从波动式向稳定式增长

大型房企具备较大规模后，会开始担忧过去大起大落的波动式增长，更希望转变到稳定式增长的轨道上来，走向内生的质量型增长。

什么是质量型增长？房企往往将其归集为提升 ROE（净资产的收益率），那么白银时代房企如何提升 ROE？根据杜邦财务体系，ROE 大小的核心取决于销售利润率、资金周转率和权益乘数三个指标相乘，房企提升 ROE，核心策略就是要迅速补课“最短板”，且改变能够改变的。

第一，对于销售利润率这个指标，房企其实已经很难改变。个中原因就在于房地产业经过十余年的市场化洗礼和内部竞争力塑造，无论是聚焦高端、高溢价、净利润 20% 左右的房企，还是追求薄利多销，净利润率仅 5%~10% 的房企，都已经形成各自领域的利润稳定性，因为这些企业不同的毛利率偏好，也对应着企业内部价值链（成本管控、销售）和外部价值链（供应商战略合作、优胜劣汰）的差异策略和多年实践。而在未来，房企要找到和巩固自己的利润区和生态链，比如与利润区匹配的团队、产品、供应商和客户群等，最终形成自己相对固定的生态模式。

第二，对于资产周转率这个指标，房地产企业尤其是百强房企之间的差距已经不大。应该说，过去企业独特的高周转能力还是企业的核心竞争力，但目前伴随房地产行业运营能力的整体提升，高周转已演变为房企的一种必备技能。对于高周转战略，开发商都在朝着将更多工作前置（比如更多把串行变成并行），更好地优化高层前期决策点，更好地实现设计、营销、成本的三大协同以及压缩技术工期等全面发力。总结起来就是，房企尤其是百强房企在高周转这一块可以提升的空间不大。

可见，就上述两个指标而言，一则企业已经定型，二则企业间差距不大，房企要做大 ROE，就只有从权益乘数即金融切入了。事实上，国内房地产金融化才刚刚开始，对于房企而言，在此方面可以成长和提升的空间非常大。首先，可提升金融信誉等级，不同房企的金融信誉等级差异，使得融资成本差别大，比如目前很多中型房企融资成本达 15% 甚至更高，而中海、华润置地等大型房企融资利率才 3%~5%。其次，用更少的钱撬动更多资金杠杆，比如万科尝试的小股操盘模式，这种模式的意义在于，一则属于轻资产模式更安全，二则净收益率更高。当然，在这个过程中，也要找到与企业自身扩张或稳健战略匹配的融资策略，资产负债率太高很可能会再现第 2 个、第 3 个顺驰，太低又掣肘企业扩张成长，所以负债率合适安全最重要。

可以推演的是，未来房企要实现质量型增长，提升 ROE，能够做更大改良的空间还在于财务能力的提升。

房企未来之道：阳光互惠、持久共生

与政府合作：从“地下模式”到“阳光模式”

房地产行业初期，开发商跟政府合作，更多依靠人脉，依靠关系，甚至以寻租方式拿到地块。伴随房地产市场化程度提升和政府对“市场的归市场，政府的归政府”的调控定调，未来房企与政府的合作，将越来越“阳光化”。其核心表现就是房企与政府的合作，会从过去的人脉模式转变到房企以独特商业模式、独特资源去跟政府谈判。比如，朗诗用绿色环保地产以城市地标如超高层写字楼、中南集团以造城专家、华夏幸福用产业地产增加税收就业和经济增长等模式与政府沟通……“阳光化”将是未来房地产业政企合作的必然方向，但需要提醒的是，阳光化的前期在于房企要提前形成有特色的商业模式，要有独特的核心竞争力。

与银行合作：开发商要“自强”，强化现金流与弹性经营计划

银行号称房地产的“银根”，其重要性显而易见。但银行考虑到自身风险和安全性，往往对于房企的贷款更多表现出一种“只愿锦上添花、不敢雪中送炭”的心态。房地产企业的内部经营一旦在经营性现金流上出现问题，银行就会马上严肃对待，甚至提前终止对企业的贷款。特别是在微利和多变的房地产白银十年里，市场风云变化，难以预测。我认为，未来聪明的房企不会固守一成不变的战略，而会更强调建立一种弹性的经营计划和现金流管理体系，强化内功，以应对多变的市场。另外，未来房企跟银行合作会更凸显规模效应，成长型房企必须迅速做大规模，才能拥有更多与银行谈判的筹码和资本。这就好比百亿之前，往往都是房企去找银行借款，而一旦越过100亿元规模，银行和其他金融机构就会主动找上们来，当然100亿元这个门槛标准，正在快速提升。

供方同路人：对伙伴更开放，倒逼房企内部管理变革

首先，房企要意识到，未来房企的竞争是供应链的竞争，这种供应链竞争核心表现为供应商结构的竞争，即你有什么样的供应商结构，你就有什么样的成本水平。某种程度上，未来大型标杆房企成本管理之间的竞争，将不再是简单意义上成本管理水平的竞争，而是转变为各自合作供应商数量、资质、结构和合作深度的综合竞争。

其次，房企必须打破甲、乙方思维，将供应商与开发商平等视为项目价值链上的不同部门，彼此合作也由过去的短期合作向长期合作方向迈进，而不是一味压榨供应商，否则最终利益受损的还是自己。比如，龙湖就把供应商当成“同路人”，始终强调与供应商一起成长，双赢持久。

最后，优秀的房企还可以尝试以更加开放的心态面对供应商，不少标杆房企尝试用外部价值链来倒逼或是主动刺激内部价值链的改善和优化。比如，对于变更和现场签证，供应商往往是最有动力即时录入合同的，优秀的企业完全可以把官网录入的接口开放，供应商就会很快录入合同变更或签证，最终倒逼房企内部管理变革和提升执行力。

客户平台化：有人流，有信任，就有“大未来”

移动互联网时代，房企尤其要在营销端加速变革创新。比如，在前端的策划销售环节，通过移动互联网做更多的营销创新，线上做品牌，线下做销售，完美打造O2O营销新模式，又甚至不排除未来整个营销关键节点在线上全部实现。而在后端社区维度做好服务创新，用移动互联网整合资源，打造社区平台，如花样年的彩生活平台就是先行者。花样年总裁潘军强调，“请不要叫我开发商，我们是社区服务商，我们只要牢牢掌握了社区终端，就等于掌握了未来。”事实上，开发商与业主同在一个小区，是最容易建立信任关系的，一则因为业主买房就自然对开发商品牌是相对认可的，二则开发商物业与业主同在一个小区，抬头不见低头见，只要用心服务与经营，是更容易建立信任关系的。有了人流，又建立了自身与业主的信任关系，那么后期各种各样的商业盈利模式就水到渠成了。

总之，未来中国房地产会从增量市场转向存量市场，整个楼市也将从黄金十年转向白银十年，房企要想决胜未来，必须回归和重视产品与服务，在产品上强调差异化与高性价比，在服务上比拼细节与打造新兴生活方式。因为在未来，房地产卖的已不仅仅是房子，而是一种生活方式，一种更时尚、更健康、更绿色的生活状态，未来开发商，将定位于成为城市新兴生活方式的提供商。

明源地产研究院院长　姚武

2014年9月5日

目 录

商业篇

住宅篇

第一章

“快鱼”海亮——成长型房企高周转最佳实践

独家对话海亮地产总裁　周迪永

“快周转”并不是个新鲜玩意儿，

地产大鳄成长型房企都在玩。

但海亮地产的快周转独具特色。

海亮从拿地到开盘已有效控制在 6 ~8 个月，

有些项目甚至不到 3 个月，可以说臻于极致。

但海亮的快周转并非从拿地到交房整个价值链都快，

而是以预售为界，

前段追求高周转，后段追求高品质，

在速度与品质间取得较好的平衡。

企业素描

"快"已经成为海亮地产的鲜明标签。一是成长速度快，销售额从2011年的26亿元、2012年的53亿元，到2013年的153亿元，连续3年实现超过100%的高速增长；二是运营速度快，从拿地到开盘控制在6～8个月，有些项目甚至不到3个月，可以说已臻于极致。分散布点是海亮更快拿到地的关键策略。目前，海亮在全国25个城市有70余个项目，项目业态覆盖住宅、商业、酒店、公寓、写字楼等。

规模：10年25城70多个项目

海亮2003年进入房地产行业，截至2013年年底拥有总资产已超过300亿元，在25个城市拥有70多个项目，已实现全国化布局。

业绩：近3年每年实现超过100%的高速增长

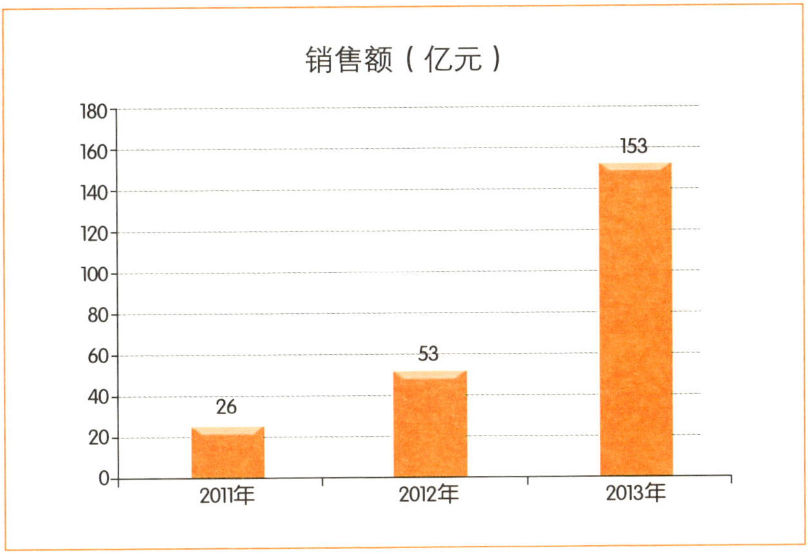

百强座次：

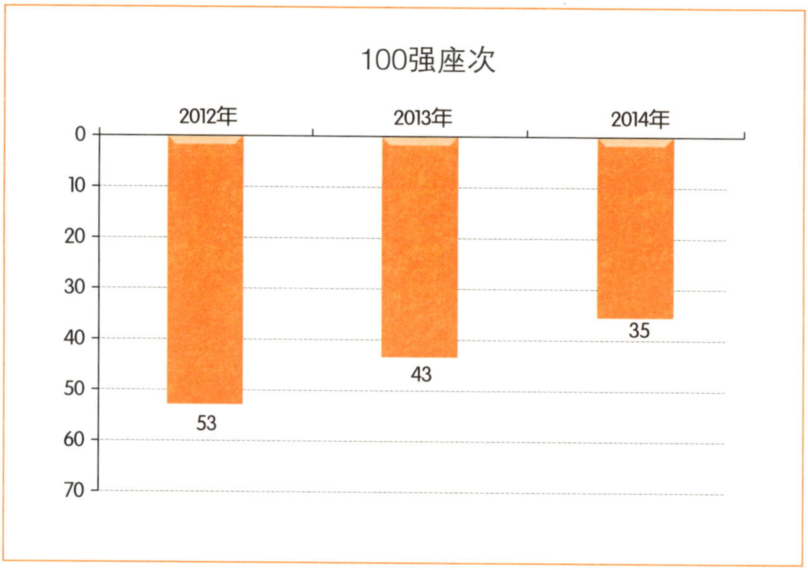

资料来源：2014 年中国房地产百强企业研究成果发布会（国务院发展研究中心企业研究所、清华大学房地产研究所、中国指数研究院）

2012 年、2013 年中国房地产 500 强测评成果发布会（中国房地产研究会、中国房地产业协会与中国房地产测评中心），中房网

周迪永

70后总裁，浙江诸暨人。曾任华润大连营销中心总监，2009年进入海亮地产，2011年任海亮地产控股集团管理有限公司总裁。2011年5月，海亮地产集团管理有限公司成立，总部设在上海，周迪永几乎是“单枪匹马”来到上海，并用短短3年的时间，迅速将海亮地产带入到一个持续发展的快车道，让海亮地产从一家名不见经传的小房企一举跃入全国房企50强之列。

周迪永管理语录

未来十年拼的是规模、技术和人才：

房地产业未来的盈利模式要发生变化，现在各方面成本都有所提升，盈利空间越来越小，市场对企业经营团队也提出了更高的要求。接下来的十年是房地产业拼规模、拼技术、拼人才的十年。

海亮高周转意在建立规模优势：

海亮高周转，目的不在于速度，而更在于建立规模优势。规模是企业非常重要的一项竞争力指标，在地产行业，只有在有了一定规模之后才会有相应的品牌，有了品牌，公司在人力资源等各个方面才会更有优势。

高周转模式下品质不能降低：

高周转的核心是资金的高周转，资金的高周转意味着要迅速回笼资金。而关于大量的生产过程，还是要以一个比较正常的速度来进行，而且一定要确保高品质。如果品质不行，就卖不掉，卖不掉还怎么做到高周转？

想多拿地又不想高价拿地就多布点：

对地产企业而言，投资是第一步。如果地拿错了，价格高了，基本上就失败了。既不想高价拿地又想拿到地，唯一的方法就是多参与，在城市的布点上适当广一点。

引言

未来的3~5年，没有规模的房企将会被行业边缘化，但如何做大规模？目前看来，高周转是主要策略。海亮地产在早年名不见经传，但近3年，高周转战略让其迅速成为"百亿军团"中最大的一匹黑马。从2011年的26亿元、2012年的53亿元，到2013年的153亿元，销售额连续3年实现超过100%的高速增长。"快鱼"海亮，名副其实地成为国内成长型房企高周转的最佳样本。

第一节　海亮版高周转——只在预售前求快

面对"大鱼吃小鱼、快鱼吃慢鱼"的地产格局，海亮于2012年就旗帜鲜明地提出了高周转战略，并要求全国各项目在开发速度上达到当地领先水平，对比传统，从开发到开盘12个月的周期，海亮要求在保证品质的前提下将周期压缩至6~8个月。更有甚者已经做到3个月开盘，如海亮阜阳公司御府项目从拿地到开盘就仅仅用了87天。

一、海亮高周转的四大理由

在业界看来，"快"已经成为海亮地产的发展标签，那么除了做大规模之外，海亮为何要推行高周转战略？总结起来，原因有四点：其一，高周转可以让海亮"跑得更快"，因为快，就可以更好地规避政策风险，也更容易抓住稍纵即逝的市场机会；其二，能够在政府领导任期内尽快出成果、出业绩，在更短时间内让政府收到土地款和税收收入，这样政府往往会给予更多的支持；其三，高周转让资金回笼更快，可以让手中始终握有相对充足的现金，不仅能减少现金流风险，还能充分利用预售款、土地款分期支付、合作方垫资等资金杠杆，实现房地产项目以小博大的金融属性；其四，高周转是收益最高的模式，海亮经过多轮测算，无论市场向好还是遇冷，高周转都能大幅提高整体的资产收益率（利润率×周转率）。例如，假设期初股东投入土地款5亿元，按照传统项目开发，从拿地到开盘12个月，那么一年就只能投1个项目；但若加快周转速度，从拿地到开盘缩短到4个月，推盘首期若能够实现3亿~4亿元回款，那么这笔5亿元资金只占用了6个月，就又可以投入到下一个项目。这5亿元的股东资金1年就可以周转2次甚至更多次。

二、海亮高周转的分段玩法

1. 高周转本质：资金的高周转

虽然很多房企都在推行高周转，但理解和做法却不一样。在海亮看来，高周转的本质在于资金的高周转，核心是如何最大程度地减少单位时间内对项目股东资金的占用，或者说是使自有资金在单位时间内实现收益最大化。

懂得高周转核心的本质后，海亮在项目土地选择上就能“有的放矢”，而不像其他高周转企业那样墨守成规，“只拿规模较小的地块”。海亮从“资金周转”这一核心角度出发，即使地块较大，只要能分期付款，单位时间内较少占用股东资金，依旧可以去拿。或者，规模土地在成长型区域，未来土地价格的涨幅会高于财务利息，这样的地块同样可以去拿。所以，高周转的关键在于读懂本质。

2. 高周转指标：三大运营指标

高周转这个名词听起来很宽泛，在执行运营上又该如何落实呢？海亮认为，评判一个项目是否做到高周转，关键要看三个指标：其一，是整体的现金流回正时间，即整个项目的投资回收期。其二，是从拿地到动工、预售的时间。海亮目前要求住宅项目从拿地到动工的时间是 4 个月，从拿地到预售的时间是 6～8 个月。其三，是销售去化速度，海亮要求项目开盘后 30 天内去化率不低于 60%，90 天内去化率不低于 80%，项目入住去化率不低于 98%（见图 1－1）。

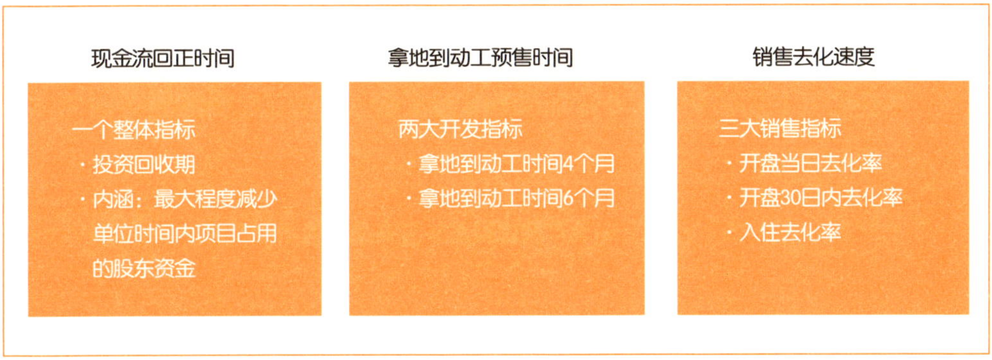

图 1－1　高周转三大指标

3. 高周转特色：以预售为界，前段高周转，后段高品质

高速发展如何快而不乱？海亮给出了极富特色的答案——海亮高周转并非追求项目开发从拿地到交房整体的“快”，而是以预售为界，前段求快，侧重高周转，后段以质量为先，侧重高品质（见图 1－2）。通过采取“分段聚焦、分时聚焦”的策略，实现高周转与高品质的平衡。

高周转模式主要聚焦项目开发的前半段，即从拿地到预售阶段，这个阶段属于股东自有资金占用阶段，大量的财务利息要求海亮必须加快开发速度；而开盘到交房阶段的主体建设和客户服务，海亮则更注重项目高品质的打造。周迪永非常强调高周转模式下的品质不能降低，“如果品质不行，本身就卖不掉，卖不掉还何谈高周转？”在此阶段，海亮针对性地推行了质量第三方检查、工程验房、

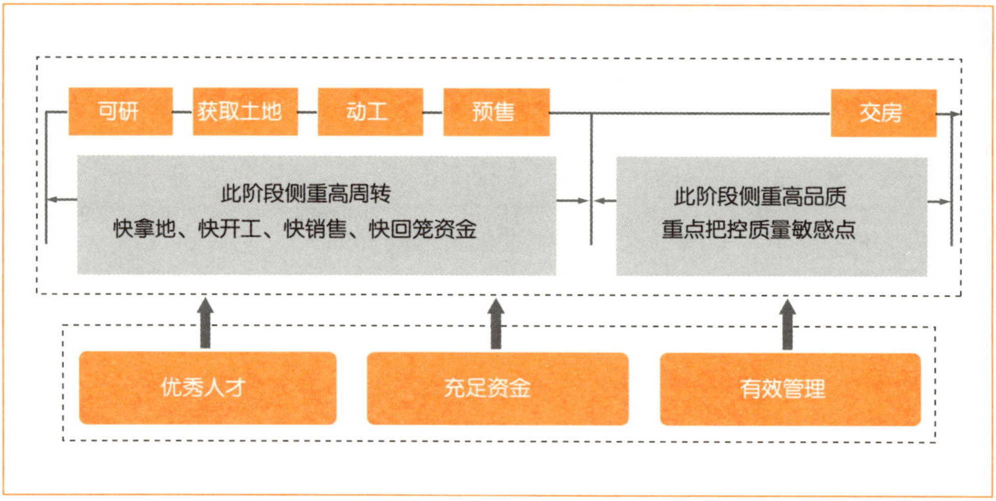

图1-2　海亮地产实现高周转与高品质的平衡

客户满意度调查等质量把关举措，并将业主最为关注的质量敏感点（如漏水、空洞等）进行重点把控，现场工程师需每天进行2~3轮质量巡检、拍照存档。

除了高品质保证外，海亮在项目开发过程中还穿插了“成本领先”战略，通过先进的成本管控方法和技术平台实现成本管控，通过管理优化控制开发进度，最终达到整体健康的“高周转”目标。

第二节　高周转落地术——拿地开工销售均快

海亮的高周转并非冒质量风险压缩工期，而是通过将定位、设计、招采等工作前置来实现快速开发，同时，从人才、资金、管理等方面着手，全面保障高周转的有效落实。

一、高周转的“三个更快”

高周转说来容易做来难，为强化高周转的高效落实，海亮推行了“三个更快”原则，即更快拿地、更快开工、更快销售。

1. 更快拿地

高周转和规模化发展需要海亮多拿地、快速拿地。这就要求海亮拿地模型要更明确，拿地方式要更灵活，拿地范围要更分散。

（1）拿地模型更明确，拿地方式更灵活

为了支撑快速拿地，首先，海亮明确了拿地模型，以便在找地、拿地时更准确和快速地做出判断。目前，海亮一般会选择以招拍挂为主的净地，规模在 20 万～30 万平方米，可以在 2～3 期内做完，且保障至少有几种物业能够满足快速销售条件。当然，如前所说，海亮拿地关键在于吻合资金快周转的本质。

其次，追求更灵活的拿地方式，除以招拍挂为主外，海亮也在积极尝试多元化、多渠道的拿地方式，不断拓展拿地机会，如收购兼并、合作开发拿地、先做一级开发创造二级开发机会等。

最后，拿地准备更充分，更前置。为增强招拍挂拿地能力，海亮要求拿地前方案就要做到最优，要能够把土地的价值最大化地体现出来，以增加拿地时的信心。此外，无论土地能否拿到，海亮都会提前与政府沟通，如土地该如何付款、政府报建该如何做，从定位方案到目标成本都会得到基本确认，甚至对总包都会考察完毕。

（2）分散布点扩大机会

海亮认为，企业要想获得更多的拿地机会，首先就得多布点。另外，海亮不想拿高价地，但又想尽量拿到好地，唯一方法也是多参与，多做城市布点。一线城市土地招拍挂一旦碰到几家相争，竞争就会非常激烈，而从全国范围来看，部分二、三线城市其实也存在“一些优质地块竞争却不太激烈”的机会。这一点，海亮多年来在西北地区、中西部地区有实战体会。此外，全国分散布局，也更容易让海亮

在全国市场范围内更精准地把握市场热点，在更大范围内实现优化资源配置。

在具体城市布点上，海亮奉行“战略驱动为主，机会主义为辅”的策略，战略驱动关键在于聚焦国内二、三线省会城市和部分地级市，在发展上奉行精耕细作策略，持续积累和复用当地政府资源、客户资源、供应商资源以及口碑效应。在省内布点上，一个省往往会精选 3～4 个城市，而一个城市里会选择多个项目，数量没有明确限制。

对于地级市的选择，一般会瞄准人口净流入的三、四线中心城市，着重看其增长潜能，此外还要考虑“一旦进入之后能否快速建立海亮项目的竞争优势”。例如，海亮布局的江西赣州，人口有 1 000 多万，周边没有大城市，到南昌要 4 个小时，到广州要 5 个小时，赣州周边的城市化人口与资源流向大多只有归向赣州。同时，赣州有很多稀土等矿产资源加工行业，使得这里的人们购买力较强，而且大型开发商也不多，因此海亮坚定地进入赣州市场。

机会驱动，是以纯粹机会为导向，遇到一些优质地块或者好的机会随机进入。其针对的对象主要为部分县级城市，甚至是好的乡镇。这种机会驱动下的拿地项目，同样也能实现企业规模与利润的提升。

（3）利用集团多产业资源优势获得拿地先机

作为中国企业 500 强，海亮集团以铜加工起家，现已发展为以有色金属、地产建设、农业食品、环境保护、基础教育为主体的多元化国际化大型民营企业集团。海亮集团的多产业、全国化发展，在各地提前积累了良好的品牌、丰富的社会资源、政府资源和信息资源，这对海亮地产拓展与拿地大有助益。

同时，海亮集团各兄弟产业的品牌输入、资金输入、产业联动对海亮地产也是实质性支撑。例如，海亮集团的环保节能、有机农业等产业能帮政府和老百姓解决民生问题，大大提升老百姓的生活品质，因此在获取土地时政府也会给海亮更多机会。

2. 更快开工

海亮地产的高周转不是在建造过程中压缩工期，而是将建造前的大量工作进行前置，比如团队前置、定位前置、方案前置和招标前置，大量压缩定位、设计和报批的时间。

（1）团队前置——拿地前项目核心团队要到位

海亮每新进入一个城市都会提前 2～3 个月招聘团队，总经理更要提前到岗，以熟悉海亮企业文化。在拿地之前，项目总经理和各个部门负责人就已招聘到位或已储备齐了。例如，海亮某区域总经理在进入海亮后没多久就临阵挂帅，快速组建工作团队，当月就以 2.34 亿元竞得一地块，相隔不到一月，又以 4.59 亿元竞得另一地块，而在拍地之后的 5～6 个月，两个项目就同时对外销售。

（2）定位前置——产品定位满足快销

好的定位关键在于尽可能让后期销售没有风险。海亮在定位上要求产品能满足快速销售的目标，除了要求做刚需产品外，还要求高层主力户型也必须满足快销目标。另外，海亮不会盲目拔高土地价值，更多是尊重土地价值，顺势而为，确保客户能在最大程度上接受产品和主力户型。

（3）方案前置——拿地后 1 周报方案，抢快 3 个月开工

方案设计是最重要的前置工作，海亮拿地之前项目方案就已接近报批程度，有些方案甚至会做到扩初阶段。正如前面所讲，海亮拿地之前就跟政府相关部门作了沟通，方案完全满足规划条件，所以真正拿到地块后，1 周就能把方案报进去。而对比同行平均水平，往往都要 3 个月，海亮相当于“抢”回了近 3 个月的时间。如果没拿到地岂不浪费？海亮对这个问题早已算过账：没拿到地，也就多

付了一些设计费，多费了一些工作精力；但如果拿到了，拿地到开盘就可能从 8 个月缩减为 5 个月，而这个时间，节约的将是好几千万的财务利息。

（4）招标前置——供应商考察前置，与战略总包单位深度合作

为了更快地开工，海亮首先对总承包、土方、桩基单位、示范区景观、精装修、软装等合作资源都进行前置考察，并高效完成所有考察报告，以便给新拿地块储备合作资源，节约资格预审时间。其次，为了加快开工、节约成本并减少纠纷，集团特别成立了战略采购部，并与铭轩建筑公司（海亮集团旗下的建筑公司）建立战略合作关系，规定当期开发土地70%都由铭轩建筑公司接手。有的大项目需要与几家总包单位建立合作的，其中一家也一定是铭轩建筑。最后，作为支撑快开快销的营销配套建设（如景观示范区、样板间、售楼处），很多时候没有时间招标，但又要保证品质，这些也都由铭轩总包来做，速度往往比其他同行要快。

海亮地产与总包铭轩建筑公司、战略采购部进行联动，最大的好处是资金可以垫付，能有效利用集团资源控制成本，同时也免去了招标环节，减少了前期大量的洽谈沟通工作，能加快项目开发进度。

除了工作前置之外，更快拿到“五证”也是海亮实现更快开工的关键点。受益于自身高周转战略，海亮很多项目拿地 5 个月后就要进行预售，这要求国土证、施工证也要提前拿到，所以海亮就会更快于同行支付政府土地款，一般会远远快于各地政府规定的“拿地后 6 个月付清土地款”的常规周期，因此政府也会按照规定更快给海亮五证“放行”。

3. 更快销售

（1）产品 80% 锁定为适销刚需

快速销售，首先要做对产品，尤其是要做迎合主流市场的产品。考虑到目前整个房地产宏观调控对高端住宅的抑制，以及刚需市场的庞大，海亮 2011 年就

已调整好产品结构，确立以刚需为主的单一产品线策略。截至目前，海亮80%的产品都是面向刚需市场的。当然随着房地产主流市场的变化，海亮产品定位也会随需而变，但不变的是适销的产品策略。

（2）拿地后1～2个月就建临时售楼处蓄客

海亮大多数住宅项目从拿地到预售才6个月时间，项目身处二、三线城市，需要建立以客户积累为主的营销策略，而售楼处、示范区作为关键的展示场所和营销触点又缺一不可。因此，为更好地支持蓄客和快销，海亮在拿地后1～2个月或是一动工就开始搭建临时售楼部，完成蓄客接待。真正的售楼处造出来没几天就可以开盘了。

（3）先开没有地库的楼栋

为更快开盘，海亮在首次开盘时尽量选择没有地库的楼栋，这样往往可以抢占1个月的时间，使得提前回收的现金流又可快速投入到下一轮拿地项目上。此外，为保证目标资金的回笼，海亮地产强制要求首期推盘去化率要达到70%，而一旦项目预售现金流回正，就会视情况而决定是否调整销售策略，整个销售体在去化速度上强调“前紧后松”的销售策略，且各节点步步为营。

（4）以低于10%的利润率快销

是“舍利快销”还是“逐利慢销”？海亮追求高周转、做大规模，更注重前者。为落实薄利多销，海亮强调在项目现金流回正之前优先确保销售速度，并通过降低利润率（不到10%）来换得售价竞争优势，去化速度往往更快。

为支持快速销售，在销售模式上，总部也鼓励区域进行营销创新，原则上只要不损害或欺骗客户、不损社会道德，电商、团购、网购、行销等方法都可以尝试与创新。比如，宁夏银川公司用团购模式把房子卖到大型企业中去，去化速度和效果就非常好。

（5）营销道具及动作标准化

别人10个月开盘，海亮只需5个月，效率足足提高了一倍左右，但营销的常规工作和营销道具并没有减少，特别是从拿地到销售积累客户的时间非常短。能做到这一点，关键就在于海亮推行了很多标准化动作。比如在营销道具上，海亮要求售楼处设计和建造标准化，原则上不允许创新。而在营销动作上，由于海亮产品线聚焦刚需和首改，在地块的选择、客户分析、营销的套路方面都相对标准化了。

二、高周转的“三个支撑”

海亮地产能够很好地把握高周转和高品质两者之间的平衡，离不开人才、资金和组织管控的三个支撑，这三个方面的有力支撑保证了海亮地产高周转战略的有效落地。

1. 人才支撑

高周转战略意味着员工选择了一份“高业绩、高压力、高强度”的工作，而且海亮对项目运营要求很高，某些城市的项目相对万科、恒大这些大牌开发商的项目，开发速度更快、目标成本更低、开盘去化率更高，这自然对海亮的人才提出了更高的要求和挑战。

（1）多起用年轻员工，侧重“事业导向型”成长人才

海亮处于高周转快速发展阶段，对员工来说就意味着工作的高强度、高频率。同样一个项目，别人干1年的活儿，海亮可能半年就得干完，还不能牺牲品质，这就要求海亮必须筹建一支极其敬业、专业且具备快速决策能力的队伍，并要求地区一把手和整个团队都要更有激情、更有责任感、更有冲劲。基于此要

求，海亮在总体用人策略上更倾向于起用年轻人，尤其是侧重“事业导向型”的成长型人才。

（2）倡导“专业人才向管理人才转型，管理人才向商人转型”

从人才成长空间来看，海亮远远领先于同行的高周转带来的是更快的项目扩张、更多的城市扩张，这也意味着海亮员工面临更多的升迁机会、锻炼机会。一个关键岗位，大型房企往往有十几个候选人竞争，而海亮在“高人均产值”约束下的人员数量控制，以及快速扩张的人才需求，从系统上保证了现有员工只要做得好，就会有很多升迁机会。在具体用人策略上，海亮敢于给成长型人才机会，除区域公司会倾向于选择成熟型人才外，城市公司基本都倾向于选择成长型人才。比如对于城市公司的关键岗位，海亮并不会在市场上找一些老手，而是更倾向于找经过公司某些管理岗位培养，或者经过业务实践检验的年轻人。

对于员工能力锻炼，海亮倡导“普通人才向专业人才转型，专业人才向管理人才转型，管理人才向商人转型”的成长策略。比如海亮要求各级负责人从传统的职业经理人思维跳出来，学会以企业家、商人的思维去作决策，去经营项目和公司。要求各级负责人从拿地到方案、从施工到销售、从分期开发策略到定价策略，都要基于现金流、利润率、周转率、负债率、可持续增长和客户导向意识等综合维度去作决策，而不是单一的产品思维、财务思维，这种育人导向，非常锻炼高级人才的全局视野和综合能力。

（3）拉大差距，重奖优秀

没有激励机制，单纯依靠总部自上而下的高强度、高业绩的目标要求，执行力必然会大打折扣。对此，海亮有针对性地采取了三大举措，其一是基于高周转建立了“薪酬业绩联动”策略，即骨干尤其是区域一把手的薪酬完全和区域公司规模、利润、销售额挂钩，赚得多就分得多；其二是结合预算设立单项大奖，如“高周转奖、业绩贡献奖、质量奖、成本领先奖”等；其三是拉大薪酬差距，即对所有做得好、付出多的骨干加大奖励，拉大优秀与普通表现员工的薪酬差距，达到“良币驱逐劣币”的促进效果。

2. 资金支撑

资金是海亮做大规模的关键要素，需要持续投入。海亮在资金上整体无忧，更关注的是以什么样的成本融资以及如何做好资金安全管控。

（1）融资成本低

背靠500强企业，海亮地产的资金优势并不在于融资渠道的创新，而在于银行和金融机构对海亮地产的信任程度高，融资成本相对较低。目前，海亮地产销售额已做到全国50强，来找海亮寻求合作机会的金融机构开出的条件也不一样。所以规模发展后，海亮地产在乎的不是融不融得到资的问题，而更多是以多少成本融资的问题。

（2）守住65%资产负债率的安全底线

现金安全是高周转的有效保障，海亮一直秉承稳健经营的方针，将资产负债率严格控制在60%~65%左右。这样做的意义有两点：一是快速扩张时能够严格控制经营风险，集团对单个项目的资金链控制得非常紧，但对整个集团的资金链则相对“留有余地”，这是因为房地产所面临的市场销售是不可控的，房企并不能保证回款都能按时按量完成；二是降低融资成本，因为资产负债率很低的话，金融投资机构给出的信用评级会很高，相应的银行融资成本就会下降。

3. 管控支撑

（1）总部定位要有所为有所不为

海亮高周转运营对一线总经理和整个团队能力要求非常高，因此，经营方面必须高度授权给地区公司以及城市公司总经理，充分发挥他们的能动性。但与此同时，随着企业规模越来越大，系统性的风险肯定在不停积累，有时牵一发而动全身，再加上行业竞争加剧对业务线专业能力的要求越来越高，因此，总部必须在放权的同时做好整体风险点的强管控。

在周迪永看来，从企业全局和风险考虑，总部肯定是先强调管控职能，然后在此基础上再谈发挥更多的服务职能，而此过程中总部提供不了服务的地方，一定也是授权最大的地方。总部需要做到“管控战略要清晰，管控对象要有取舍”。比如，针对影响利润实现的关键点和核心风险点（如拿地、项目定位、方案设计、重大招投标、销售定价等环节）进行严格控制。当然，强管控也会因地制宜，比如对成熟的区域公司，会加大授权范围和力度，包含方案的确定、重大招投标等；对刚成立的新公司，或者比较偏远的地方人力资源不足的时候，总部会介入得多一些。整体而言，总部是管控机构，强调在管控的同时，创造更多的价值，批示审核的过程就是把控风险和贡献专业价值的过程（见图1－3）。

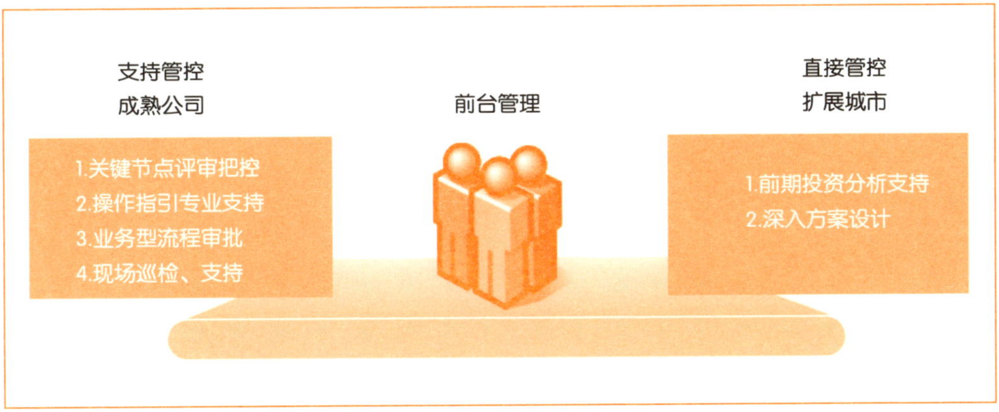

图1－3　海亮总部管理定位

（2）总部做实、区域做强、城市做精

高周转需要很强的组织能力，海亮摸索出一套“总部做实、区域做强、城市做精”的分级管控策略。在海亮看来，在总部—区域—城市 3 级架构下，总部一不小心就容易做虚，要么管得太多，要么该管的没管好。因此，海亮对总部定位首先强调做“实”，侧重风险管控和战略中心。地区公司作为利润中心，有实实在在的业绩，很难做虚，要其做大做强，总部会倾斜更多资源，合理大幅度授权。目前，海亮大部分经营决策在地区公司层面解决，城市公司相当于操作与执行中心，需要做精，更强调项目进度、工程质量和快速销售。

结　语

海亮业绩翻倍，创造了成长型房企快速成长的奇迹，也成为中国房企高周转的最佳样本。但周迪永着重强调，海亮高周转的目的不是速度，而在于建立规模优势，在于打造一家稳健、持续增长的健康企业，任凭市场风云变化，海亮始终稳健前行！

第二章

“黑马”阳光城——2年10倍的扩张传奇

独家对话阳光城总裁　陈凯

2013 年看闽系房企，闽系房企尤看阳光城！

是年，阳光城以绝对的黑马之势，

闯进中国房企销售榜 30 强，

完成百强“三级跳”的惊艳一跃。

业绩增速行业第一，

毛利率超越利润之王中海地产，

营收与净利润“齐飞”，

阳光城玩转了运营的“快”字诀。

企业素描

1995年，阳光城集团始创于福州，在2012年之前一直偏居福建一隅，名不见经传。2012年，阳光城将管理总部迁至上海，自此，开启了全国化、规模化的发展模式，并跑出了令业界惊讶的“阳光速度”。2013年，阳光城实现年度销售业绩220.2亿元，大跨步迈入房企TOP 30阵营。从2011年23亿元，2012年100亿元到2013年220亿元，阳光城实现了超200%的年度销售增长率，远高于2013年房地产业100强49.5%的整体销售额增长率，并且在福建区域实现了近150亿元的销售额，牢牢坐稳“福建王”的房企龙头位置。阳光城的下一目标是TOP 20，销售额500亿元！

领跑企业不仅要跑得快，更要站得稳。2014年，阳光城提出了16字战略要诀：细分市场、精细运营、金融创新、应对变化。从如何跑得更快，到如何活得更好，阳光城对行业有了更多应对性、预见性的思考。

规模：聚焦3大城市群，深耕4大城市

截至2014年4月，阳光城集团已进入福建、上海、陕西、甘肃、山西、江苏、浙江等省市发展，土地总储备逾700万平方米，全国储备货值近1 000亿元。基本形成了“以大福建圈、长三角圈和大西北圈为主的三足鼎立”的格局。现阶段，阳光城集团将重点关注上海、福州、厦门、西安等城市，并力争将这4个主要城市做透。

业绩：2011～2013 年销售额增长图

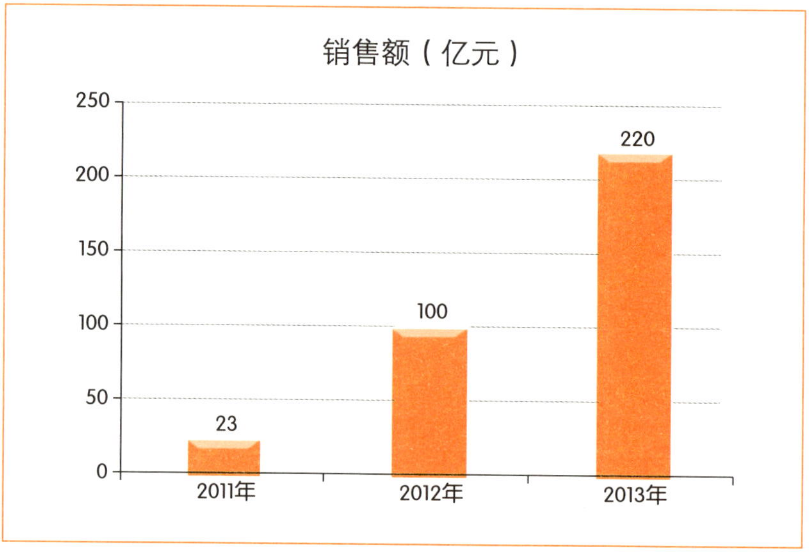

百强座次：连续 3 年入选中国房地产开发企业 500 强榜单

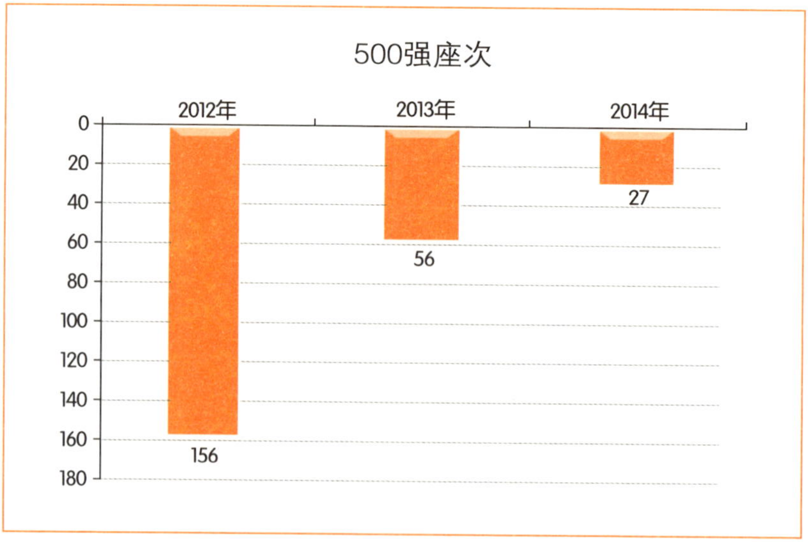

资料来源：2012～2014 年中国房地产开发企业 500 强榜单（中国房地产研究会、中国房地产业协会与中国房地产测评中心）

陈凯

阳光城总裁，曾担任华润置地执行董事兼华润置地（武汉）有限公司董事总经理、华润置地（上海）有限公司董事总经理，龙湖地产执行董事等职务。

陈凯管理语录

战略聚焦要解决三个问题：

阳光城现阶段资源与能力有限，战略也必须高度聚焦，这就要求我们：第一专注地产；第二聚焦几个精选城市，并拉长产品线以支撑深耕；第三就是重视用人，选对人、用好人、留住人。

产品要做对而不是做贵：

产品设计重在贴合客户需求，而非专业人士认可的品质，当你把品质拼命提高到95分的时候，怎么可能实现高周转？但反过来说，90分的学生也是好学生。

成本控制一定在前端：

控制土地和产品成本是实现低成本的关键。首先是控制拿地成本；其次是对土地的利用即做什么产品，在设计阶段就决定了成本的70%；再次才是在选材料阶段控制成本；最后就是招投标比大小。对整个成本控制来说，供应商的管理价值占5%就了不起了，所以成本控制一定在前端。

小股权换大收益：

“股＋债”是大家一起玩，一起赚钱。比如说你是信托，我是小公司，我拿土地抵押向你借钱，利息可能是15～18个点。那我换个方式，你给我10%的利息，我分出20%股权给你，你可能赚得更多，前提是要相信我、看好我。

坚持做全能选手：

阳光城需要做“全能选手”，而不是像有的企业那样做“一门精”，比如做豪宅专家。因为豪宅市场的容量太有限，在上海、北京这样的大城市可以做几个，但在其他城市可能一个豪宅项目就把市场需求用完了，而且速度一定会慢许多，因为精雕细琢的东西一定要花更多时间。

引言

2012年前，闽商阳光城偏居福建一隅17年，在全国名不见经传；2012年，公司董事会聘请曾在华润、龙湖担任高管的陈凯先生为集团总裁，随后吸纳来自万科、华润、中海、龙湖等一线房企的资深职业经理人出任集团各中心及各区域总经理等职位——这个精英团队，在短短2年间取得了业绩翻10倍、市值翻3倍的骄人成绩，使阳光城的品牌成长性在全国房地产企业中排名第一。同行都惊诧于黑马无与伦比的爆发力——是什么成就了今天的阳光城？成长型房企如何快速做大？阳光城未来会怎样？……带着这一系列战略问题，明源地产研究院专程奔赴上海，采访了这匹行业黑马背后的第一操盘手——阳光城总裁陈凯先生。

第一节　审时度势——“三化”趋势下的抉择

成长型房企怎么玩？不能只看企业自身“人和”，还得洞察行业市场，观天时与地利，方能决胜千里。对此，陈凯给出了他独到的“行业三化”（巨头化、差异化和大分化）的研判。

一、巨头化：5 000亿元的房企即将诞生

“快”已成为中国房地产发展的典型特征，中国正在用几十年的时间完成西方发达国家几百年才完成的城市建造、拆迁和更新。据阳光城综合测算，到2020年中国商品房市场还将有80亿～100亿平方米的需求量，年均6万亿～8万亿元

的销售额。年均 6 万亿 ~ 8 万亿元是什么概念？现在 TOP 10 大概占 14% 的市场份额，强者越强，5 年内完全可能达到 20%，彼时，TOP 10 每家房企年均销售额将达到2 000亿元。其次，5 000 亿元规模的地产公司一定会出现，为什么？因为 5 000 亿元才占总额的 5%，中国龙头企业占 5% 的市场份额是完全有可能的，万科现在的市场份额已经接近了 3%。

大鱼越来越大，这两年闽商在全国疯狂拿地就是一个信号。陈凯坦言：“如果阳光城还停留在几十亿规模、小步前进的话，那么等待阳光城的将是无情的边缘化。”

二、差异化：未来 4 类企业很吃香

在巨头化时代，未来仍然有 4 类企业“很吃香”，即全国规模型、区域龙头型、跨界型和轻资产型。对于当前阳光城而言，陈凯更青睐做好前两类的结合。对于全国规模型，前些年每年 100 亿元销售额就能进 TOP 10，而到了 2013 年进 TOP 30 就得要销售额超过 200 亿元了。在产品、营销、服务同质化越来越严重的趋势下，规模逐渐成为房企竞争的第一要素。规模对阳光城来说，已经不是一个选择，而是一个必须抵达的方向。其次，从区域龙头型来看，目前全国单一区域市场冠军未必是全国性房企，还有不少都是本地企业。目前在单一区域市场（主要在一、二线城市）、单一城市做到百亿元的企业越来越多。比如，绿地在上海的年销售额就已超过 200 亿元，而很多同行跑了十几个城市都没做到年销售额 50 亿元。并且，单一区域龙头房企更受投资者青睐，成长型房企不一定都要做到全国十强，也可以选择做区域 TOP 1。阳光城坚持区域深耕和龙头策略，比如先做到福州第一，再做到福建第一。

三、大分化：政策、市场、企业、产品加速分化

伴随城市化的不均衡和企业差异化竞争，未来整个行业分化和裂变的速度会

越来越快。但无论如何，方向是往更成熟的市场化、专业化裂变。首先，政策会分化，即中国一、二、三、四线城市差异化很大，“一刀切”的做法不符合市场规律，政策会根据不同城市或其他维度采取差异化方法。其次，市场会分化，从国外如美国的经验来看，中国未来各城市分化程度还会加大，在美国纽约、旧金山买一套房子，有1 000万美元的，也有100万美元的，如果去中西部，10万美元就够买一套，即使底特律都要破产了，纽约房价还是居高不下。所以不能总关注房价全国普涨，未来各个城市有各自的“脸谱”。再次，企业会分化，强者越强会更明显，大鱼会越长越大，速度也会越来越快，不同规模的企业在拿地能力、筹资能力、人才吸引力上会有巨大差异，中小房企在人、钱、地方面严重缺乏竞争力，相当一部分中小型房企未来发展堪忧。最后，产品会分化，未来产品必然会分化，做刚需的专门做刚需，做豪宅的专门做豪宅，做养老的专门做养老，做什么产品并没有好坏之分，只有合适不合适的问题，但从行业来看，产品分化是大趋势。

分化之下，必然要求房企内部的经营管理也实现高度市场化。长远来看，那些习惯于靠关系拿便宜地，而不愿将精力与成本投在市场研判、产品研发、成本管控上，致使经营管理人才没有用武之地的公司是生存不下去的。阳光城希望通过市场化手段持续获得土地、资金和人才，整体提高运营、成本控制、研发以及营销能力，冲刺年销售额500亿元大关。

第二节　谋定而后动——冲刺500亿元的四大谋略

巨头化、差异化、大分化之下，阳光城不仅希望业绩突破，更希望成为中国最受尊敬的成长型房企。谈到战略突围，阳光城掌舵人陈凯谋定而后动，务实打造年销售额500亿元落地的清晰战略，直道加速、弯道超车，以四“谋”赢得未来。

一、战略做“减法”

面向未来，阳光城强调战略聚焦，什么都做，什么城市都进，可能什么都做不好。陈凯强调，首先战略聚焦要解决三个问题，即进哪些地区、做什么产品、用什么人才。其次，阳光城现阶段资源与能力有限，战略聚焦就必须做到三点，即第一专注地产；第二聚焦几个精选城市，并拉长产品线以支撑深耕；第三就是重视用人，选对人、用好人、留住人。

二、红海差异化

中国房地产市场有80亿~100亿平方米的容量，每家企业都有自己的路，别人做得很好，但阳光城未必要和别人一样。阳光城中长期聚焦福州、厦门、上海、西安这4个城市，坚持“区域聚焦、深耕发展”的差异化战略。战略落地方面，阳光城推行“5+1战略模型”，其中，“5”是指推行“高周转+低成本”的运营策略、“丰富产品线+精选城市”的定位策略、“扁平化+青年近卫军”的团队建设策略、“股+债”的多元融资策略以及“信息对称+评价到位”的管理策略；“1”是指“简单透明、结果导向、同甘共苦”的一种公司文化，是对“5”的支撑。

三、老板大度放权

从内部讲，股东要求阳光城把规模作为第一目标，那就要有所放弃。打个比方，以前产品要做到95分，为了规模把精致度放到90分行不行？利润以前要求25个点，现在20个点可不可以？陈凯认为，这些问题一定要提前在投资人、老板和职业经理人之间达成共识。“要不然，后期你会很痛苦，因为老板会经常找你——这个项目都不赚钱，干脆停下来吧，甚至有老板说，这个项目赚少了点，再捂个两年，捂到三万多，现在卖两万我不解恨……如此职业经理人就没法开展工作了。”

阳光城董事长是归国华侨，投资了很多产业，在公司治理上他推崇三权鼎立，即董事会做董事会的事，管理层做管理层的事，监事会做监事会的事，这种境界在以家族企业闻名于世的福建企业界是很少见的。陈凯加盟阳光城后，董事会在投资、运营、销售、定价各个环节基本给予了管理层非常大的授权。与规模相当的同行相比，作为空降CEO，总裁陈凯有权直接取舍一块地的投资，有权审批更大数目的支付金额。当然，阳光城也有与董事会沟通汇报的机制，规定了什么要向董事会汇报，比如公司战略调整、关键人才变更、重大金额审批等。

谈到在授权上如何与老板沟通？陈凯举了一个生动的例子：“做任何选择都要承担相应的后果，我是一个相对强势的人，既然董事会选择了我，就得接受我的风格，如果你不认可我的方式自然会找别人，这是一个选择问题，就像找对象，永远有更漂亮更聪明更温柔的，但是既然作了选择，你就得认，因为他可能是最适合你的。”

四、向决策者要“执行力”

世界500强的成功经验告诉我们：一个企业的成功5%取决于战略的正确，而95%取决于战略的落实和执行。在陈凯看来：“执行力不是喊出来的，也不是靠胆量，不能说执行力要高，就让一个本来百米要跑15秒的人，必须跑到9秒；做一个样板房，比如45天才能做完，你说拼了，15天拿下。能这么做吗？肯定干不出来，所以执行力更考验管理者和决策者。”

阳光城提升执行力，核心就在于提升决策者、领导者给下属提供的执行力空间、资源和方法。比如，当你强调一个战略与目标的同时，一定要给这个团队清晰的执行方法。你要求下属年销售额做到100亿元，就得告诉下属做到100亿元的方法，要匹配什么资源，这才叫执行力。

因此，在陈凯看来，执行力不是对下属员工的要求，而是对高管的要求。

第三节　黑马之道——2年业绩翻10倍的6张王牌

作为行业黑马，阳光城的“5+1模型”所代表的“高周转、高扩张、高杠杆”的三高模式已被验证是成功的。在金融海啸谷底期的2007～2011年，标杆保利地产正是凭着“三高模式”造就了高速增长的奇迹，而对于“多业态、区域深耕”的龙湖，年销售额从在100亿～400亿元的阶段也是受益于这个策略而得以快速扩张。也因为此，早期阳光城被媒介贴上了“小保利”、“小龙湖”的标签。但事实是，浸染华润、龙湖多年，洞察力超群的陈凯融汇多年经验，并结合阳光城自身资源与能力进行重构，成就了阳光城2年业绩翻10倍，品牌成长性列全国第一的骄人成绩，已是“青出于蓝而胜于蓝”。

那么，阳光城的“5+1战略模型”到底如何实现年销售额500亿元的蓝图呢？陈凯手里有6张牌。

一、第1张王牌：“高周转+低成本”的运营策略

一个企业很难各方面做得均好，除非你的规模管理都成熟到一定程度了，像年销售额达几十亿、上百亿的公司，一定是有一两项特长的，对阳光城来说，这个特长就是高周转和低成本。

高周转可以让阳光城快速滚动做大，也能直接提升资产整体收益率，而低成本则是高周转的有力支撑。在高周转下，最不受控的、风险最大的是项目开发的一头一尾，即拿地和销售。而低成本的补充，却能形成拿地和销售的关联支撑。在拿地环节，低成本能够让你比竞争对手以更多的价格优势胜出；在销售环节，

你也能够以更具竞争力的定价优势支撑楼盘快销。

1. “三招”做好高周转

高周转策略很多企业都在做，但真正实现高周转却不容易。目前全国排名靠前且奉行高周转策略的地产公司，从项目拿地到首次开盘大多在9个月左右，比如万科的“5986策略”就是9个月，而阳光城的时间是6～8个月，并且部分项目还做到了首次开盘当天售罄。即使在一线城市也不例外，阳光城在上海自贸区2013年3月、4月拿下的两块土地，12月便达到了销售条件。阳光城的高周转做法看似很简单，就是拿地后马上开工，开盘尽快卖掉，但重要的是，阳光城练就了三项硬功夫——精准的市场定位、可迅速复制的成熟产品和敢打硬仗的团队。

（1）高精准定位

首先，要做好市场细分。政策多变、市场变化莫测，聪明的企业往往会在市场细分上有所取舍。阳光城就是聚焦于受政策、市场影响最小的主流市场——刚需市场，即主要面向首置和首改人群。阳光城即使做别墅项目，也是做高周转导向、高性价比、快去化的经济型别墅项目。

其次，做对产品，在客户需求和定位上下功夫。陈凯这样描述：“对一个项目的定位，我们几乎可以做到，清晰记住每一个客户长什么样，拎什么样的包，开什么车。”重要的是客户需求，而非专业人士认可的品质，“当你把品质拼命提高到95分的时候，怎么可能实现资金的高周转？但反过来说，90分的学生也是好学生啊。”在产品定位上，阳光城更偏向于“总价及面积段控制”的策略，以厦门阳光城翡丽湾为例，产品为产权面积200～250平方米，使用面积400～600平方米的联排和类独栋产品，总价只有300万～600万元，这样的使用面积和价位，相对于本岛已经2万/平方米的二手公寓，对客户的吸引力是显著的，以致开盘28分钟160套就售罄了。

最后，营销也是高周转的关键环节，阳光城快速去化的核心通过三大策略，即节点清晰、打法坚决、成果速成来完成。操作上，阳光城奉行“冰山式营销”，即你看到的可能只是 10% 的冰上部分，而 90% 都是冰面以下的营销策划动作、扎实的蓄客动作，外界看到的基本是营销的收尾动作，首战即决战，开盘就清盘，没有任何花哨动作。

（2）模块标准化

高周转的核心在于快，阳光城要求产品、研发、土地、人工、供应商等都是“标准化”的。阳光城最担心的是产品没有标准化，在全国快速铺开市场时，特别是所去的地方和企业的资源不匹配时，就会做得很累。执行中，阳光城从客户生活习惯及所需户型出发，做一些模块化的研发，再进行核心产品图纸标准化，同时对外立面做一些个性化的研发，而后结合成本核算、分供方选择，这些都要在拿地之前确定下来，从而高效节省时间，支撑高周转。

目前，阳光城完成了 3 类 7 条产品线的标准化：第一类是刚需产品，比如福州刚性需求产品量占比超过 50%，卖得很快。第二类是首改产品，比如阳光城推出的经济型别墅，也讲究高周转，结构封顶就可以销售。一般房地产企业认为别墅是高端市场，担心去化慢没人要，但阳光城的经济型别墅在厦门 300 万元一套也很好卖，其成功的核心就在于阳光城的别墅追求高性价比而非追求豪华精致。第三类，则是适当加大商业、写字楼等的比重，以规避限购政策影响并提升利润空间。

（3）海豹突击队

高周转对人才的能力和敬业度要求非常高，为解决精英人才瓶颈，阳光城特意将总部从福州搬到被视为国内人才产出高地的上海，这一点也是陈凯加盟阳光城的“条件”。在陈凯看来，总部长期扎根福州，不利于阳光城做大做强。总部迁师上海后，阳光城快速延揽了大量来自龙湖、华润、万科、中海等大企名企的精英人才，打造出了一支从拿地到设计、成本、工程、营销、财务等系统性运营的专业团队。

陈凯介绍，阳光城还有一支“海豹突击队”，能打硬仗、大仗，每当新盘开盘，就会奔赴现场，在短时间内形成很强的作战力，迅速实现目标。

2. 低成本

事实上，阳光城所提的低成本并非所有成本都低，而是强调整体更低。阳光城推行“低成本”主要从三个方面发力：第一是解决资金成本问题；第二是解决拿地和产品成本问题；第三是解决人员成本问题。

（1）资金成本从15%降到10%

应该说，阳光城这一两年确实拿到比原来便宜的资金了，为什么整体资金成本可以从15个点迅速降到10个点呢？对此陈凯回答得很清晰：其一，渠道多了，谈判能力提升了，跟银行、信托、地产基金或其他资金方谈融资，不同的渠道谈的结果很可能不一样；其二就是企业规模上来了，原来销售30亿元，银行都不怎么搭理你，现在销售额过100亿元、200亿元，进了30强，银行就会主动跟来合作了；其三，阳光城有融资创新举措，比如，用股权换取“便宜的债”。

融到钱后，阳光城立即把财务指标换成运营动作，尽量依靠高周转压缩资金占用时间，使财务利息成本最小。事实上，财务除了报表数据，更核心的是把财务指标分解到运营，分解到拿地和开盘的时间，比如控制好拿地到首次开盘这段时间，财务利息就控制住了。阳光城要求12个月平衡经营性现金流，这就意味着，阳光城的项目只要过了12个月就不用再投钱了。

（2）土地和产品成本

控制土地和产品成本是低成本的关键，这里面内容很多，首先是控制拿地成本，其次是土地的利用即做什么产品，设计阶段就决定了成本的70%，再次才是选材料阶段控成本，最后就是招投标比大小，做集中和规模采购。事实上，对整个成本，供应商的管理价值能占5%就了不起了。所以成本控制一定要在前端。

（3）拿地不看地价要看差价

大企业有七八十个项目，牺牲3~5个，影响小；而成长型企业总共就十多个项目，亏2个的话，财务报表就很难看了，甚至直接让企业牺牲了。所以，阳光城从拿地上就必须规避项目的险。

首先，拿地块要保证资金安全和经营安全。目前阳光城有一个投资顾问小组测算地块风险，一般看36个月窗口期平价出售是底线，以保证资金安全。在经营安全上，阳光城强调拿地前就要想清楚“如何拿地、如何定位和如何定价”这三大问题，这才是地拿对、拿对地的关键。

其次，自身力求市场化的房企，倾向于在市场化程度高的城市拿地，并且选择符合高周转策略的地块。进军上海，就是从这个角度出发的。上海的土地即使价格稍贵一点，只要能够高周转、客户能够接受并且能够带来高溢价，阳光城就会坚定去做。而那些平均房价只有每平方米四五千元，拿地楼面价就每平方米一千多元的城市，确实有房地产公司运作成功，但阳光城不擅长也不愿去这样的城市做开发。

最后，不能简单地看这块地溢价高不高，不能因为地价起点太高就不敢问津。比如阳光城才去上海就在上海川沙举牌竞争，这和低成本策略不矛盾。事实上，低成本不一定是低地价，阳光城拿地，不会简单看地价贵不贵，而关键是看售价和地价的关系如何。

（4）地尽其用，用足容积率

都知道决定一个项目的成本70%来源于产品定位和方案设计，所以阳光城拿到地之后，就强调要往土地货值、产品定位、产品研发环节去做真正的成本控制。比如，陈凯刚进阳光城时，发现有人对“土地容积率”这一指标不严肃，认为做别墅项目价格上去了就行，容积率不用卡得那么紧，可以适当放松一点。这实则是不对的。现在，陈凯强调，哪怕0.1的容积率都不容浪费，也就是不能浪费土地货值。阳光城在对项目成本控制的同时，更强调基于收益视角去做成本控制。

（5）根据客户的价格敏感性作成本投放

在陈凯看来，成本投放比成本控制更重要。比如在产品研发环节，选择什么样的材料，就意味着多大的成本投放，而材料的选择一定要吻合客户的需求，不能为了博得营销噱头，选择一些高端材设，比如选用黄金面盆，销售当然有噱头，但对客户来说真的实用吗？所以选材并非一味走“高端路线”——如果客户更喜欢的是性价比，那么高端路线就“适得其反”。

总体而言，研究客户对价格的敏感性是成本投放的关键。

（6）招标不在于比大小，而在于审入围

招投标是个容易出乱子的环节。

首先，很多房企认为招投标就是搞谈判，但事实上，如果制度设置不合理，可能会越谈越腐败，谈一次腐败一次。民营企业通常最后都是自己人管，亲戚朋友都上了，但事实是招标既快不起来也省不下来，这样的企业怎么能使基业长青？因此，制度才是最强的保障。

但陈凯认为，有些制度并不合理，“比如定标所规定的合理低价，但什么是合理？比如某家追求成本领先的企业，要用电梯，有世界级的大品牌和中外合资的品牌，最后选了大品牌，我问为什么，他说这还用问，品牌比合资企业的好。我问价格差多少，他说差3%。我说你怎么知道差3%就是合理低价呢，为什么

是3%而不是5%或者1%呢，标准谁来定，是否存在腐败的空间？他就回答不出了。招标没有规则，缺乏规范，合理低价就有可能是‘不合理’”。

还有很多房企认为招投标就是比大小，这肯定没有意义，比大小谁不会，5 比 4 大，4 比 3 大，还用清华北大的人才来做吗？阳光城的招投标重心不在于比大小，而在于事前审核入围资格，陈凯举例说：“世界500强宝洁，那么多产品、配方，招标看起来异常复杂。但宝洁的同事和我说，招投标非常简单。标准统一、标书严谨，发标就是文员负责，发给全球符合资格的供应商，回标后文员来比大小。这里的关键是符合资格供应商的前期审核。”

阳光城吸收了宝洁招投标的做法，自己提前定好游戏规则，在阳光城体系里，比大小是没本事的，这个谁来做？文员做就可以了，文件发出去，收回来就行。阳光城招投标工作，第一是审核，看你是否符合资格，也要看是否在同等级别上；第二就是发标，文员来发，最后就是“绝对低价中标”，肯定不是“合理低价”的标准。

（7）人员成本：人工贵的公司往往是管理费最低的

人工成本在陈凯看来，不应属控制的范畴，因为人工贵的公司往往是管理费最低的。

早期，房地产人员的成本是相对较低的，那时企业不卖房只卖地就能赚钱，完全不需要高端人才。但现在不一样了，利润摊薄，同样一块地不同企业做的产品不一样，成本控制不一样，流程不一样，售价也不一样，利润就不尽相同了。这时候就需要更专业的人才，需要管理。所以此时一定不是把管理费用人员成本降下来，相反，多给员工一点鼓励，投入产出比反而会更高，公司最终利润率也不会低。

当然，也必须看到未来房地产行业的工资还有较大上涨的空间，为什么呢？

因为这是一个资金密集加管理密集的行业，随着金融属性的不断提升，这个行业的薪酬甚至会靠近投行。2012 年阳光城把集团总部搬到了上海，团队成员大都是来自国内一流房企的一线精英，除薪酬外，额外给予良好的股权激励机制，这无疑是给阳光城的高级管理人员戴上了“金手拷”，以此加固了管理团队的稳定性。

高薪酬、高激励后，再把人员精简一点，效率提升一些，强调人均产值，从控制人工转变为向人员要效益。比如，阳光城现在核心看人均产值是多少，一年内一个人卖多少楼，一个人管多少个合同，一个人支付多少钱出去……这都是“大数据”了，这些清晰了，人尽其才，人尽其用，人员总成本反而会下来了。

二、第 2 张王牌：“股 + 债” 的核动力

阳光城要快速做大，不负债怎么能高速增长？但负债又存在高风险，市场不可能让企业一路高歌，所以关键的问题是怎么解决“债”的问题，多少债才是合理的？陈凯强调，企业要进行多轮负债压力测试，目前，阳光城的资产负债率大概为 80% 多一点，有些是应收款、楼款，去掉后大概在 40% 左右，应该处于健康水平。

1. 财务杠杆：“股 + 债”迅速做大规模

“股 + 债”的模式是阳光城快速做大规模的有效策略，这种模式最大的优势在于降低融资压力。陈凯解释，跟以前“什么事都我干，风险都我扛，什么成果都归我”的模式不同，“股 + 债”是大家一起玩，一起赚钱。“比如说你是信托，我是小公司，我拿土地抵押向你借钱，利息可能是 15 ~ 18 个点，好，那我换个方式，你给我 10% 的利息，我分出 20% 股权给你，你可能赚得更多，前提是要相信我、看好我。”

为更好地说明，陈凯举了个例子：“假设你原来做 1 个项目是 100% 股权，但现在开放股权，你做两个项目，各是 50% 的股权，加起来是 100%，其中 1 个项目有 10 个亿的销售，那么 2 个项目就有 20 个亿的销售规模，这就是结构调整，这才是企业经营的顶层设计。”阳光城不是缺钱才这么做，有钱的企业也这么做，比如万科一直在这么操作。陈凯表示，有些企业不愿意开放股权，认为能挣钱的项目干嘛分你 50%，却没有看到分出去自己能获得更大的规模和利益。

2. 股权开放：开放给基金公司和地产小公司

阳光城股权开放偏向与基金公司合作。以阳光城与歌斐资本的合作为例，2012 年 7 月，阳光城联手诺亚财富旗下的歌斐资产共同成立“歌斐 1 号—阳光城地产基金”，投资阳光城福州闽候项目和厦门翔安项目，当时设计为三年“股 + 债”模式。实际经营结果是，歌斐的这次投资十分成功，受惠于高周转，阳光城一年后就还掉了优先债。2013 年年初，阳光城与歌斐再度合作，募资 24 亿元，歌斐以持股 49% 的方式投资了阳光城多个项目。

这种合作形成了“资金共投、风险共担、利润共享”的效果，对歌斐资产与阳光城而言是一种双赢：歌斐资产方面，其资金投入基本都拥有 10% 年息收入，这已比银行利息高出很多，更关键的是，还有 49% 的项目利润分红。而阳光城方面，这种基金合作方式相对信托融资有四大优势：一是初始资金投入少，一个 5 亿元的项目，阳光城的初始投入只需要不到 1 个亿；二是资金压力小、负债率降低。由于占用资金时间短，同一笔债务就可以在更多的项目上周转，这样对外债务融资的需求就大大降低，从而有效降低企业负债率；三是资金成本小，相对信托 15% 之多的年息，合作基金只有 10% 甚至更低；四是带来企业规模化扩张的可能。

多个“股 + 债”案例成功后，更多“聪明的钱”、“便宜的钱”就会主动找到阳光城。阳光城的股权开放可以面向更多群体，比如很多不情愿出局的中小型房企，自己做产品、营销、品牌等都不行，但却可以变成投资商——“干嘛要自己开发呢，你相信这个公司，就可以交给他来做，一起合作，同股同权，分享收益。”

三、第3张王牌：“丰富产品线+精选城市”的定位策略

解决了资金问题，阳光城再核心解决在哪里做、做什么产品的问题。很多企业年销售额刚过百亿元，就想更快地做到年销售额500亿元，于是激昂地进行全国扩张，这在陈凯看来，其实没有太大必要。

1. 区域聚焦、精选城市

为何要区域聚焦？有以下三大理由。

首先，区域深耕业绩空间值得期待。以中国目前经济体量，北京、深圳、重庆楼市容量都过了1 000亿元，上海超过2 000亿元，所以企业只要在这些城市市场份额占到10%，单个城市年销售额就能过100亿元，如果能够精选3～5个城市，各做到10%的市场份额，做500亿元从战略上讲是很容易的。比如2013年阳光城仅仅福州市场的销售额就过了100亿元。

其次，出于对单一区域品牌影响力的考虑。很多人问阳光城怎么不进入北京市场，在陈凯看来，不是北京市场好不好的问题，而是企业经营选择的问题。打个比方，阳光城明年在北京做50亿元，在上海也做50亿元，这是方案一，方案二是阳光城集中资源和精力把上海做到100亿元。这两个方案哪个好？其实没有哪个更好，只是适合与否，在阳光城来看，在上海做100亿元基本能进城市前5名，品牌影响力和行业占有率都会靠前，但若分在两个城市各占50亿元，北京也不靠前，上海也不靠前，两个城市都默默无闻。所以阳光城更倾向于聚焦在一

个城市做。

最后，资源有限，出于对降低管理成本的考虑。对于布局，很多老板有时是为了面子，满足于办公室里的中国地图上小红旗的不断增加。但事实上，轻率地进入新的区域存在着巨大的风险，也许拿地价格很低，但后期管理成本、磨合成本高昂。打个比方，同样是做年销售额 100 亿元的业绩，一种是做 10 个城市，另一种是做 5 个城市，显然后者的管理难度、管理跨度、管理强度都会轻松很多。比如之前阳光城在兰州布点，虽然一年一个项目也能达到 7 亿多元的不错业绩，但这 7 亿多元却耗费了管理层大量的精力，整个管理效能较低。而阳光城在上海做一个项目一年卖 7 亿多元非常容易，目前阳光城在上海的 7 个项目共有 150 多亿元的货值，但管理上海这 7 个项目，一天就能跑完。当然，区域深耕也不是说阳光城永远不进入更多的城市，只不过在目前资源有限的情况下，适合阳光城的一定是有限布局。

（1）聚焦 3 个圈

阳光城的布局已基本形成了“以大福建圈、长三角圈和大西北圈为主的三足鼎立”的格局，其中，大福建、长三角为核心区域，以西安、太原为代表的西北市场为重点区域。

大福建圈是阳光城的大本营所在，也是国家海西战略以及大量侨民所在地，市场空间极大。2013 年，阳光城福州公司八盘联动，销售一举突破百亿。2014 年将有至少 13 个项目同时销售，福州周边三个小伙伴城市大约会有年销售额 130 亿元的市场规模，厦门及周边项目年销售额大约在 50 亿元的规模，再加上泉州、漳州项目，可以推算 2014 年整个大福建圈的销售额将突破 200 亿元。

上海圈意义重大，业内有“得上海必得房地产天下”一说。上海市场一年 2 000多亿元的容量，竞争更加市场化，而行业前十集中度才 22%，再加上自贸区，整个上海市场对于区域聚焦、市场化程度高的阳光城来说是大空间。

未来3~5年，阳光城将成为每个已进入城市的领头羊之一，其间将力争大上海（苏浙沪）做到年销售额200亿元，大福建做到年销售额200亿元，大西北做到年销售额100亿元，这就是阳光城500亿元的版图。阳光城目前土地总储备800万平方米，可售货值已超过1 000亿元，继续深耕下去完全有这个潜力和爆发力。

（2）一带多点策略

在区域城市布局上，阳光城推行“一带多点”策略，“一带”是指沿海经济带，“多点”即在沿海经济带上策略性布点的城市。阳光城首先优选那些能够产生年销售额50亿元、100亿元产值的重量级城市，比如目前所聚焦的上海、福州、厦门和西安等。在城市层级上，阳光城侧重一、二线城市，倾向于选择市场化程度高、房价较高且地价房价比较合理的城市，但也不会绝对放弃三、四线城市，只要和当地对接良好，能够解决土地资源问题、报建问题，利润合适，也会策略性进入。

在城市精选上，阳光城又有3个具体的策略：第一是卫星城策略，即在上海、福州、厦门、西安这些重量级城市周边精选三、四线卫星城市，比如围绕福州，车程一小时之内的长乐、宁德、莆田。卫星城也有客户需求，比如碧桂园在一个很小的城市销售都能达到20亿~30亿元；第二是选择人口导入型城市，只要是人口持续导入的城市，就有需求支撑，做地产问题就不会太大；第三是能否高周转，周转不起来的城市，哪怕看上去很美，阳光城也不会进入。

阳光城锁定的城市并不多，但在每个城市都做得可圈可点，业绩基本都能排在十强以内，比如在福州排名第一，在品牌房企逐鹿的太原排名第五。

2. 丰富产品线

（1）别在产品战略上把自己逼死

实行区域深耕，就必须拉长产品线，住宅、别墅、叠拼、洋房、小高层、商铺、酒店都做，才能获取更多的拿地机会。“一个城市哪有那么多刚需，一年能拿多少地，是受深耕城市限制的，企业更容易改变的是自己，而不是在战略选择上先把自己逼死了。”陈凯表示，如果阳光城未来要在上海市场做到年销售额 200 亿元，就得什么项目都做，区域聚焦战略下对拿地不用做太多限制，只要是能盈利的项目就可以。另外，产品线拉长后，往往也能获得更多的拿地机会和实惠。比如阳光城在上海外高桥和美兰湖拿的地，就是底价斩获，因为其他企业可能因为产品线限制或是企业定位问题，没有参与。

（2）全能选手比一门精好

从规模发展来讲，阳光城需要做“全能选手”，而不是像有的企业做“一门精”，比如豪宅专家。阳光城认为，选择规模战略就一定不能做豪宅专家，因为豪宅市场的容量太有限，上海、北京这样的大城市可以搞几个，但其他城市可能一个豪宅项目就把需求用完了，而且速度一定会慢下来，精雕细琢的东西一定要花更多时间。你要做规模，就不能选择客户很少的类型，像莱斯劳斯这样的豪华车，就不可能是规模化销售。企业做战略也是这样，必须想清楚，还是那句话，不能什么都要，又要做劳斯莱斯，又要满大街都在跑，这是不可能的。

目前，阳光城产品线逐步形成两大品类，7 条产品线，即住宅类的“城市豪宅、浪漫城邦、时尚公寓、生态别墅”四大系列和商业类的“商务办公、商业综合体、星级酒店”三大系列，全方位、大范围涵盖了城市地产发展的各种生活、办公、娱乐需求。如此阳光城就不会因为“偏科”而被单一城市有限的几个地块绑定。

四、第 4 张王牌：“扁平化 + 青年近卫军”的团队建设战略

1. 流程 5 级变 3 级，砍掉副总与冗余秘书

房地产行业没有秘密，要想做得比其他企业更好，就得靠管理。在陈凯看

来，很多小企业的管理与组织架构往往很复杂，因为小企业很容易按照大企业的模式来做项目，设置很多部门，甚至有秘书处、办公厅，而世界500强的大企业反倒没有诸如此类的部门；另外，家族化企业为了内部监督和洞察风险，往往设置很多干活少、监督多的副总，这些副总通常是老板的亲戚或老乡。

陈凯空降阳光城后，就力推扁平化管理，将整个管理层级和流程从5级压缩为3级，在组织和人员上“做减法”，削掉了副总和团队中可能搭便车的岗位或是人员，大幅度提升了运营汇报和管理的效率。即使后勤服务人员，陈凯也要求精简，目前整个阳光城集团的前台、后台、秘书、行政经理、车队司机加起来只有5人，这5人高效支撑着近100人的组织运转。

谈到为何取消副总这个岗位时，陈凯讲了一个生动的例子：“我加入阳光城后，到一个地区公司听总经理办公会议，部门经理上来放了一个PPT，讲完了，突然有一个人挪到前面说，总裁，我补充两句。后来我才弄明白，他是分管这个部门的公司副总，活儿都是部门经理干的，下一线也是部门经理去，副总基本就坐在办公室，等部门经理PPT写完后他就看一眼，发言是部门经理，干活儿也是部门经理，最后总结却是公司副总。这种格局肯定不行，分管副总要不自己跳下去当部门经理，要不就另外找工作。为什么呢？因为你远离一线又不干活儿，相比之下你的薪水远远高于部门经理，因此，我取消了副总这个岗位，让那些真正做事的人指挥一线的战斗，否则肯定会凝聚风险。”

2. 1979年出生的总经理有5个

在选人方面，阳光城大力招聘“青年近卫军”，最好是35岁左右的人，当然前提是能力素质合适。在阳光城，1979年出生的总经理有5个，1976年出生的有5个，还有个80后的总经理。

为何选择“青年近卫军”？陈凯表示：“年轻人思想更容易统一，也更容易接受像我这种 69 年生的人的思想灌输，让我去改变一个 69 年生或者 59 年生的人的思想跟着我一起跑，把他过去在大公司的理念扭转过来，会很有难度或是周期太长。并且年轻人的家庭负担相对不太重，而激情、体力和精力又足够，拿最平常的一件事来说，开 4～8 小时的会议，其间喝水、休息的时间很少，还要发表意见，这其实是一个强度很大的工作，年纪大的可能身体就撑不住了。”

另外，阳光城也并非要求所有员工都是“青年近卫军”，比如阳光城也会在工程、质量等岗位配置经验丰富、年龄较大的员工，最终搭配组合干活。

3. A 股上市房企最高激励力度

扁平化使企业高层对外部市场的判断和采取行动更快，信息流通、服务响应和决策落地的效率也更高，但随着规模的增长，扁平化管理的幅度和难度都在增大，你得什么都知道，并迅速做出判断，这对管理者的要求就很高了。但这不要紧，一则青年近卫军们往往更有敢打敢拼的实力和持续学习的动力，能迅速学习成长起来；二则扁平化后，可以少设置一些部门，少请一些员工，这不仅可以给管理者和员工更高的工资、奖金和股权激励，也可以更好地提高执行力，所谓一个和尚有水喝，两个和尚抬水喝，三个和尚没水喝就是这个道理。在陈凯看来：“人本身不是成本问题，人多了才是成本问题，阳光城用人更倾向于精英导向。”相对于总成本，阳光城追求的是人均产值，要求人均年产值突破 3 000 万元，只有人均产值高了，人才薪酬才有持续上涨空间。

除薪酬提升之外，阳光城于 2012 年通过了股票期权计划，向 92 名管理人员授予了 4 875 万份股票期权，授予对象占员工总数的 10.27%，授予期权总量占当时公司总股本的 9.1%，激励力度在 A 股上市房企中处于最高。阳光城相信每个人都有理想，阳光城是靠理想和梦想把高端人才聚在一起，大家有更多的发展空间，有前景，有成功机会，最终大家干活的强度就会大不一样。

五、第 5 张王牌："信息对称 + 评价到位"的管理战略

1. 信息对称

（1）不越级汇报和指挥

信息不对称的问题，就好比太监文化，你做任何事，都有人盯着你，不用你汇报太监就已经放倍鸽让上面都知道了，甚至越过你进行指挥，这种越级指挥、越级汇报、打小报告，让整个管理团队不可能安心"打仗"，这种状态对组织执行力和企业文化是硬伤。如果你是一个高管，你的公司就一定要解决信息对称的问题，但很多信息不对称的源头往往是老板。老板的性格决定企业文化，但作为职业经理人，也可以从企业健康发展出发，主动影响企业和老板。

（2）业务底朝天

为什么政府领导的秘书、司机比一般科长都牛，核心在于他能过滤信息，领导很多事自己先不说而让秘书传。在阳光城，陈凯作为总裁，没有配秘书，开会的 PPT 都是自己写。信息全面、及时、准确对于企业很重要，比如龙湖很多做信息化的人员到别的公司都能做运营总经理，为什么呢？陈凯认为负责 IT，就等于占有了企业经营和运营的数据，占据了核心业务信息，他能够让业务执行和信息完全对称起来，能够让公司和老板在数据基础上进行科学决策。

第一步，让关键业务信息和公文适当透明化。为此，阳光城上线了成本与销售收支双线业务系统、门户 OA 等公文制度发布和审批系统，以及微信等新媒体平台……通过这些信息化平台，可以有效整合和规范数据与信息，并通过内网、邮件及手机移动平台发送给管理团队，支持 24 小时在线办公，公文制度也不再通过秘书口头或书面发文、传达，这样信息不仅不会被过滤损失，传递效率也大幅度提升。

第二步，审批结果及审批效率公开，公司很多审批都在 OA 系统上完成，比

如现在管理层每人一个月要审批多少个 OA，多长时间内审批完，都是透明的。把审批的时间公告出来，有些人就紧张了，为什么？因为可能有人一个月有很多业务没有批，或者有人一个 OA 审批拖延了 10 小时，审批效率一透明，大家彼此一比较，执行力马上就提高了。

第三步，将财务数据适当公开，比如陈凯率先将自己一年几十万的费用预算详细使用情况都在内网上晒出来，陈凯也建议各个部门都晒出来给大家看，这就是简单透明的文化。

2. 评价到位

（1）管理逻辑基于数据逻辑

首先，怎么评价一个公司？怎么评价一个地区公司？对各个职能部门应如何评价？这些都需要建立公平、公正、科学的评价体系，做多少事得多少奖励，做什么事会遭受惩罚……都要非常清晰，让大家没有后顾之忧。中小企业在成长过程中，经常赚了钱就“耍赖”。比如今年说形势这样，要稍微调整下薪酬，到明年又变了，这就麻烦了，阳光城现在每个团队每个月都能清晰算出奖金大概是多少，这倒不是说奖金有多么关键，更关键的是团队目标清晰，也知道收益，大家就更能安心干活儿了。

其次，管理就是要把你的动作尽可能量化，最偷懒的是定性评价，最可怕的评价是“还行吧”、“我觉得好”、“大概还可以”等，管理者必须下功夫把需要量化的核心业务评价翻译成数据说话，而且最好能从运营角度找到逻辑和标准，比如当前的可售货值与今天的销售额是什么逻辑关系？工程支付与销售回款有什么逻辑联系？怎样的土地储备才符合今年的发展速度？……把这些关系量化后，你的管理逻辑和管理动作就出来了。

（2）奖就奖、罚就罚

除了定量评价和管理清晰外，还需要纪律明确、奖罚分明。大家做多少事，有什么奖励什么惩罚，都要制度清晰。比如一个项目，如果用8个月、10个月都开不了盘，这样的地再便宜也不拿，这就是纪律，是要严格考核的；再比如低成本有具体的标准，超过预算就要罚，节约就要奖，信息透明，评价正向，文化健康，这个企业想不做大都难。

六、第6张牌：独特的12字企业文化

阳光城企业文化有12个字。首先是“简单透明”，这是方法论，阳光城要求把复杂的事情变简单，整个经营逻辑要简单，管理架构要简单，管理动作要简单，管理过程要透明，只有真正简单了，透明了，才能高效。其次是“结果导向”，这是追求，企业永远是个经济体，你要给投资人回报，要“以业绩论英雄”，必须关注结果与效果。比如，空降的大公司优秀人才，他们很多人要求薪酬翻倍，阳光城不介意薪酬高一点，但要看你有没有业绩，如果3个月之后没有一点业绩，就有可能被调整。有了前面的八个字，最后就是“同甘共苦”。这是制约，高周转对员工意味着高强度。别人可能10个月干完的活儿在阳光城也许5个月就要干完，因此企业文化就不能老提“轻松生活”、“工作生活双平衡”之类的话，所以阳光城提出了“同甘共苦”的文化。另外，战略与业绩的完成依赖员工能力和付出，同甘共苦更容易增加组织的凝聚力和活力，更容易众志成城完成业绩。

结　语

成功一定是有逻辑的，正是这支具有丰富房企运营经验的经理人团队，奠定了公司高周转运营基调，更形成了阳光城的黑马路径。阳光城谋定而后动，冲刺年销售额500亿元，只是个时间问题。

第三章

“云南王”俊发——从区域走向全国的扩张棋局

独家对话俊发地产 CEO 赵彬

在俊发地产 CEO 赵彬看来，

走或不走出去已不是一个选择题，

未来国内房企发展只有两条路，

要么扩张，

要么掉队，

要想做大，就必须走全国化路线。

但俊发地产此番冲破“家乡宝”观念的出走，

具体又该怎么走?

企业素描

俊发地产在云南是绝对的领导者：2009 年，俊发进军新加坡，成为云南首家开拓海外市场的地产企业；2010 年，成为云南省唯一跻身“中国房地产百强企业”的企业；2011 年，“云南省百强企业”榜上，俊发地产位居地产企业排名首位；直到 2013 年，俊发仍牢牢地占据着它的“云南王”宝座。但“云南王”并非安于区域小富，2010 年，俊发确立了“深耕云南、辐射西南、面向全国”的梯级发展战略规划。2013 年，俊发已布局云南、四川、海南、贵州、陕西、广西 6 省（区），开发项目 30 余个。俊发有着更大的雄心，冲击一线阵营才是其目标。

规模：6 省（区）9 城 30 多个项目

俊发地产于 1998 年成立，目前主要布局云南、四川、海南、贵州、陕西、广西等省（区）。截至 2013 年，俊发以云南昆明主城为核心，已开发了 30 余个高品质项目。

业绩：2011～2013 年销售额增长图

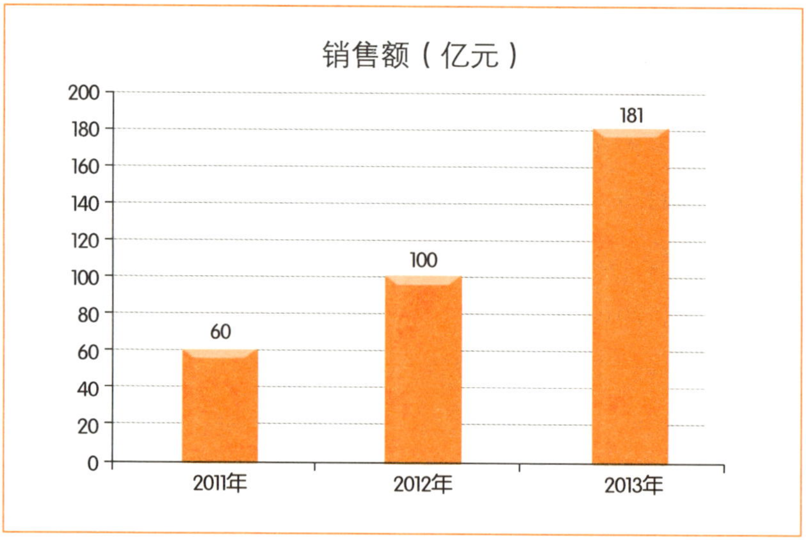

百强座次：连续 4 年跻身中国房地产企业百强榜

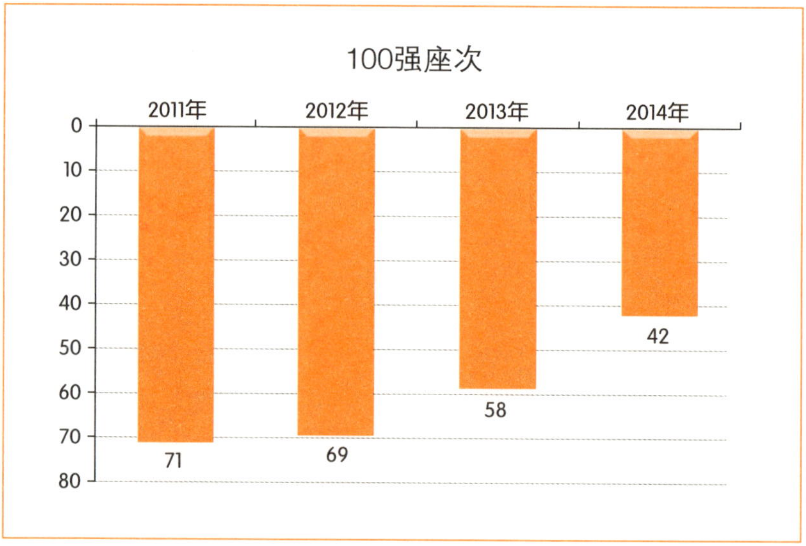

资料来源：2011～2014 年中国房地产百强企业研究成果发布会（中国指数研究院）

赵彬

1973年出生，云南大学项目工程管理硕士。1999年加入俊发，先后担任营销管理中心总监、常务副总经理、总经理等职务。2006年，即33岁时升任俊发地产总经理；现任俊发地产董事局主席、首席执行官。

赵彬管理语录

不发展就是最大的风险：

在现在的市场环境下，房地产企业只有两条路，要么扩张，要么落伍。没有原地踏步这一说，不进则退，一个企业特别是房地产企业要做大做强，必须走全国化之路，不发展就是最大的风险。

坚持25%原则：

一个开发企业如果在本地市场占有率达到了25%，就必须走出去。俊发地产整合资源的能力非常强，在昆明市场占有率最高达到了20%，是时候走出去了。

保证资金链不断裂：

一是在所有的产品当中，大约40%左右的产品是定向的，相当于在建设之初购买者就已经确定了，这是没有市场风险的；二是每个月留的头寸都在3个亿以上，多的时候在12个亿，资金链至少保持能支撑一个月。

引言

在俊发地产 CEO 赵彬看来，房地产企业要做大，就必须走全国化路线。

但是，走出去也并非易事，云南本地龙头房企，如星耀、官房、晨光等，都曾尝试走出去，但终因资金压力和自身能力而偃旗息鼓。“云南王”俊发地产的全国棋局又该怎么走？

勇者无惧，智者潜行。从 2007 年起，云南俊发就在构思全国化布局，从走出云南、布局西南到进军北京，俊发地产硬是成功杀出一条血路，成为近期国内房企从省域化向全国化扩张的典范。为此，明源地产研究院专程前往云南采访俊发 CEO 赵彬，从这位性格直爽、观点犀利、睿智果断的掌舵人的讲述中，我们看到一盘“厚积薄发、攻城略地、智慧潜行”的布局全国的好棋。

第一节　走出云南——要做大必须全国化

在赵彬看来，快速发展固然有风险，但不快速发展会有更大的风险。行业的马太效应越来越严重，未来的房地产市场将是央企、国企和大型上市公司的主场。如今看来，一、二线城市肯定是地产大佬的江湖，所谓的细分市场也早被它们提前瓜分，其他中小型地产公司要么进行战略转型，要么被收购兼并，又或者干完手头的项目就跟地产业说再见。未来整个地产行业将进入寡头竞争格局。俊发地产作为非上市民营房企，要想继续在这个行业里分得一杯羹，要想做大，就必须扩张，走全国化路线。

这是现实市场的残酷，俊发要想夹缝求生就必须做大规模。

一、区域市场占有率达25%后必须走出去

在赵彬看来，当一个企业在区域市场占有率达到25%的时候，就必须走出去，而不能一直在本地做下去，这样业务才能突围出去，企业才能打破未来发展的天花板。在云南，俊发是昆明楼市蝉联数年的销售冠军，本地市场占有率最高达到了30%，几乎已经高到无对手可以抗衡。但同时，俊发也明显感受到单一区域的规模约束，因此必须要走出去。

2012年，整个昆明市场的商品房销售额只有600亿元，而未来俊发要想将销售额提升到500亿，甚至800亿，昆明市大本营的市场“蛋糕”的增长速度显然满足不了俊发的发展需求。

随着地产大鳄保利、万科、恒大、华侨城等进入昆明，这几年昆明的市场格局已悄然发生变化，昆明好几家本土龙头企业已经被边缘化。从资源占有度、资金实力和品牌影响力来说，本土房企和央企相比不在同一水平线上。大企业一来昆明，就圈几千亩土地，先做一级开发，然后再把土地卖给其他开发商，开发模式都不一样，怎么去与它们竞争？在某种程度上，俊发暂时拥有的经验优势、客户优势、品牌优势也会随着时间推移而不断减弱。依据俊发现有的土地储备和推货量，或许在2015年前还能保住昆明老大的位置，但2015年以后就不一定了。

从另一个维度看，在单一城市做300亿元，和在5个城市做300亿元相比，肯定后者更容易实现。所以，俊发要做大，不能单靠昆明市场，必须提升异地的业绩占比。

因此，对俊发而言，走出去已不是一道选择题，而是如何解决好走出去时面临的一系列问题。比如，城市如何选择？地要如何拿？资金如何来确保？产品如

何打造？能力如何提升？等等。一系列的扩张问题，对俊发来说无疑是个系统考验。

二、先入西南，再进中部，剑指全国

关乎城市进入，具体进入哪家城市，要寻找对的，走出去的“云南王”其全国棋局要如何谋布？进驻的城市数量如何来科学规划？这些问题搞不清，就很难成功地走出去。

1. 首轮扩张强调短线策略

自2007年起，俊发地产就有走出去的构思，在“走出云南，进入西南、布局全国”的策略下，俊发计划分三步实现全国布局：第一步“立足云南，进入西南”，未来5年内会进入西南，首批目标城市选择成都、重庆、贵阳等；第二步，“深耕西南，快速拓展中部”；第三步，“布局东部，全国化发展”，计划10年内完成包括北京、杭州、上海和长江三角洲等在内的城市或区域扩张。

俊发把第一步扩张目标锁定在西南市场，主要有三点考虑：其一，西南的成都、重庆、贵阳等城市的城市化水平、区域风俗习惯与大本营昆明存在诸多相似性，这会让俊发首轮走出去的路更加平坦、顺利；其二，西南的这几个城市都在1小时飞行圈内，集团管理便捷而可控；其三，俊发作为一家快速发展的企业，其管理架构、人力、资源拥有量、风险管理能力等都还不足以支撑高举高打、直接杀入一线城市的全国化布局模式。

当然，对于北、上、广、深等一线城市的布局，俊发也有自己的节奏。北京是必须进入的城市，并将提前战略性进入。俊发明白，民营房企不进入北京就不能算是全国化公司；上海作为中国经济发展的中心之一，俊发也会机会性进入；考虑到广州和深圳是中国房地产业最发达的地区，俊发计划在完成年销售额500

亿元的目标之后再进入。

至于目前正在做的海南项目，赵彬表示，“属于资源型与机会型项目，海南本身不在俊发企业发展的战略之内，但恰好碰到一个合适的机会能够进入，而且项目的地理位置十分稀缺，所以便果断进入，尝试做旅游地产。”

与此同时，新加坡也有俊发的身影。对于海外城市，赵彬认为全球其他国家的房地产开发环境很少有比当前中国更好的，中国房企国际化之路并不能成为主战场。

2. 将拟进入城市划分为四类进行管理

对于具体进入城市的选择，除了与大多数房企类似的衡量指标外（如国民可支配收入、固定资产投资增长率、城市人口规模、房地产市场发育程度、房地产市场规模和容量、近 3 年供需状态、竞争对手和标杆房企入驻情况等），俊发地产还将所有拟定进入的城市分为了四类：第一类是区域进入型城市，即这个城市是俊发为进入某一区域“撕开的第一道口子”，因此对这类城市项目可以舍弃一些利润，可以抛弃周转要求；第二类是市场占有型城市，即强调在该城市的市场占有率，一般针对已经进入并且发展相对成熟的片区，要求对整个市场进行统筹算账，要讲究深耕，进行品牌扎根；第三类是现金流贡献型城市，即该城市的项目一定要服务于俊发的现金流；第四类是利润贡献型城市，即该城市的项目主要考虑利润回报问题。

3. 从销售业绩规划进入城市数量

俊发力争在把握风险的前提下快速扩张，尤其是在 2012 年销售过百亿后，俊发基于自身 1 500 万平方米的土地储备量和全国化布局的推进，力争在 2013 ~ 2015 年的 3 年时间里实现每年 50% 的复合增长率；在 2015 年以后，考虑到行业竞争和企业成长瓶颈，俊发将下调增长率，会转而强调更有质量的稳健增长，即在2016～2018年，俊发业绩增长率将会保持在30%左右。如此一来，俊发的千亿规模在不远的将来就能有策略地实现，而这是俊发未来在中国地产版图中拥有一席之地的必然筹码。

从城市细分推算，根据15年来形成的经验，俊发每个项目平均下来大约年销售额达10亿元，按此平均体量来算，如果2015年要销售到500亿元，就需要50个项目开售。昆明一年的市场容量在500个亿左右，俊发做到35%份额即180个亿基本已是顶点，也就是说，昆明要有18个项目。昆明以外就要达到320亿元，这就需要到异地拓展32个项目。需要布局多少个城市，每个城市各需拿多少个项目，相应配备多少人，基于现在已有的800位人才，缺口和需要招聘数等一些列问题就非常清楚了。

第二节　谋局全国——地、钱、人全盘开花

走出去并非易事，云南本地龙头房企星耀、官房、晨光等都曾尝试走出去，但终因资金压力和自身能力而偃旗息鼓。“云南王”俊发地产此番冲破“家乡宝”的全国棋局又该怎么走？从拿地、资金、产品、管理到人才，俊发进行了全盘谋划。

一、必须多拿地，拿对地

面对异地扩张，俊发认为最大的风险和企业管理控制点还在于拿地。从某种程度上讲，拿不拿得到地、拿的地块是否赚钱将直接决定企业未来的生死存亡。但对于当前国内大多数民营房地产企业而言，仅凭单一住宅拿地模式，尤其是住宅土地招、拍、挂的拿地模式，已经很难拿到地。面对强大的央企、国企以及大型上市房企，中小型民营房企要么没钱与它们争夺，要么没势与它们抗衡。比如

俊发进军成都时，在2013年上半年参与土地招、拍、挂多轮，结果却是屡战屡败，起拍价才2 000元/平方米，几轮举牌下来，土地楼面价竟拍到了6 000元/平方米。更让俊发不解的是，所拍土地附近的房子也才卖7 000元/平方米，俊发实在不知道这块地要做什么产品才能不亏钱。这也让俊发意识到，必须转变拿地方式，否则，拿地将困难重重。尤其在土地不确定性增大、价格越拍越高的情况下，俊发需要投入更多精力、更多时间做好拿地的可行性分析，并在拿地模式、拿地方式、拿地策略上不断进行创新。

1. 多拿地：创新三大拿地模式

在普通住宅招、拍、挂模式下很难拿到理想地块后，俊发在拿地模式上进行了全面的变革和创新，并基本摸索出了三大拿地模式。

（1）模式一：以文物保护、修复为切入点的城市更新项目的拿地模式

以文物保护、修复为切入点的城市更新项目属于“旧城改造”的一种，相对于招、拍、挂，“旧城改造”能够以相对较少的竞争，拿到更多、更便宜的土地，合适的话可以锁定一、二级联动，实现一级整理到二级开发的扩展。俊发在“旧改”方面拥有丰富的经验和口碑效应：在昆明，俊发从做第一个项目到现在，70%都是旧城改造项目，俊发也是昆明率先涉足城中村改造的地产开发企业。从昆明市首轮城中村改造项目“凤凰新村”、“张官营”的成功改造，到其后短短几年中，俊发地产创建了整套成熟的城中村改造模式，其“俊发模式”已成为昆明城中村改造的成功范本，并先后迎来国内外80余批次代表团前来考察和交流。

俊发正在实施的昆明宝云片区改造，就属于“以文物保护、修复为切入点的城市更新项目”。该片区是昆明非常特殊及珍贵的历史人文片区，区域内有4处市级文物保护单位、6处区级登记不可移动文物、16处推荐历史建筑物，包括冯

友兰故居，以及闻一多、朱自清、梁思成和林徽因夫妇等名人的旧居。

（2）模式二：城市新地标即超高层写字楼的拿地模式

伴随中国城市化的快速发展，每个城市尤其是一、二线城市都需要城市地标，而且无论政府还是商业、民间都青睐于超高地标建筑物。伴随云南省会昆明的经济水平的持续提升，也考虑到大批央企入滇、世界500强入滇，以及云南俊发本身拥有的大批高端客户圈层对高品质、高规格地标办公的需求，俊发正式进入城市地标超高层领域，也因此确定了相应的城市超高层的拿地模式。比如，俊发在昆明老市政府拿下了一个昆明新地标——453米的超高层项目。

因早期在昆明超高层公寓开发运营方面已成功实践，俊发在这一模式上已经积累了丰富的经验，根据超高层的经济测算，俊发发现城市地标纯粹超高层并不赚钱，其前期资金投入和沉淀非常大，往往销售后也只能平衡成本投入，因此俊发需要跟政府谈判，倾向于配置住宅用地，快速去化，用住宅销售的资金来支撑高端写字楼的资金需求。目前昆明新地标就是采取“写字楼加酒店再加隔壁200多米的高档公寓”的组合模式。

（3）模式三：休闲旅游度假产品类的拿地模式

随着人们生活水平的快速提升，富人阶层的“5＋2”生活方式已经越来越普遍（城市中心一套住房供工作日5天居住，城郊一套别墅供周末2天休养）。对于城郊的住所，他们往往侧重于做第二居所，或第三居所。其居住的功能已经不单单是房屋住所功能，其生态、健康、养生、自然等体验已经成为富人休闲度假的重要诉求。

为此，俊发针对这一群体，开辟了休闲旅游度假产品类的拿地模式，这种定位往往更多是产品导向，不受区域布局战略限制。更多讲究自然资源、旅游资源和机会导向。俊发计划在休闲度假方面形成风情度假小镇、酒店管理式服务、瑜伽养生服务、健康理疗服务。而且，除了养生之外，俊发还将引进瑞士巧克力手工坊、各种水上娱乐设施等，更多地营造一种时尚、尊贵、生态、健康的富人生活方式，从而从住宅开发商转变为高端生活服务商。

目前，俊发西燕塘的滇池 ONE 就是这种模式。

2. 拿对地：三级审核制及投资卡片精细管控

在赵彬看来，地拿对了项目就成功了一半，因为拿地直接决定了项目利润和后期销售情况——除非遭遇宏观调控或是市场大幅度波动。因此，俊发对拿地环节进行严控，一是建立投资卡片，二是建立三级审核制度。

项目投资卡片中主要包含两大类内容：一是土地储备计划书，即划定一个总的储备面积、拿哪些项目、各项目规划面积如何；二是投资计划书，即针对每个项目今年投多少钱，分解到每个月度如何投钱，“招、拍、挂”项目要投多少，以及前期事务的报批报建等。同时，俊发还设置“土地储备计划达成率”与“投资计划完成率”等绩效考核指标，以促进投资卡片管理制度的落地。

在拿地审核上，俊发形成了严格的三级审核机制，即区域公司总经理审核、总部战略投资部审核、董事会审核，审核主要以会议形式进行。首先，区域公司总经理会组织相关人员召开区域公司投资卡片启动会，对项目拿地进行审核；然后，总部战略投资部通过总部战投投资卡片穿透会，对拿地进行复核；最终，董事会通过总部投资委员会决定是否针对该项目进行投资（见图 3－1）。

二、现金流安全不能系在一棵树上

在赵彬看来，俊发全国化扩张存在的最大风险之一就是资金链问题，这方面有前车之鉴。此前，云南某房企在外省投资项目时，就因资金链断裂差点倒闭。这样的教训还有很多，这些教训促使俊发形成了一套自己的现金流管理策略，而

图 3-1　基于投资卡片的俊发拿地三级管控与两大 KPI 考核

不是把现金流安全问题系在“银行贷”这一棵树上。

1. 留头寸

俊发从 2009 年就开始调整战略扩张思路，强调企业扩张必须“稳”字当头，尤其是在关系企业生死存亡的现金流问题上，俊发每个月留的头寸基本上都在 3 亿元以上，多的时候达 12 亿元，以确保资金链至少能支撑一个月。

2. 严控资金计划准确率

俊发在 2008 年曾遭遇过现金流危机，当时因为扩张脚步太快，之前在 2006 年、2007 年拿地较多，结果遇到政府调控和金融危机，现金流就变得紧张，资金计划也一度按天来排。当然，事后回过头来看，当时拿地的决定却是正确的。不过在市场多变的情况下确实无法保证每一步都能踏准，但却可以让企业在每轮锻炼中练好内功，2008 年的楼市冬天就让俊发练就了精细、高效管控现金流的本领。有了此前痛苦的经历，未来发展的脚步反而更加稳健，比如企业管理层对资金链到底该绷多紧、留多松、底线在哪就非常清楚。而如今，俊发已经严格进行资金计划管控，针对工程等业务部门编制了资金计划，要求尽一切可能提升其准确率，并对资金计划准确率进行严格考核，不合格的坚决惩罚，准确率高的积极奖励。

对于单一项目的现金流管控，俊发有两点经验：一是把控投资峰值，二是把控现金流回正的时间节点。当然，资金预算的背后是力争把“以销售为核心的整体经营预算”做到准确。未来俊发将强化公司和项目整体运营能力，确保在资金维度上的收支平衡，从而使资金得到高效利用。

3. 有40%的定向产品

俊发还有一个特色，就是在所有的产品当中有40%左右产品是定向的，这是没有市场风险的，相当于在建设之初购买者就已经确定了，市场怎么变动对这部分产品都没有影响。这一点就能够保证俊发有足够的现金流，而且不用担心房子建成后卖不掉。举例来说，俊发有独特的中低端市场的企事业单位代建模式，即定向给政府、高新科技园区、企事业单位做住宅代建服务。

4. 创新融资渠道

房地产企业有无融资平台差异巨大：很多房企融资利率已超过9个（百分）点，掐头去尾后（不可能贷到资金就马上投出去，也不可能在该还账的最后几天才开始筹措资金去还账），名义利率早就超过了10个点。但有融资平台特别是有境外融资平台的房企，融资成本往往只有6个点左右甚至更低。利息差只是一个方面，有无融资平台还决定了企业融资的数量。有这个平台，可以融到更多的资金，而这是房企快速做大的“重要保障”。因此，俊发全国化扩张需要创新融资渠道。

这些年，俊发在保持与原有合作银行已形成的传统业务的同时，也在积极主动拓展新的其他本地银行、影子银行，以及信托和基金公司等新型融资渠道，例如尝试“信托＋银行”组合模式下的流动资金贷款，充分利用和盘活公司各项资源，最大限度地获得资金，比如通过银行的第二顺位抵押，可充分利用公司抵押物的价值。通过将多种融资方式相结合，俊发一方面减少了对银行贷款的依赖，缓解了资金压力及资金使用的合规性问题；另一方面，降低了融资成本，减少了融资风险。目前，俊发采用将上下游产业链融资相结合，将直接融资和间接融资方式相结合，将信托计划和股权融资与银行信贷融资相结合等模式。目前银行信贷融资与影子银行融资是俊发并重发展的两条融资渠道，后者更是未来突破的重点和难点。与此同时，俊发也在积极筹备于港交所上市。

三、用过硬的产品撕开新市场

靠什么撕开昆明之外的新市场？靠产品！赵彬的回答很笃定。赵彬解释说：“像俊发这样的品牌，进入其他的城市，首先不能考虑落地的事情，应该先把事情做好，再慢慢培育品牌。俊发这个品牌在昆明的影响力虽然很大，但是到了异地，可能立刻降为零。想借助品牌进入某个新市场，目前来说还不太可能，只有踏踏实实地将产品做好，才能慢慢扩大影响力。”

1. 锤炼全系产品开发能力

俊发在异地扩张中，对产品的选择并没有太多受诸如产品业态、高周转等因素的限制，更多地是从大的概念出发，将企业发展目标放在建设“宜居住宅”的定位上，强调“将房子盖在宜居的区域”。赵彬表示，只要是适合居住的地方，如遇到合适的机会，俊发都很乐意去开发，但对不满足这个标准的方案，俊发坚决否决。比如，俊发早期在西安拿地时，当时对一地块已做了全面深入的调研，各项指标非常好，只需公司拍板就行，但在赵彬实地察看后，发现该地块 2 公里以外有一个占地 1 000 亩的石化厂，还是在上风口，于是当即一票否决。

对选择异地项目没有业态的限制，也是因为俊发早在扩张前，就已针对各种业态对自身事先进行了锤炼。俊发早已具备从高端顶级住宅、城市精品住宅到商业地产、旅游地产的全系产品的开发能力。目前，俊发的产品线已日趋完善、丰富，在保障房、旧城改造、高层公寓、洋房、别墅、旅游地产等领域都有所涉足。

2. 打造超期望值的高端品质

靠产品撕开新市场，就得让产品经得起客户的检验，甚至超出客户的期望值。在户型研发上，俊发用1∶1的户型样板来真实展现户型采光、舒适度等客户感受；在材料选择上也近乎苛刻——因为材料单品的色彩、感官体验与其被实际运用到建筑上并与多种材料搭配后会有很大区别，所以在1∶1的户型样板中，俊发会精心挑选建筑材料，全面提升客户的居住质量。另外，针对户型的设计和增值考虑，对于同样的户型，俊发会考虑赠送更多的入户花园、景观阳台或飘窗，想方设法降低公摊，让置业者的得房率更高。

俊发在做产品时，已经不是简单地开发建设，而是更多地关注环境、文化等。真实，在低碳建筑的研究方面俊发潜行已久，且专门投资2 000万元成立了低碳产业研发基地，将低碳研究成果应用分解到每个项目的发展链条中，包括小区的规划、建筑物的设计、产品材料的选择和后期施工、销售环境、物业管理等，从而务实、高效地将低碳标准落实到项目建筑的全程。目前俊发的金色俊园、空间俊园、滨江俊园已全面实现了低碳建筑的标准。

四、让管理跟上扩张的步伐

由于战略快速扩张，俊发未来2年交付的面积将是已交付面积的2倍，开工面积将是过去的5倍。要支撑庞大的开发规模，必须建立一套集团管控模式及规范的运营模式。在这个过程中，不能照搬标杆模式，俊发必须立足自身实际情况，不断优化和推动企业管理的转型与升级。

1. 变革组织、空降高管

伴随俊发的全国化扩张，企业内部难免会出现权责不清、专业不足、业务效率低下等问题。一方面，俊发加速优化和变革集团管控模式，对企业组织形式和各部门的权责进行调整。其实，2013 年俊发就开始筹建集团公司，将开发与管理经验相对丰富而成熟的昆明公司分解为三个公司，其中一个被作为模拟化的集团来运作，且对其他区域具有集团管理的职能。另一方面，从外部标杆企业引入一大批空降高管，即使出现部分水土不服的现象，俊发也认为是正常的——水土不服代表了冲突与改变，其积极的一面远远大于消极的一面。空降兵新的意识、新的理念、新的做法，会促进俊发的管理能力与执行力的提升。因此，俊发在引进高管上，除了看其能否把事情做好外，更为重要的是希望其能够建立和优化一套管理体系、运营体系，使之能有效匹配俊发的异地化快速扩张。

2. 推行项目卡片管理制度

项目管理能力是地产企业最基本也是最核心的管理能力，俊发在计划异地扩张时就开始强调对项目的精细管理。俊发早在 2007 年就引入了万科的“项目卡片”管理制度，并在不同阶段结合自身的内部情况进行移植优化——从最早期的节点管理和指标管理，到如今聚焦项目利润和关键业务点的全面管控。同时，为了将项目的投资和运营两大环节分离，俊发将项目卡片分解为项目前期的“投资卡片”和项目运营期的“运营卡片”。目前，项目卡片在俊发多项目管理中发挥了提纲挈领的作用，为公司高级管理层和项目经理多维度、多视角了解项目信息，以及多点切入项目管理提供了有力的支撑。

投资卡片和运营卡片是同一个项目卡片的两种阶段，前者重在项目的整体规划，侧重于目标设定的合理性，比如为了维持项目现金流的平衡，就要通过投资卡片实现销售指标与支出指标的平衡；后者重在运营过程中的执行和跟踪管控，并且项目卡片将会直接成为俊发一线项目绩效考核的关键 KPI。当然，在执行中也可以随时针对变化对其进行调整。

具体而言，俊发投资卡片主要包含了“土地成本、规划设计方案、市场研判和分析、成本分析、工程管理、财务分析”等，在这几大维度之外，还形成了决策建议，并针对项目的利益点、风险点和控制点进行了关键性阐述。而后期阶段的运营卡片，则是一个随着项目推进逐渐升华和明细的过程。比如项目的节点在运营卡片中就会被细化到每期、每栋的节点。

3. 对项目运营管理重协调轻管控

针对具体的项目运营管理，俊发在总裁办设置了运营调控小组，主要统筹编制项目管理卡片。2011 年俊发成立了运营管理中心，从项目线的角度加强运营管理。2012 年，俊发进一步扩展了运营管理中心的职能，从整体生产线的角度提升运营管理水平。从发展历程来看，俊发的运营管理经历了独立项目运营、项目线和生产线渐进提升的发展过程。

在项目管理上，集团职能主要是资源中心和专业高地，项目部是高效执行机构。集团职能需要模块化和标准化并吸附和管控资源，同时强化自身服务于项目的意识；项目需要在对指标负责的基础上调动职能资源，实现项目高效运转以达成运营目标。换句话说，职能的标准、模块需要在具体的项目运营中加以检验，并通过改进和完善，形成升级版的标准、模块，然后再次运用到项目上，最终形成良性循环，以适应企业发展过程中不同阶段的业务和管理需要。职能的专业成功是为项目的成功服务的，俊发不需要不能为项目成功而服务的专业成功。所以在处理职能与项目的平衡时，俊发更偏向于项目制。

五、“空降 + 回炉”突破扩张人才瓶颈

最困扰俊发扩张之路的还是人才问题，一则云南本来就是人才匮乏的区域，二则俊发全国化扩张急需一大批核心骨干和专业人才。以前，在没有考虑好扩张计划的时候，俊发严格控制人均产值，强调企业进人不能太多，结果到有机会扩张的时候，发现派不出人来。俊发未来对自身人才资源如何配置将是其面临的一个巨大考验，能渡过这一关，俊发从区域型公司向全国型公司扩张就相对简单很多。

目前，俊发异地化扩张的人才培养方案，一是从标杆房企空降高管，对于空降兵难融入问题，赵彬强调不能对空降兵期望值过高，一方面要承认他们带来的先进管理理念和体系的积极价值，另一方面也要将留任的期望值降低，招聘 10 个最终能够留下两三个就算成功了。二是在核心骨干和专业人才上加大区域招聘力度，对聘到的人才进行“回炉”深造后，再重新派往当地。对于一线公司的核心骨干和专业人才，俊发强调必须人才本地化，比如成都的人力资源相对于云南要丰富很多，俊发在成都寻找高级人才，然后输送到云南总部，让其接受三个月的深造和学习后，再派回成都分公司。

结 语

从 1998 年成立至今，俊发地产 16 年磨砺成锋，从初出茅庐到如今叱咤云南地产业，从“云南俊发”到“全国俊发”，从省域化到全国化，俊发地产正在加速前行。“云南王”的全国谋局，令人感觉其“千亿”之志值得期待。

第四章

“河南王”建业——区域深耕的中国样本

走进名企之建业集团

建业就像一位专注的打井者，

与同行们积极布局全国的热情完全不同，

除了河南，建业目不旁视。

深耕河南 21 载，向下深钻至四级城市，

建业在河南建立了绝对的王国。

建业地产的“省域化战略”模式，

奠定了其稳固的行业龙头地位，

也提醒着其他企业，

其实还有另一种规模化的有效途径。

企业素描

1992 年，胡葆森回到家乡河南创立建业，它系河南省第一家中外合资房地产综合开发企业；1999 年，建业省域化战略确立；2002 年，建业集团开始实施省域化战略，并形成了独特的“建业模式”，即始终坚守河南，走“省—市—县—乡”的城市垂直发展之路，并能够在不被业内看好的三、四线城市保持持续的高成长，实现每年超 20% 的复合增长。经过 10 余年的省域化深耕，建业在河南确立了绝对的霸主地位，在全国地产业形成了“全国化发展学万科，区域化发展学建业”的“建业效应”。这是战略的胜利，也是坚守战略的胜利。

规模：覆盖 18 个地级市，18 个县级市

目前，建业已全面覆盖河南省 18 个地级以上城市和 18 个县级城市。预计 2015 年年底将在全省 18 个地级以上城市和 50 ~ 60 个县级城市同时开发大约 150 个项目，初步实现百城建业的宏伟蓝图。面向未来，建业整体业绩从城市分布来看，郑州大约占 30%，地级市占 40% ~ 50%，县级市占 20% ~ 30%。

业绩：近 3 年销售额增长图

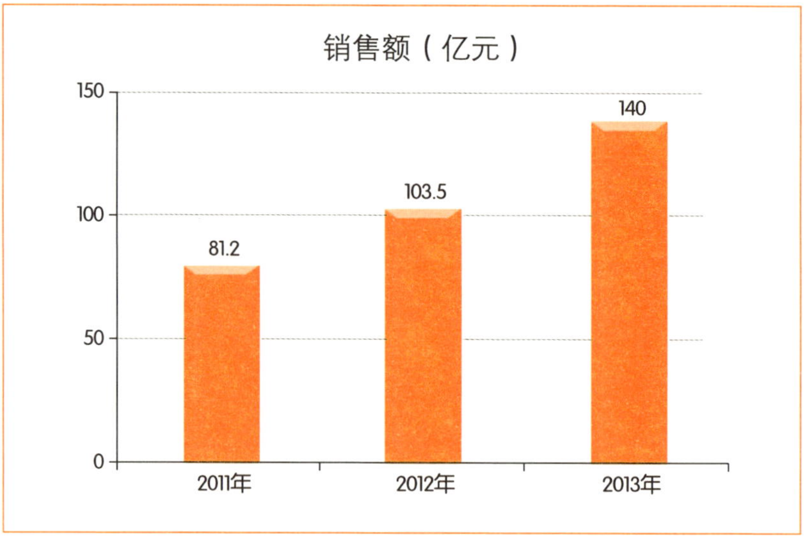

座次：近 3 年数据

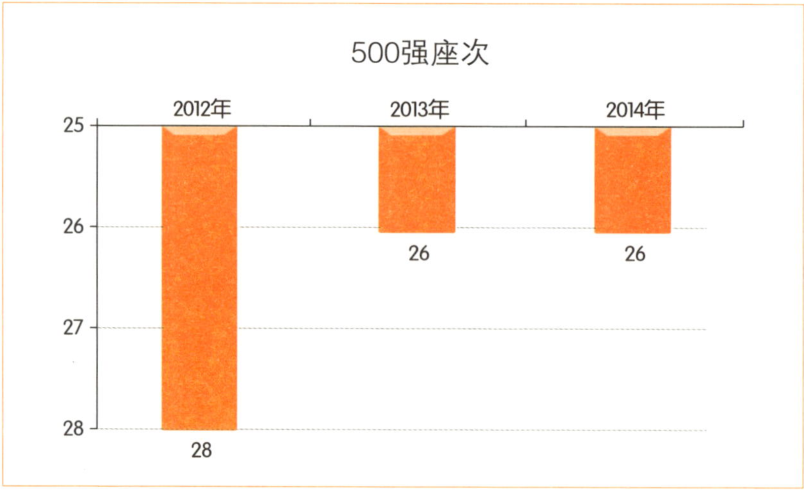

资料来源：中房网，中国房地产开发企业 500 强榜单

胡葆森

1991 年在香港创办企业，经营房地产业务；1992 年开始回河南投资。现任建业地产股份有限公司执行董事、董事会主席，他是建业集团的创始人。同时，担任河南财经政法大学工程管理与房地产学院名誉院长及客座教授。

胡葆森管理语录

未来15年河南省地产市场还很大：

河南有1亿多人口，有120个县级以上城市，今后15～20年将有3 000万人要进城，几乎每个城市都是人口净流入城市，住房总需求将达约10亿平方米。只要建业能占到市场份额的10%以上，就有干不完的活儿，赚不完的钱。

房企间竞争已延伸至服务领域：

在客户需求不断增加、企业产品同质化趋势日益严重的背景下，企业间的竞争已延伸至与产品相配套的服务方面，目前提供优质服务已成为房地产企业新的核心竞争力。

打造建业服务的“私人订制”：

建业版的“私人订制”，即是以企业全部的服务资源为基础，以满足客户新型生活方式所产生的需求为目标，竭力为所有客户进行“量身定做”的一种新型服务方式。

引言

真正的战略往往敢于说NO，建业省域化战略就是如此。

作为一家公众公司，建业坚守河南的战略屡屡受到外界质疑——放弃成熟、规范、利润率高的一线市场不去，而坚守在城市化率较低、市场发育滞后、投资回报率低的河南市场，或许机会成本过大。但是，面对“走出河南”的建议，建业依旧说NO！

“建业不是机会主义者！”建业也知道，走出河南，前往北京、上海机会式拿地，可能盈利更多，甚至业绩会超过现在，但建业更清楚，做百年企业，不该争一时之利，而须行长久之道。做企业，尤其做房企，往往一时盈利容易，持续盈利也容易，真正难就难在持续、稳定、增长地盈利。

定者不惑，深耕河南22载，建业“永不妄称第一，但也绝不甘居第二”，这是建业的霸气，也是建业深耕河南的底气！建业为什么拒外界诱惑而坚定省域化战略？如何抗拒万科、绿城等地产巨头而稳保河南王者地位？如何深耕河南，追求百年建业的区域深耕策略？对于诸如此类的问题，为了揭开其谜底，明源地产研究院专程前往河南，采访了建业集团高层。

第一节 省域化之路——天时、地利、人和的理性权衡

与建业同时代发展的全国一线房企，而今其规模、实力或许不是建业所能比的。但是，建业选择了一条不同的道路——省域化深耕。目前，建业在河南已形成了覆盖1个省会城市、17个地级城市、18个县级城市和3个中心镇的省域化布局。在省域化战略下，建业见过了不同的风景，所积累的经验也是独到的。

一、坚持省域化的三大理由

从1992年成立至今，22载，建业除了河南，目不旁视。为何在跨区域全国化布局成为行业发展大势下，建业一直坚守河南？这里面自然有建业对省域化“天时”、“地利”与“人和”的理性权衡。

1. 天时：顺应国策与省计

建业强调，“小企业做事，大企业做势”，建业实际上从一开始就是借势而起、顺势而为。

党的十八大明确指出，推进新型城镇化将是今后10年乃至更长时间中国经济继续保持较高增长的重要引擎与基本国策。同时，河南省委也在2011年就确立了以新型城镇化为引领的三化协调发展的强省大计。而建业人早在1999年制定并于2002年启动的省域化企业战略，与今天中国的“国策”和河南的“省计”不谋而合。建业以12年来省域化布局与攻坚两个阶段的战略成果，在面对“城镇化红利”这一重大发展机遇时，收获并取得了“先入为主”的先行优势，因此也必将成为这一历史机遇的核心受益者。

2. 地利：3 000 亿元蛋糕大有可为

河南作为中国经济与社会发展的缩影，1 亿多人口、120 个县级以上规模的城市、500 个以上的乡镇，为建业的持续发展与成长提供了巨大的市场空间。基于河南的市场容量，建业集团精细算了一本大账：根据“十二五”规划，河南省城镇化率每年将提高 1.7 个百分点，按照 1 亿人口、人均面积 20 平方米计算，河南省每年仅新增城镇人口的住房需求就高达 3 400 万平方米，这还仅仅是住宅首次置业需求。加上改善性住房需求、投资性需求等，保守估计，今后几年河南省每年住房需求量在 6 000 万平方米以上。如果河南未来房价按照保守的 5 000 元/平方米计算，就有 3 000 亿元的市场蛋糕，而目前建业在河南省市场占有率只有 5.7%，按照董事长胡葆森的要求，未来 10 年建业将拿下河南 15% 的市场占有率，空间足够大。建业在河南省既定的城市化率和住房需求增长趋势下，保持每年 20% 的增长率完全可期。

3. 人和：河南王的品牌叠加效应

建业通过在河南 22 年的开发，已形成品牌叠加效应，即使是一线房企进入河南，在短时间内也难以与之抗衡。首先，建业在河南开发的项目已经成为区域标杆，产品逐步形成五大精品系列，并建立与之匹配的标准化开发流程；其次，建业对河南市场的把握已经炉火纯青，对区域客户的数量及需求特征了如指掌，已拥有近 10 万户忠诚客户与很高的客户满意度；再次，建业对河南区域内项目开发成本、销售成本的控制与风险点防范已经形成了自己的一套体系；最后，依托建业住宅、商业、足球、教育、酒店等八大产业的多元化发展，形成品牌叠加效应，而且与河南各级政府建立了良好关系。政脉、商脉、人脉（高满意度的客户人脉）使建业在河南形成了绝对的品牌影响力。建业，早已成为“河南地产王”。

二、省域化落地四段论

建业的省域化战略一直步步为营，层层推进，总结起来，就是先横向完成18个地级市的布局，再向县、乡纵深发展。目前已经经历了战略准备、战略布局、战略攻坚和战略纵深4个发展阶段。

1. 战略准备阶段

1999～2002年，经过3年研究筹备，建业正式启动省域化发展战略，并且在2002年快速完成了在5个地级市的布局。

2. 战略布局阶段

2002～2008年，建业的核心任务是聚焦郑州，完成在全省18个地级以上城市的战略布局。

3. 战略攻坚阶段

2009～2012年，建业的核心任务是规模之战，即用4年时间，实现年销售额从36亿元到103亿元的战略攻坚任务，规模迈过百亿元门槛。但在这个过程中，由于集团资源往地级市转移，致使建业渐渐失去了郑州市场占有率第一的地位。

4. 战略纵深阶段

2013～2015年，建业的核心任务是战略向下、业态多元化布局，做强“大服务体系”。省域化战略纵深的关键策略具体体现在以下五点：一是不断挖掘地级市场的深度，夺回郑州市场占有率第一的位置，并巩固和提升在其他17个地级市的市场占有率。到2015年年底，要在每个地级市同时运作3～4个项目。二是有选择地进入县级市场，并试探性进行乡镇开发。到2015年年底，每个城市公司进入2～3个县级城市，总计进入县级城市30～40个。三是大力推进产品系列化、标准化工作。四是推动商业模式多元化转型，从以住宅开发为主，扩展到商业地产、酒店地产、文化旅游地产多元发展。五是加大“大服务体系”建设，使之成为建业核心竞争力的重要组成部分。

三、追求20%复合增长率

建业董事长胡葆森认为：“做百年老店如同跑马拉松，讲求的不是绝对速度，而是持久耐力，对于建业而言，20%是增长底线，尽量把复合增长率保持在20%~30%，不鼓励跨越式发展，否则企业在不健康的状态下成长，成长得越快，就死得越快。”

建业省域化战略正是如此，不盲从，不浮躁，不超速，宁愿错过一些商业机会，也要保证稳健匀速的节奏。纵观中国地产行业，真正能做到“稳定增长、持久盈利”这八字战略的，在胡葆森看来，充其量也就10~20家。事实正是如此，2012年全国地产百强的平均销售增长率仅为16.7%。再观建业，过去5年销售额从2009年36亿元，2010年66亿元，2011年81亿元，2012年103亿元，到2013年140亿元，复合增长率均超过20%，这也验证了建业省域化战略的成长性和正确性。

第二节　省域化深耕——“省—市—县—乡（镇）”纵深发展

一、“省—市—县—乡（镇）”纵深选城逻辑

绝大多数房企认为选择大城市作为企业战略的主战场可以取得更快的发展，但建业认为，仅靠大型或特大型城市不足以最终解决10亿农民的进城问题。特大型城市土地资源有限，而且越来越高企的门槛不适合房企可持续发展，真正的

城市化和房企发展需要走“省—市—县—乡（镇）”四级市场且以不同速度和节奏协调发展的道路。

在省域化扩张布局上，建业以郑州为样板，并在产品、管理、机制上相对标准化地向全省推广。但在这个过程中，肯定要确保中心市场，即确保在郑州、洛阳的市场占有率。因此，针对“省—市—县—乡（镇）”的纵向布局，建业采取差异化策略：提高在郑州的市场占有率，巩固提升地级市的份额，稳步优选并进军县级市场，试探性进入乡镇市场。从理想状态来看，建业希望未来在细分市场和各大城市中尽量均衡发展，在每个城市都能达到20%或更高的市场占有率。

1. 省——重回郑州“第一”

虽然河南的18个地级市在经济、人口等方面相对均匀的分布，使郑州房地产市场在全省不能一城独大，但郑州的省会效应、中心效应要求建业省域化战略必须保证大本营的地位不松动。建业要求持续提高在郑州市场的占有率，用2～3年的时间夺回暂失的“第一”位置。目前，建业已在郑州布局10个项目，物业形态包括住宅、写字楼、酒店、文化旅游地产等。

2. 市——18个地级市全覆盖

河南是个城市群，包括郑州在内共有18个地级市，目前建业已完成所有地级市的布局，并强调每个地级市都要达到30%的市场占有率。这些地级市人口大多在40万～80万，住宅需求的市场容量足够大，比如建业在河南最小的一个地级市——济源市的壹号城邦项目，销售额就超过了5个亿。地级市一个项目销售2～3个亿很正常，只要每个城市公司做2～3个项目，就能轻松做到10亿元左右的销售额。在地级市，建业主要抓中央商务区和特色街区建设，比如建业十八城。

3. 县——三大标准优选进入

在建业的省域化战略中，人口大县是建业首选的县级城市，在未来 3 ~ 4 年内，建业会在巩固和提升在郑州以及其他地级市的市场占有率的基础上，同时加快进入县级城市的战略步伐。

在河南省 108 个县级市中，人均 GDP 已经突破 3 000 美元的大概有 50 个（人均 GDP 突破 3 000 美元使房地产行业进入快速发展的时期，同时房价也处于快速增长期）。2004 年，河南一些地级市的大部分地区的房价不到 2 000 元/平方米，而现在，一些县级市的房价都已达到 3 500 ~ 4 000 元/平方米，这个水平完全能够保证建业的利润空间。

另外，河南省县级城市目前的人口数量平均在 8 万 ~ 10 万，按照新型城镇化发展规划，到 2020 年或者 2025 年，河南县级城市的人口数量要翻一番，而建业只要能占到县城市场的 1/3 或者 1/6，就会有一个很好的发展空间。

具体如何从河南省 108 个县级市中选择目标县级城市呢？建业有三大原则，即是否为人口大县、是否为经济强县、是否为政府支持开发的县级市，这三大条件必须同时满足。如果一些经济强县人口少，即使政府支持，建业也会主动放弃。也只有这三个条件同时满足了，建业房子的开发进度和销售价格、销售业绩才能保证。

对于县级市场，建业会有条件选择性地进入经济发展比较好的中型县级市。在实操中，建业首先从 108 个县级市中筛选出 50 个，然后再按照三大原则，精选 30 个左右。

另外，在拿地规模上，即使价格便宜，建业也不会在县级市场中拿大体量地块，一般都控制在 300 亩以内。

4. 乡（镇）——试探性进入

目前建业省域化布局主要还在"省—市—县"三级，对于乡镇还处于初步试探阶段，尝试在乡镇打造文化旅游地产新业态模式，譬如，建业进入鄢陵镇的旅游生态城模式，在许昌的神垕镇改造模式等。

未来3年，建业集团将新进入30～40个县级城市，计划于2015年年底将在全省18个地级以上城市和50～60个县级城市同时开发约150个项目，初步实现百城建业的宏伟蓝图。面向未来，建业整体业绩从城市分布来看，郑州大约占30%，地级市占40%～50%，县级市占20%～30%。

二、省域深耕的“圈地运动”

1. 依据产品线抢先圈占优质地块

建业有五大产品系，其中，联盟新城、森林半岛和壹号城邦均对地块有明确的要求和限制。

联盟新城系列属于低密度大盘，产品形态主要以叠拼和洋房为主，每处占地面积至少300亩，对城市高端客户群一网打尽，因此地块一般瞄准“城市新区和发展区域”。

森林半岛系列是建业目前18个地级市全部覆盖的产品系列，定位于“住在欧洲之最”，产品形态从小高层、高层到别墅等全部覆盖。在拿地时，要求一定要有自然景观，如依托山水、公园等资源。

壹号城邦系列是建业集团第9代系列产品，是建业22年以来又一个巅峰之作，它的选址要求在城市最繁华的区域，并且要处于繁华区域中“闹中取静”的核心地段。

依据产品线对土地的明确要求，建业在河南进入每一个城市，都会快速抢先圈占中心、山水、公园等优质资源地块。例如，抢先圈占城市未来中心，以做纯高端的联盟新城系产品；抢先圈占自然景观，以做中高端的森林半岛系产品；抢先圈占核心地段，以做全高层壹号城邦系产品。

2. 四类土地管理明确“原料状态”

建业根据土地获取的风险程度，将土地划分为四类，进行分类分级管理：第一类是已办完国有土地使用证的；第二类是国有土地证还没办，但已签订成交协议的；第三类属于目标地块，即地块还没有招拍挂，但已事前签过协议，是意向度较高的目标地块；第四类属于意向地块，指前期已建立土地信息线索，并作了相应了解和接触，属于线索地块。这四类土地的划分，让建业的土地“货源状态”清晰明了，能够让建业根据政策调控、市场变化和企业经营需要，相对灵活地拿地，以解决地块供应不确定性的问题，使拿地更加“心中有数”。

3. “两大高度三大要求”确立拿地纲领与细则

在拿地分工上，城市公司拿地由城市公司总经理全权负责，并专门配置了一个开发专员，配合总经理负责土地信息搜集、可研性报告的编制与汇报，最后由集团董事会做出决策。2004 年，董事长胡葆森提出了“站在两个高度”的拿地指导思想，即要站在城市发展的高度和企业战略的高度，回答“建业为什么来到这个城市?”以及“建业能为这个城市带来什么?”两大追问。

如果说“两个高度”是城市公司拿地的“总纲”，为城市公司拿地统一了思想，那么，“三大要求”就是集团对城市公司拿地明确提出的细则。其一，要丰富产品线，要基于现有产品系列去选择地块；其二，要考虑产品线的市场容量大小，客户能否接受和消化；其三，要满足集团投资收益率的基本要求，比如就净利润这个指标而言，郑州不能低于 15%，地级市不能低于 13%，县级市场不能低于 11%。

同时，建业每年考核城市公司拿地情况，严格依照年初设定的各级城市新进入的项目数量，对没进者则扣分，这是建业省域化纵深发展的 KPI 要求。另外，对于已经完善的达土地分类分级要求的意向地块，如果没有按照期初目标进度完成的，如应拿到却未拿到、应办证而未办证的也要进行处罚。

4. 拿地前置，提前 2～3 年介入谈判

建业对布局的城市都希望是长期深耕，因此要求城市公司每年都要科学务实地研究当地城市的发展方向，洞察拿地机会，掌握土地信息。在拿地策略上尽量前置，要求城市公司做到提前 2～3 年与政府进行土地的沟通谈判。目前，建业的城市公司通常可以做到，有些土地信息政府还没有正式挂出来，他们都已提前掌握。如此，建业更容易发现更多的土地机会，也更方便找到合适的地块。

5. 从政府“城市化”矛盾中寻找拿地机会

土地供应在中国还没有市场化，因此房企需要把土地的供应者——地方政府——作为“客户”进行研究。建业要充分洞察地方政府的关键诉求，一方面要深刻认识到地方政府债务多、财务吃紧的无奈，另一方面，也要清楚政府肩负城市更新与建设、产业转型与升级、城市地标与形象升级、人口就业与税收增长等责任。政府这种城市建设更新的巨额投入与财政收入紧缺的矛盾，就是地产企业的拿地机会。比如，城市道路修缮与市政公园建设、城中村改造、城市高端酒店建设、城市地标建筑、旅游生态城打造等，建业会按照自身实力参与城市建设并有效满足政府诉求，政府也会让先期付出的建业优先拿到一些土地规划或是直接进行土地补偿。

6. 用特色产品建立拿地壁垒

依靠自身特色产品建立拿地壁垒，是建业拿地的策略之一，比如利用建业十八城综合体和酒店模式去拿地。一个背景是，在城市化进程中，高端酒店的缺乏是河南省各市普遍面临的一个问题，为提升城市形象、完善城市职能、改善招商引资环境，很多地方政府往往在最好的地块上附加一个条件——必须建一个五星

级酒店。建业计划未来在河南地级市建设18个建业十八城，建设15个五星级酒店，这无疑为当地政府打造了一张城市名片。

对于城市综合体和酒店，大的竞争对手不愿意去地级市，而小的本地公司又做不了或不敢做。建业这种差异化、壁垒式拿地模式，不仅满足了城市发展和政府需求，而且大大缩短了与政府谈判、博弈的周期，地方政府更放心将土地交给建业。

7. 举集团之力火拼大鳄分舵

建业在河南深耕，招拍挂的竞争主要源于郑州市场，但建业在深耕河南的战略下，能够调动全省、全集团的有利资源，与地产大鳄进行“分舵”竞争，这正是建业的优势。比如，建业愿意在郑州花费50亿元拿地，而龙湖、雅居乐、保利等出于对一、二线城市平衡的考虑，很难将重金投入郑州这一个城市。事实也是如此，在郑州某块土地上，当拍卖价格达到10亿元时，一线巨头如保利就会主动退出，最后的赢家还是建业。

三、多面出击的圈人策略

1. 让产品服人

建业的房子“品质好”，用客户最朴实的话来说就是“建业的墙面上钉子都很难钉进去，安装空调都要用坏好几个钻头。”这种品质的体现一直在建业客户圈层中广泛传播。

建业的房子“选择多”，恒大是一个标准产品在全国不同城市放大去做，而建业深耕一个区域持续做大就不能只做一条产品线，否则会在战略上就先把自己“逼死”。多业态，多产品线，建业按照客户不同阶段的需求前瞻性地规划了不同的产品线，目前已形成相对成熟的五大产品线。这五大产品系列基本满足了河南全省客户的住房、度假、投资和消费需求。这既是省域化战略的应有之义，也是一流企业产品商业模式的科学设计。另外，除五大产品系列外，建业近期还推出了两大新产品——一个是建业十八城，融汇酒店、写字楼、商业、住宅的“造城”大盘产品；另一个是郊区大盘的文化旅游产品，即目前在许昌鄢陵基于温泉、空气和水打造的度假建业生态城。

建业的房子“创新多”，伴随消费者需求的升级和自身对产品创新的诉求，在22年间，建业已成功完成产品的“四代升级”：第一代产品以金水花园为代表；第二代产品以城市花园、绿色家园为代表；第三代产品以森林半岛、联盟新城、壹号城邦、桂圆为代表，更多是从山水资源、全球建筑风格等去区分；第四代则是以建业天筑为代表，面向未来绿色、科技、现代和全装修四大主题，进行全面升级。每一代产品都最大化满足了河南不同时期的客户需求。为支撑建业更好的产品创新，建业集团于2013年也专门成立了自己的设计院，即河南建业建筑设计有限公司，全面进行第四代产品的研发和标准制定工作，承担起建业产品策略中产业化研究工作，并进一步提升建业产品在市场上的领先地位。

2. 让服务黏人

建业从成立至今22载，从早期最大的中小学教育机构之一，从建业足球响彻中原乃至全国，从建业物业、建业农庄、建业红酒、建业商家联盟，再到如今的至尊商业、建业酒店、建业十八城，建业以住宅为中心对上下游相关产业链条的整合，使得建业在从开发商向服务商转型的过程中，为客户提供了吃穿住行多元化的增值服务，也使客户的生活方式与建业多处交融，从而牢牢地赚取客户的口碑。

另外，建业推出的大服务体系本质上是“服务式营销”，也是提升建业客户满意度和建立良好口碑的重要举措。如果近10万客户，见人都说建业的房子很好，见人就说建业的服务最好，这个价值是难以估量的。在实践中，建业楼盘的重复购买率相当高，比如2013年郑州建业联盟七期开盘，基本没做推广，都是老业主在争抢购买。

3. 用好老业主

建业深耕河南22载，最大的财富就是积累了近10万家客户与会员，更重要的是这近10万家客户对建业集团和建业产品与服务保持极高的品牌认可度。

这近10万家老业主购买建业房产，代表了他们对建业的认可和信任。对于这数量不断增加的近10万业主而言，他们大多有自身再置业换房或再买房投资，或者推荐其亲朋好友购房（建业有优惠提成激励）的需求，也因为此，建业每年针对全省近10万家老业主举办新品推荐会，希望每年推出的创新产品、度假产品、投资产品等都能提前让老业主优先知道、优先试用、优先投资获益。比如建业新开发的五星级酒店，都可以让老业主提前去免费试住和体验。

当一个新盘即将开盘前，建业可以针对既有的近10万家会员进行定向营销，比如郑州建业天筑600平方米平层大户楼盘的销售，就是采用“一城开盘，18城联动”的会员数据库营销模式，这也成为建业营销模式中独特的优势和亮点。

4. 抓牢顶层客户

吻合众所周知的20\80原理，建业20%的金字塔顶尖客户决定了建业销售额的80%。建业聚焦河南22载，更有优势服务和挖掘金字塔顶尖客群市场，郑州建业天筑项目基于高端客群定制开发就是一次成功的尝试。天筑为什么敢做600多平方米的平层？原因就在于建业此前积累了高端客户的需求和建议，并针对高端客户进行了批量访谈，产品可以说是针对高端客户的需求定制开发的。目前，郑州天筑单价已经近3万元/平方米，由于产品稀缺，很多手握重金的高端客群还不一定买得到。

未来，建业针对顶尖客群的一对一方案设计或是批量定制开发将是产品高溢价、高利润、个性化服务的落地。从具体操作来看，当建业拿到一块优质土地后，可以针对会员中购买金额在200万元以上的高端业主，进行一对一访谈，目标业主可以把作为定金的房款打到指定的至尊卡，建业再遵循客户居住私密性和个性偏好进行一对一的方案设计。基于建业在河南的品牌知名度和品牌美誉度，相信这将是建业又一产品与营销创新模式。

四、四级城市快速占位

1. 标准化+低成本加速占位

如何在聚焦河南的二、三、四线城市中快速而有效地深耕？在建业看来，这主要取决于产品体系以及对成本的控制能力。一方面，产品的系列化、标准化、产业化是建业产品战略的发展方向，也是建业省域化纵深战略快速落地的基础；另一方面，成本的控制在售价较低的地级市、县级市而言越发重要。而产品系列化和标准化是有效控制成本的前提。

建业的产品标准化从2009年推行以来，已经从探索、尝试、实践、优化逐步走向成熟，表现出明显的三大阶段。

（1）第一阶段：户型模块和户型组合标准化

2009年建业启动了产品标准化建设，从客户敏感度以及楼盘的关键要素出发，首先梳理户型模板的标准化，总结出备受河南客户推崇的90平方米与130平方米户型单位，继而对开间、径深、玄关、厨房、卫生间等进行标准化研究。2010年，建业进而启动了户型组合的标准化研究，有效地解决了几大标准化户型的组合标准化问题。

（2）第二阶段：部品和技术标准化

2011 年建业开始做部品部件标准化，主要针对电梯、门窗、配电箱、空调板、入户大厅等零部件逐步推行标准化。比如，将各式各样的门窗标准化为 10 多个窗形，对信报箱的摆放位置、大小、不锈钢材质厚薄等进行标准化；技术标准化主要是针对防水、外保温、构造的标准化。后来针对景观和装饰也进行了标准化。

（3）第三阶段：施工图标准化

在实现户型、部品和技术的标准化后，建业沉淀出一系列的产品标准化文档、手册和各种图纸，并进一步做施工图的标准化，完成施工图的任务书，还针对构造节点和施工技术进行了标准化约束，将各种材料、面砖实物样板集中粘贴做成展示墙，以方便城市公司参照执行。

另外，建业还针对售楼部、幼儿园、物业用房、社区用房进行了标准化。比如，不同产品系列搭配不同风格的幼儿园，还针对幼儿园的不同班级数量（6 个班、9 个班、12 个班等），从占地到平面都形成标准化。同样，售楼部、景观示范区需要做多大，如何做流线，有哪些功能区等都进行了相应的标准化。

2012 年，在标准化体系下，建业将产品设计权限逐步下放到一线，使其严格按照既有标准自上而下进行产品复制，一方面是检验和实践产品标准化体系，另一方面也是为了加强项目开发进度。2013 年，为避免项目一线过于机械复制，集团产品研发中心开始做产品标准化图纸的“适用范围”、“适用条件”指引说明，使产品标准化能够根据地级市实际情况因地制宜地优化。

自 2012 年起，建业就一直在强化标准化产品纪律，要求对地级市、县级市的同一产品楼盘进行 65% 的强制标准化复制，进行 35% 的个性化，而针对县级产品则要求复制的目标达到 70% 。考虑到品牌统一，楼盘外立面、LOGO 等要求绝对标准化。

产品标准化为建业所带来的好处是多方面的：一是缩短了开发进度、采招进度；二是相应的管理也都实现了标准化，降低了管理难度；三是为未来建业产品工业化、产业化奠定了坚实的基础，并降低了整体成本；四是能放大产品优势，在产品标准化后，一个优点可以被放大到全省18个地级市进行复用后推广。

2. 成熟市场推新产品，新市场推成熟产品

作为老牌上市公司，建业有做大规模和业绩的需要，但由于河南房价相对于全国一、二线城市而言整体偏低，这就必须靠“量”取胜，需要以更快的开发效率在河南拓展更多的项目。从这一点来讲，产品标准化和运营高周转就非常关键。

另一方面，省域化战略要求建业进入“省—市—县—乡（镇）”四级城市，而这四级城市在城市化进程、房地产市场成熟度和客户需求方面均表现出巨大的差异性，作为省会城市的郑州具备绝对优势，其他城市尤其是县级市、乡镇，这一级客户对于商品房的概念还处于启蒙阶段。

基于此，建业在产品营销上确立了“成熟市场推新产品，在新市场推成熟产品”的策略。成熟市场即指郑州房地产市场，这里地产巨头和本土房企竞争激烈，客户需求会持续催进产品改进，这样的成熟市场是新产品研发的检验地。能够经受住郑州客户检验的成熟产品，再直接复制到地级市、县级市、乡镇就不会遭遇太大的风险。

五、省域化深耕更需合作做大

1. 合作开发做快做大

是一个人玩，还是联合做大？建业对于合作开发持开放的心态，一则光靠一

己之力招拍挂拿地难度大，二则建业要在河南做大做强，合作开发也可以加快进程。目前建业在 1 600 多万平方米的土地储备中，权益土地大约有 1 322 万平方米，也就是合作拿地占据 20% 左右。在目前 50 个左右的开发项目中，合作开发的大约有 10 个。

在具体合作要求上，建业考虑到自身上市公司的约束以及在河南的品牌优势，大多都会采取绝对控股权，操盘也主要以建业为主。但这也不是绝对的，建业也有“对开”的合作模式，也有由伙伴操盘的合作模式，比如建业与泰宏的合作就是泰宏操盘。

为更好地推进合作开发的进程和过程风险管控，建业集团投资管理中心还专门成立了基于合营公司管理的投资管理部，针对项目的并购、法务的合规性、日常的对接进行管理。

2. “四大对接”找到好伙伴

没有一大批认同建业、双赢互信的合作伙伴，建业省域化战略将很难实现高质量、高效率的推进。深耕河南 22 载，建业与合作伙伴在河南区域的年产值已超过 200 亿元，上交税收超过 30 亿元，累计带动就业 20 万人次以上，为建业发展，更为中原经济区建设做出了应有的贡献。目前，“共建业，同发展”已成为中原商业领域具有代表性和示范意义的合作模式。

作为区域地产王，建业在选择合作伙伴时一直秉承“质量第一，价格最优，服务优质，品牌最好”的择优原则。而选择之后，如何与合作伙伴长期有效合作？建业高屋建瓴却又非常务实地给出了一个深度合作策略：要求合作伙伴与建业实现四个对接——战略对接、文化对接、计划对接和标准对接，只有这四个对接被有效完成，建业才能与合作伙伴实现双赢、互利、共荣共强。

为做到这四个对接，建业一是大力推进产品标准化工作，统一产品和服务标准，加强与合作伙伴的交流与培训，使合作伙伴与建业省域化战略及产品标准化的要求相契合，提高合作伙伴的服务能力；二是建立年度、季度工作计划的提前沟通机制，为合作各方提早谋划、提前进行生产和服务准备创造条件；三是通过长期合作观察、评估等措施，优选项目经理团队和服务团队，在合约中明确有优秀项目经理和安装班组、服务小组的团队，将作为建业集团的长期合作团队。

第三节　省域化突围——打造建业服务的“私人订制”

一、省域化下的“忧”与“优”

2012年跨过百亿门槛后，建业已进入规模持续扩大的发展阶段，跃上年销售额500亿元平台也仅是时间问题。

今后几年，企业融资渠道多元化、产品体系标准化、人才引育规模化、计划管控规范化等经营管理能力在原有基础上将会不断得到强化和提升。然而，即使如此，也很难保证建业在河南市场的领先地位不被超越。一是因为10多家强势开发商的陆续进入，市场空间的挤压日益加剧；二是因为经过近10年超常规的市场膨胀后，北、上、广、深等一线城市的市场空间渐趋饱和，省会二线城市必将成为今后各大开发商谋求增量的目标市场，郑州也不例外；三是因为与第一梯队的竞争对手相比，建业长期引以为荣的品牌、资金、人才、产品、营销等优势将逐步消失。

面对如此严峻的竞争局面，建业别无选择，必须实施战略突围！

寻找突围方向，首先应该审视企业的战略。建业既定的省域化战略优势明显：一是长逾20年围绕品牌建设的不懈努力与持续投入，换取了企业在河南市场无以替代的品牌美誉度；二是既有客户与目标客户集中于河南这一特定区域内，使得企业产品与服务的覆盖半径短，管理纠偏效率高；三是近10万客户以及逐年扩大的客户规模效应在营销与增值服务领域发挥空间巨大；四是社区服务、呼叫中心、至尊卡、足球、教育、商业、酒店、文化旅游、绿色基地等服务资源集中于同一区域，品牌叠加与整合效应显著。

建业认为，这些优势，既是独属于建业的，也是所有竞争对手短期难以模仿的，理应成为建业新时期的竞争能力。

二、以“私人订制”战略突围

在外地地产商大举进入省内的过程中，建业发现，在地产项目运作的拿地、设计、建设、销售、售后服务等五大环节中，随着竞争的激烈，领先地产商原本具有的优势会逐渐丧失，企业间的竞争不断延伸至与产品相配套的服务方面。在新的格局下，尤其是省域化战略取得成功的建业，在地产主业稳健发展的情况下，如何在自己的产品和服务中增加独特的优势，从而构建新的别人没有或相当长时间内难以模仿的竞争优势，成为建业突围的方向。

1. 建业的“私人订制”

2014年年初，胡葆森提出了打造建业服务的“私人订制”，即以企业全部的服务资源为基础，以满足客户新型生活方式下所可能产生的需求为目标，全力为所有客户进行“量身定做”的一种新型服务方式。服务的内容包括以下六个方面：一是社区物业管理机构升级为客户服务中心，功能应涵盖家政服务、网购快递配送或转送、网上服务订购或资讯提供等；二是“建业特供商店”在各社区开设，向客户定期提供“花篮子”、“菜篮子”、“果篮子”、各类绿色食品等；三是“9617777呼叫中心”真正成为企业“服务指挥调度中心”，统一配置全省企业服务资源；四是至尊卡成为企业全部客户在企业所有服务资源（社区、酒店、商场、学校、幼儿园、足球场、购房中心等）消费的支付工具、储值工具，成为客户引以为豪的身份象征；五是企业客户中的创业者们，可与国内外知名企业领袖、著名经济学家、文化大家、养生专家等定期聚首与交流，分享他们的智慧与经验；六是在河南境内初步建成时间、区域、功能方面“无盲点服务网络”。

建业表示，等到建业的“私人订制”可以作为企业的服务产品提供给客户时，建业将完成由房地产开发商向客户新型生活方式服务商的转型，企业也将真正进入可持续发展的理想状态，其价值，将直接影响并决定着建业的未来。

2. “大服务体系”构建服务壁垒

2014 年年初，胡葆森表示 5 年来他的主要精力都放在构建建业的“大服务体系”上，因为这是建业植根河南、稳健发展的核心竞争力。

从 2009 年开始，建业就着手从企业战略和企业核心竞争力的高度构建大服务体系。为更好地规划和设计服务产业，建业还委托北京零点咨询集团对业主服务需求进行了全方位调查，认真研究了业主需求随着生活模式的变迁所发生的变化。2011 年 8 月，建业的“大服务体系”正式亮相。这一体系依托建业全省在建社区，通过呼叫平台和建业至尊卡两条线，串联起物业、教育、足球、至尊、商业、酒店、绿色基地七大服务资源，形成为全省业主提供在“时间、内容、地域”方面无盲点的具有建业特色的服务平台。

胡葆森设想的是，客户在他这里买到的，不仅仅是房子，更是一个服务体系。也就是说，通过这个“大服务体系”，其客户无论是购物、看球，还是子女教育，抑或省内外旅行住宿，均可享受到建业便利、优质和实惠的服务。建业“大服务体系”在为客户创造更大价值时，所呼应的不仅仅是其省域化战略与房地产主业，更在于服务本身所“独立”创造的价值。

目前，建业的“大服务体系”已经可以覆盖几十万人，服务体系所涵盖的范围从近10万业主扩大到从幼儿园到小学和中学超过1万人的学生，以及他们的家长。另外，建业有40多个球迷协会，注册球迷有2万人左右，再加上没有统计的球迷、员工及其家属，他们也都被纳入了建业的服务体系，这些人加在一起有40万~50万人。

3. 至尊卡贯通“大服务”

为更好地打通“大服务体系”下的各种服务，且方便业主享受建业的各种服务资源，建业特别成立了至尊商务公司，并发行“至尊卡”用于业主储值、消费、打折和结算。目前建业至尊卡已获得央行正式批准的《支付业务许可证》，这标志着建业至尊正式进入央行批准的非金融机构从事支付业务的企业行列，将助推大服务体系的纵深发展。

至尊卡是一个具有储值功能、消费功能的类银行储值卡。作为业主，只需要手持建业至尊卡，无论是娱乐、购物，还是看球，或是子女教育，抑或是省内外旅行、星级酒店住宿等，吃喝住行学，均可享受便捷、舒适和实惠的“建业特权”服务，从而获得除优质房子之外的更多服务附加值。比如，业主将物业费直接存在至尊卡就可以自动结算物业费，业主可以直接拿至尊卡去买房、去住酒店，还可以在建业所有联盟商家、所有社区商业机构直接消费，并享受最低折扣优惠。目前，建业联盟商家已遍及全省18个地市，达数百家之多，涉及20多个行业，联盟商家和建业专属服务资源形成了富有特色的客户服务体系，涵盖了吃、穿、行、日用、娱乐等生活的各个领域，服务门类齐全。至尊卡模式，一度以来让客户备感“建业房产，身份象征”，也令人感觉建业早已不是单纯的开发商。

4. 七条服务线支撑“大服务”

大服务体系是建业打造的服务壁垒，这一壁垒的形成得益于建业七大服务线的支撑。

第一条服务线是物业。物业是建业大服务体系的基石，物业更是与房地产开发密不可分，建业物业从 1994 年注册并成为河南省第一家专业物业管理公司，到如今建业物管已发展成为省内最大的具备国家物业管理一级资质的物业管理公司。

第二条服务线是学校。学校与房子本来就紧密相连，为更好地满足业主居住和子女读书学习的需求，建业从 1996 年就率先布局教育体系，到如今已有诸如小哈佛幼儿园等一系列知名教育品牌在全省建业版图内遍地开花；而在教育产业方面，建业目前已有 40 多个幼儿园、2 个中学、1 个小学，在校学生近 1 万名，整体实力在全国排在前三位，并成为全国最大的民营学校。

第三条服务线是足球。从 1994 年正式组建河南建业足球俱乐部，到如今建业足球拥有 30 余家球迷协会，建业托起了亿万中原人民的足球梦。足球与地产，随着客户规模群的扩大，交集也在扩大，建业业主可以方便地享受观看足球赛事的机会和折扣优惠。

第四条服务线是酒店。酒店是面向业主旅游服务的关联载体，建业计划在 30 周年时，将酒店发展到 15 家，形成一个新的产业版块。

第五条服务线是“建业特供商店”。随着鄢陵绿色基地的建设，再结合苗木、鲜切花、绿色基地等产业，建业将实施“健康果蔬配送计划”，定向解决未来业主的花篮子、菜篮子、果篮子需求。建业业主可以通过社区超市，享受建业供应的季节性无公害蔬菜、时令瓜果的免费配送服务，在食品安全问题日渐突出的当下，建业的这一举措无疑体现了“健康生活缔造者”的责任与担当。

第六条服务线是“网络化社区”。建业在加大产品硬件投入的同时，也强调搭建服务业务智能化、安全、学习、社交、医疗服务、便民缴费等全方位、快捷的网络化社区服务体系，能够方便地和物业服务中心、管家保持联系。能让在建业小区生活的业主体会到全方位的一流服务。在时间、地点、内容三个维度提供无盲点的服务。这是原则所在，最终让业主在建业的社区中找到快乐、便捷、尊重和归属感。未来建业将有200个社区遍布在100多个城市，若把每一个社区变成服务平台，服务网络就会覆盖全省120个城市。

第七条服务线是社区商业和都市综合体。社区商业将是建业发展和更便捷地满足客户居住需求的一个支撑，未来建业将有200个社区，20万~30万户共计100万居民，这100万人应该是河南最富有、最具消费能力和购买能力的群体，加上20个都市综合体项目，若仅仅按照现在的租金计算建业每年就能有20亿元的租金收入，更重要的是实现了业主、商家和建业的多赢局面。

5. 老业主服务的“舍得”哲学

有舍才有得，建业已经完成18个地级市省域化布局，且一直备受近10万业主的支持和追随，建业有必要让老业主与建业一起，分享省域化战略带来的收益。

建业的“舍”是一种感恩，也因此收获了客户更加信任的口碑和好评。从如期兑现已被多数业主忘诸脑后的承诺，即对购买金水花园一期且全款购房的业主“十年还本”，到2008年的“琢玉行动”、“老社区美容计划”、“建业在倾听”等活动，再到已启动的大服务体系建设，都是建业服务感恩老业主的一种落地。比如，2008年建业增加投入约1 000万元，实施社区美容计划，在全省共增加健身设施48套，粉刷楼梯间墙面和栏杆扶手共311个单元，粉刷外墙面3.2万平方米，不仅加强了社区公共设施建设，更二度提升了老社区的居住品质。又如，为业主搭建了免费社区儿童图书馆、少年国学堂，举办了诸多社区讲座，让业主足不出户就能听讲座、学国学、练技能。

建业近几年推出的免费“全省老业主大串门”活动，同样实现了业主分享省域化价值的目的。“大串门”活动就是让建业业主在河南省不同城市之间通过共同游览河南人文山水，入住建业五星级酒店，并与旅游目标地的业主阖家联欢，实现全省业主之间的沟通和互动，在“串门”过程中亲如一家，在欢乐中同游河南。每次大串门活动不花费业主一分钱，先从建业酒店已经开业的城市做起，全省业主每到一个酒店都会组织一次自助餐，还有抽奖和节目表演，而且当晚免费入住五星级酒店。目前建业已经举办十几场全省大串门活动。这种活动不仅让业主感觉非常有新意，而且让他们感受到一种快要消失的生活方式，即老式的“串亲戚”，既增进了建业老业主之间的关联与情感归属，也从商业角度有效地整合了建业内部的物业、酒店、旅游等服务资源，对新开张的酒店，对建业的增值服务都是一次深度的体验式营销。

对于这种全省18个地级市业主的“大串门”活动，河南本土的其他开发商也非常想做，但门槛在于它们缺乏各个城市的项目触点，缺乏多元化的“大服务”体系。而这正是建业省域化战略树立起的行业竞争壁垒。

胡葆森表示：“这一切为了什么，就是让客户成为你的学生家长，成为你的球迷之后，在保障服务体系的基础上，让客户从满意提升到幸福。”据悉，2013年建业客户的满意度为77%，今年客户满意度将被提升到79%左右。“再用3～5年时间，让人感觉到住在建业是一种幸福。”

结　语

一直以来，建业强调自己的省域化战略，尽管当下很多观点认为三、四线城市将是未来房地产市场风险较大的区域，但建业仍然会坚定地走城镇化道路，在大家都不看好的三、四线城市保持持续的高成长。这是建业的“厉害”之处。顺国策，应省计，在中原崛起的时代旋律下，建业地产的“省域化战略”模式奠定了其稳固的行业地位和成长的持续性，这也提醒了其他企业，其实还有另一种规模化的有效途径——区域深耕。

第五章

汇邦地产——中国区县楼市的领军者

独家对话石羊集团副总裁、汇邦地产总经理 刘恒

当万科、恒大、复地等房企在一、二、三线城市攻城略地、

竞争渐入白热化时，

汇邦却先人一步在区县城市找到了蓝海。

城镇化是中国经济发展的最大引擎，

也是房地产业快速发展的直接动力，

汇邦地产坚守中西部区县城市的策略性布局，

正是赶乘城镇化这股春风。

站在风口，不飞都难。

2012 年，整个行业形势最严峻的一年，

恰恰是汇邦地产增长最快的一年，

资金回流率比 2011 年增长 80%。

企业素描

汇邦地产是陕西民营企业前五强的陕西石羊集团核心产业之一，是石羊集团全力打造的地产品牌。当地产大鳄们在一、二、三线城市攻城略地时，汇邦地产坚定看好中西部区县市场空间，以西安为中心，以周边300公里的距离为半径，重点在次核心城市和三级城市寻求发展，代表了一种新型城镇化的概念。目前，汇邦地产力求做到陕西十强，做区县房地产开发的龙头。现已在西安、临潼、蒲城、泾阳、渭南、大荔、华县以及山东省等地开发高层、小高层、多层住宅，约计170万平方米，土地储备近千亩。

管理亮点

与路桥公司合作打造新城拿地模式：

为抓住区县新城建设机会，汇邦一般通过与路桥公司合作，完成新城修路、修桥、修公园等基础设施建设。其间，汇邦通过替政府垫资给路桥公司代付工程款，从而可以在后续拿地上获得政府一定的支持与优惠。

打造领先小半步的区县“名片式”楼盘：

汇邦掌握区县市场开发项目的尺度，就是做到“领先小半步”。项目定位也好，产品设计也好，营销策略也好，领先半步即可。领先半步即可打造出县城一流的高档小区。

独特的“橄榄型”定价策略：

从楼层定价上看，一线城市往往楼层越高单价越高，但汇邦从实践中摸索得知，区县城市的客户虽能习惯多层的“高度”，但对高层抗性非常大。因此在定价上，汇邦结合客户的偏好，形成了高、低楼层单价偏低，中间楼层单价较高的独特的“橄榄型定价模型”。

业家。

刘恒

石羊集团副总裁、陕西汇邦地产有限责任公司总经理，曾担任高科技集团的董事及世界500强企业中国区主管，2009年进入房地产行业，在各行业间游刃跨越，是一位跨行非常成功的企业家。

刘恒管理语录

投机省内一线不如投资区县：

区县市场作为一个刚刚起步的刚需市场，受调控政策的影响较小，土地价格相对较低。就战略聚焦、企业可持续发展及分散投资风险而言，在区县市场运作 3～5 个项目，比在省内一线城市做一个项目要安全、高效得多。

领先小半步打造区县“名片”楼盘：

少走半步会低估了这座城市，多走半步又会高估了客户。项目定位也好，产品设计也好，营销策略也好，领先半步即可，将产品策划落到了实处，就会吸引到当地主流客户群。

抓住区县市场的需求点进行精准营销：

做区县市场，因为市场容量比较小，所以精准营销非常重要。如何精准营销？关键是做好对市场需求的准确把握。

引言

基于蓝海市场的“先人一步”总能让企业赚得盆满钵满，汇邦地产正是这一策略的践行者和受益者。从城市布局策略来看，汇邦是先竞争对手一步，当万科、恒大、复地等房企在一、二、三线城市攻城略地时，汇邦却策略性地选择了省内二、三线城市——在区县城市进行蓝海竞争，并在这一区域做得业绩卓越，独领风骚；对区县市场消费者而言，汇邦以自己实践和创新的一、二线城市的产品与服务标准，提前让区县消费者享受到了一、二线城市的“居住待遇”，这是“先客户一步”。谈到未来战略，石羊集团副总裁、汇邦地产总经理刘恒表示，作为一家典型的高速成长型房企，汇邦计划5年内在地产大鳄云集和西安楼市快速增长的背景下做到陕西十强，并确保在2015年实现每年50万平方米的销售规模，将汇邦打造成“中国区县房地产开发新龙头”。

第一节　战略布局——先人一步深耕区县

虽然房地产行业黄金10年已经过去，但“白银20年”还可以期待。在白银20年内，房地产行业的发展重心会逐渐向三、四线城市甚至区县转移。在具体城市选择上，刘恒强调，房企要从过去的机会主义走向战略约束，需要根据外部国家城镇规划与内部企业资源禀赋、能力半径等综合考虑发展策略。因此，汇邦城市布局战略，一要看中国城镇化的重心与机会在哪儿，二要看汇邦自身的梦想与实力。

一、中西部是新型城镇化的主力

1. 宏观战略布局遵照“城镇化发展轨迹”

城镇化是中国经济发展的最大引擎，也是房地产业快速发展的直接动力。在城镇化大规模推进阶段，大量农业人口转为城市居民，给房地产业带来巨大刚需和成长空间。当一个城市的城镇化率处于30%～70%时，是其城市化最快的时期。2013年中国城镇化率已经达到53.73%，相当于100年前的美国、50年前的日本，这对房地产市场是极大的利好。

2. 抓住城市“梯次转移”下的机会

城镇化加速发展是大趋势，但不同城市的发展也有快慢，按照房地产行业一、二、三、四线城市的划分，现阶段的房地产行业存在明显的“梯次转移”现象。

从整个城市的地产发展情况来看，一、二线城市将迎来城市化的第二波浪潮——进入“市郊化”和“城市群”阶段，具体以发展“城市圈”、“卫星城”为主。比如，深圳周边城市惠州逐渐被万科、中海、雅居乐等全国大型开发商占领，其中不乏国企（特别是央企）从旁观者成为地王制造者，大多普通民营房企在一线城市无地可拿，也无地敢拿。

在一、二线城市的城镇化进入第二波浪潮之际，三、四线城市正进行着第一波疯狂的城市化——大量的道路扩建、大规模的旧城改造、大体量的新区建设。

3. 以中西部区县城镇为主战场

在城镇化大背景下又该如何选择城市战略布局？一个浅显的道理，城镇化对地产的长期利好正是在城镇化率较低的区域和城市。目前来看，我国东部地区城镇化率较高，中部地区仅少数经济较发达城市的城镇化率超过全国平均水平，而绝大多数中西部地区，城镇数量少，城镇规模小，城镇化水平较低，这些地区将会成为新型城镇化的主力——这从宏观上决定了汇邦以陕西区县城市为主战场的城市布局。

国家发改委等十多个部委联合编制的《全国促进城镇化健康发展规划（2011～2020年）》中，明确了全国20多个城市群、180多个地级以上城市和1万多个城镇的建设计划。按照上述规划，未来中国新型城镇化建设，将按照“以大城市为依托，以中小城市为重点，逐步形成辐射作用大的城市群”的策略进行整体发展。这也意味着作为重点发展的中小城市城镇化将给房地产带来重大机遇，1万多个城镇的崛起和国家政策的倾斜将给汇邦带来长期持久的利好和业绩来源。

二、汇邦要做区县龙头

汇邦的布局战略一直坚定地锁在省内二、三线城市，即陕西省地级市和县级市，并希望成为“中国区县城市发展商的龙头”。

1. 布局战略：投机省内一线城市不如投资区县市场

作为成长型房企，如果在省内一线城市不能做到前20名的话，那么企业发展的持续性一定会遇到挑战。随着近几年各省内一线城市房价的快速上涨，土地价格翻番，项目启动资金规模越来越大，风险也越来越大。一旦调控收紧而销售缓慢甚至停滞，资金链断裂就会成为许多房企的梦魇。但是，区县市场作为一个刚刚起步的刚需市场，受调控政策的影响较小，土地价格相对较低，在省内一线城市只够投资一个项目的资金，在地级市往往可以投资2～3个项目，在县级城市往往可以拿到4～5个项目。就战略聚焦、企业可持续发展及分散投资风险而言，在区县市场运作3～5个项目，比在省内一线城市做1个项目要安全、高效得多，尤其是在房地产业面临国家严厉调控的2011年、2012年，这种选择更体现出汇邦布局战略的前瞻性、优越性和安全性。

一个典型的案例是，在2009年年底，全国房地产市场一片火热的时候，汇邦面临两个选择：一块是西安市靠近市中心的一宗80亩开发用地，土地价格2亿多元；另一块是山东省济阳县县城新区的一宗开发用地，大约200亩的规模，土地价格近2亿元。从管理难易度来看，西安项目就在本地，管理半径小，而济阳县项目却远在山东，但汇邦决策层最终还是选择了济阳县项目。“西安项目3年左右就会开发完，属于典型的机会型项目；而济阳县项目完全吻合汇邦要把区县楼市作为主战场的战略定位。投入同样的资金，在济阳县可以开发一个规模大盘，而且当地政府非常欢迎汇邦的新区建设模式，在与政府达成战略合作后，后期还可以再拿到300亩的开发建设用地，完全够汇邦开发7～8年。”

现在回过头来看，汇邦曾放弃的西安项目在后期遭遇了国家严厉的调控，在楼市下滑的大环境下，该项目运营一波三折，直到2014年年初才开盘销售；而汇邦在济阳县开发的“澄波湖壹号”项目，在2011年年底全国楼市最冷的时候入市，开盘劲销200余套，2012年全年更是狂销1 000余套计10万多平方米，在一个全县总人口50多万、县城人口不超过10万的消费市场创造了一个奇迹。更难得的是，在遭遇2011年、2012年连续两年全国楼市下跌的大环境下，该项目逆势实现了销售均价从开盘3 800元/平方米到如今4 500元/平方米的提升，占据了整个济阳县市场40%以上的市场份额。进入2013年，该项目继续高歌猛进，前5个月实现销量6万平方米，在济阳县继续独领风骚。

这次投资的选择，证明了汇邦区县布局的战略可行性——投机省内一线，不如长期投资区县。

2. 区县特征：优惠多成本低

汇邦进军区县城市，如前面分析是基于中西部城镇化机会大环境和企业自身能力的宏观综合判断，而具体到对区县城市的详细解读与分析，汇邦有自己精准的判断。

从机会与优势来看，一是汇邦地产作为起步于西安的专业开发商，进入区县城市会享受到政策优惠，包括在二、三线城市所享受不到的土地政策、税收政策，甚至整体打包的优惠；二是区县城市综合成本低，包括土地成本、配套成本、费用成本、人力成本和管理成本等，这在很大程度上降低了经营风险；其三是机会成本小，营销难度低，有时甚至依靠政府支持和垄断型企业团体订购，就能消化掉可观的销售任务。

当然，区县楼市市场容量比较小，而且很多城市没有重要产业支撑，价格抗性很大，汇邦既要警惕项目过大难以“掉头”，又要警惕定价过高难以周转。比如，陕西个别县城有很多楼盘根本卖不出去，一个小县城的城区里就四五万人，一万多套商品房就能满足刚需，但这样的县城竟然建了五六万套住房，显然很难被消化掉。

3. 布局标准：半径为300公里的辐射区

汇邦进军区县楼市，是董事会的一种战略选择。首先，汇邦地产作为母公司陕西石羊集团的下属板块，与集团下属的农牧、油脂、金融一样被作为一个产业进行定位。汇邦2004年一成立就定位在区县楼市，其间受到很多诱惑，但汇邦一直没有动摇，即使在2009年、2010年楼市最火爆的时候，汇邦也坚持把拿地的主战场放在区县市场。其次，汇邦布局区县楼市这块未被有效开垦的处女地，看好的是区县楼市稳定增加的刚性需求，而且汇邦坚信的是，在相当长一段时间内，任何调控政策都不会针对区县楼市的刚需进行调控，所以汇邦从战略上就规避了企业发展遭遇调控的政策风险。

汇邦认为，不是每一座区县城市都适合汇邦开发。在选择城市时，汇邦除了考虑常规城市人口、面积、GDP、购买力、竞争对手等因素和指标外，还特别强调两点，即在扩张初期尽可能借助母公司石羊集团的品牌影响力，同时兼顾考虑汇邦总部管控半径不能过大。最终，汇邦确定以距西安城市300公里的半径为辐射区，进行区县楼市战略布局。

汇邦虽然进入区县楼市，但并没有放弃西安这个国内二线、省内一线城市，近几年来始终保持在西安至少有1个项目在开发、运营。刘恒的解释是："为了时刻保证自身有一个更加先进的开发视野和理念，并保持敏锐的市场洞察力，需要亲身感知一线楼市的微妙变化。"

4. 深耕区县：主流定位、规模拿地、连锁开发、快速销售

更重要的是，汇邦的区县城市布局强调速度要快，要打地产大鳄抢占和深耕一、二线城市无暇顾及区县楼市的时间差。汇邦相信，今天二、三线城市的市场状态就是明天四、五线城市的状态，汇邦要做的就是抢得时间差快速做强做大。如果说地产大鳄做一、二线甚至三线城市，汇邦就做四、五线城市，前者市场容量大、购买力强劲，但市场竞争激烈且城市数量有限；后者虽然单一城市市场容量相对有限，却有望胜在城市数量多，当地竞争少，汇邦完全可以依靠自己的品牌和经验优势占据主动权，提前激活五线楼市，先人一步品尝区县楼市的蛋糕。

事实上，汇邦将产品定位于"不做最贵的而做性价比最高的"，在区县蛋糕上做"最主流、最大规模"的房企，并配上基于汇邦简易版的产品标准化战略。这种"主流定位，规模拿地，连锁开发，快速销售"的大体量、快周转策略，使汇邦整体的资产收益率并不会比做一、二线城市项目差多少——汇邦楼盘在区县的市场占有率一般都可以达到30%～50%，把一、二线城市的标准和理念移植创新到区县楼市，创造出一种全新的生活方式，最终将小城最有购买力的金字塔上层人士一网打尽，如果后期商业面积和价格比例能够做到最大化，汇邦的利润

率不会低于深耕一、二线城市。

第二节　区县攻略——汇邦的五大玩法

区县楼市小而美，在拿地、开发、营销等方面与一、二线城市的玩法都不尽相同。具体怎么玩？汇邦已形成了一套自己的娴熟玩法。

一、模式：合作开发与资源整合

1. 合作开发：与本地路桥公司合作拿地

伴随各地的城镇化快速发展，很多老城区的城市升级往往由于拆迁和改造难度大，而选择在老城区之外重新规划一个新城，最终形成国内比较常见的老城区＋新城区的“双城模式”，而汇邦正是“双城模式”下腾飞的开发商。汇邦利用自身的资金、品牌和开发经验优势，直接参与到区县新城建设中。考虑到区县政府大多没有钱去修路、修桥、修公园等基础设施，而汇邦也不可能直接去做新城基础建设。于是，一为降低异地开发风险，二为快速取得土地，汇邦一般都会联合本地一家公司进行合作，最常见的是路桥公司，请路桥公司去修路、修桥、修公园等，汇邦替政府垫资给路桥公司代付工程款，而后，政府作为回报会在新城的优势地段或核心地块给予汇邦诸多支持与优惠。某种程度上汇邦扮演了新城建设的一级开发角色，也因此获得了核心地块资源。

2. 资源整合：以“金融＋地产”实现“1＋1＞2”

汇邦地产隶属于陕西石羊集团。石羊集团是陕西知名企业，成立于1992年，经过20年发展已成为西北地区规模较大的多元化股份制企业，其业务涵盖油脂、农牧、地产和金融四大板块，2012年销售额达到60亿元。集团多产业注重资源整合，比如，集团下属金融公司主要业务为贷款和担保，很多有地块但缺少运营资金、缺乏运作团队和开发经验的中小型房企希望以土地为抵押从石羊金融公司获得贷款，而此时，金融公司会请汇邦来做资产评估，核定合理贷款额度。金融公司也会“牵线搭桥”，促成这些公司与汇邦达成合作，并通过出让部分股权给汇邦，让汇邦参与甚至主导开发的方式，来实现合作共赢。此举彰显了集团多产业整合“1 +1 >2”的效应。

目前，汇邦这种项目获取及合作模式已被逐渐推广开来。在与区县市场的房企和土地拥有者的合作中，汇邦依靠自身的强势品牌、开发经验和成熟团队，对区县市场的房企会提出一些要求：首先，必须控股，做大股东；其次，整个管理团队必须是汇邦的；最后，整个运营模式、运作机制也完全是汇邦的。这种方式确保了汇邦在快速扩张的同时保持了品牌、战略及运营的统一。但是，对于在省内一线市场如西安，汇邦又很希望与知名的一线房企合作，并很乐于做一个配合的小股东，这又体现出汇邦战略灵活的一面。

二、产品：领先小半步、追求性价比

1. 产品策略：领先小半步打造区县“名片”楼盘

面对区县城市开发项目，“领先小半步，先人一步”的思维很重要。刘恒强调：“少走半步会低估了这座城市，多走半步又会高估了客户。项目定位也好，产品设计也好，营销策略也好，领先半步即可，将产品策划落到了实处，就会吸引到当地主流客群。”

一方面，汇邦让产品本身“领先小半步”，另一方面，借助营销手段营造区县的“富人区”，满足当地富人消费者的诉求，以此打造区县市场的“名片”式住宅项目。此类住宅项目的最大卖点就是在公园边上做县城一流的高档小区，创造一种全新的生活方式，将城里有购买力和周边城镇里的中上层人士一网打尽。

这类“名片”项目，一则可树立开发商的知名度，二则可获取较高的回报率，三则通过配套完善的商业又可以吸引富人消费，从而形成县域新的商业及消费中心，实现更高的商业物业价值。

2. 做对产品：高不做低不做，只做性价比最高的产品

汇邦基于区县市场的实际情况，强调整体产品定位的两大原则：第一个原则是“要做商品而不做作品”，汇邦不做单纯产品设计视角上的创意作品，而是要做大众与主流客户群接受的商品；第二个原则是“不做豪宅，更不做最低端产品，而做性价比最高的产品”。如此一来，汇邦就抓住了区县楼市的主流需求，取得区县消费“橄榄型结构”的“主体部分”，如此策划布局，有效支撑了汇邦大盘、快销的发展模式。

在产品户型上，汇邦对区县市场的消费者户型需求进行了深度研究。从区县户型偏好来看，区县城市居民普遍缺乏升级置业和阶段性居住需求的观念，更多的人对购房的要求是一步到位，加上这些地区很多家庭都是三代同堂的格局，因此对户型的需求主要以大面积的三居为主，在大城市越来越受到青年群体欢迎的小户型、公寓房，在现阶段的区县城市并没有太大的需求。因此，本土开发商或是其他开发商若不基于市场实际承受力，而在开发与营销支持依据不足的情况下，习惯性地拍脑袋做区域最高端品质楼盘，都可能造成项目曲高和寡，销售乏力。

事实上，处于不同的区县市场、不同的阶段消费者对于产品的选择也不尽相同，并没有一个普遍适用的规律。举例来说，区县楼市在以三居室为主的户型诉求下，不同的县城需求差异性也很大。比如，在陕西大荔县，120 平方米左右的三居室卖得很好，而在其他县城 100 多平方米的小三居室去化就很快，而在山东济阳县，却是 130 平方米以上的三居室卖得最好。当然，同样一个楼盘，当单价

上升到一定程度时，客户会因为自身购买力原因转而改变对户型的偏好，如山东项目中，当房价在 3 800 元/平方米左右时，大户型销得快，而当房价上升到 4 300元/平方米时，很多客户又集体选择了小三居甚至大两居。

三、成本：总包包干与核心主材甲供

1. 成本最低：总包包干与核心主材甲供

汇邦的成本优势非常明显，核心不是体现在成本的过程控制上，而更多体现在成本体系的设计上。汇邦制定了完善的招标、采购管理制度和流程，规定 10 万元以上的工程，其采购必须采取公开招标的模式。针对不同的施工内容，采取总包、分包、甲供、甲指乙供、认质认价等不同的发包方式。在工程施工总承包上，采取综合总价包死的模式，从而实现了成本总量的前端控制。对消防、通风、门窗、电梯等专业内容，采取分包的方式，但仍然是总价包死。

在材料的选择上，汇邦在对成本影响大、对楼体质量至关重要，以及业主看得见、感受得到的核心主材等方面基本实行甲供，有力地规避了价格的波动和管控风险，并确保了产品的质量。目前汇邦对钢材、商品混凝土、电梯、门、窗户等全部实行甲供。选择这些材料做甲供原因有三点：一是这部分材料市场价格波动性很大，特别是钢材，即使签订了合同，如果市场上钢材价格跌了，乙方还会要求按照原合同价格执行，而一旦价格涨了，乙方又会要求按照上涨后的价格执行，如果钢材进入总包，施工单位往往认跌不认涨；二是这些材料是客户比较关注的，会直接影响到产品的品质和客户的观感，甲供使产品的品质更有保障；三是汇邦也有足够的资金实力，去做甲供存货和管理。比如汇邦为了做好钢材甲供，一方面采购现货，另一方面由专人负责钢材期货，通过在期货市场套保来降低价格剧烈变动的风险，同时通过关注期货价格的变动来指导现货的采购。比如，汇邦在 2010 年 3 月份，预判到钢材价格将会发生明显上涨，因此预交部分定金一次性锁定了5 000吨钢材，5月份，钢材价格果然从3月份的3 900元/吨快速上涨到了5 300元/吨，到7月份才回落到了4 200元/吨左右，汇邦由于前置的预判和大批量采购，躲过了4～6月份的高价市场期，仅此一项即节省了500多万元的成本。

在商混的采购上，汇邦依靠自己强大的资金实力，直接代表几家总包单位与商混公司谈判价格。一般的施工单位往往会拖欠卖方2～3个月甚至更长时间的货款，因此价格很难谈下来，但汇邦依靠自身资金实力和共赢思路，可以做到每个月按使用量的90%付款，而价格就会降低10%左右，此时只需要施工单位做个委托书，汇邦就可以快速将款项直接支付给商混公司。因此，汇邦采购的商混总是能获得当地市场最低的价格。

总价包死和核心主材的甲供有效地管控了汇邦的成本，控制了产品质量和品质，也实现了汇邦整体目标成本的前置控制。

2. 周资金计划：实现月度资金计划达成率90%

汇邦月度资金计划的达成率非常高，达到了90%，远远超出行业平均水平。为什么能做到这么高？核心在于其推行的周资金计划。用月度资金计划来做管控，颗粒度还是偏粗。一个月的资金计划很难做准确，现实中很有可能该付的没付，不该支付的又支付了。结合自身的财务总部强控和内部高效执行力，汇邦推行了周资金计划。

周资金计划就是强调以周为单位进行资金计划的编制和审批：每周上报和审批，下周滚动支付，具体执行时，由合同执行人申报，经部门经理、项目总经理上报至公司总部后，由公司资金平衡会议进行整体平衡，而后反馈给项目，项目财务进行支付。为保证周计划的整体执行效率，汇邦规定凡是在月度资金计划内的将快速审批，而后由财务去监控支付。

四、标准化：快速扩张下的“简易版”标准化

在开发早期几个项目时，汇邦并没有产品标准化的诉求，但当公司快速扩张、实现多项目并进时，汇邦高层就明显感觉到做得非常累。比如，在2010年、2011年汇邦高层总是要花费大量的时间研究不同的风格、外立面和户型的适用性。同时，汇邦高层也意识到，面对未来每年50万平方米的快建快销战略目标，面对今后10个甚至更多项目的同时开发，没有产品标准化，将很难操盘。

1. 产品标准化：聚焦户型、产品风格和外立面

汇邦整个产品标准化策略并没有万科、金地等基于客户全生命周期覆盖以及部品部件模块标准化的完美体系，汇邦要做的是适合自己体量和区域的产品标准化。正如刘恒强调汇邦的产品标准化的目标“只要在区县楼市，消费者一看到汇邦的楼盘，就能马上识别出这是石羊集团汇邦地产开发的，初期能做到这一点就够了。”

在标准化策略上，汇邦强调率先从客户看得见的、最能感知的模块进行标准化，由此，汇邦在2011年就开始大力推行售楼处的标准化，之后将标准化工作聚焦在“产品风格、户型和外立面”三大维度。

2012年，汇邦开始做户型标准化。首先安排营销团队统计一些热销的户型，然后由规划设计部门进行老业主访谈，最终选择出最受欢迎、最有代表性的户型进行沉淀、整理、优化、完善，在每个面积区间选定2～4个户型，组合好了就固化下来，做成一个标准化的户型库。在以后做完市场调研后，根据户型区间就可以直接从产品库中抽取所需要的户型，这样就大大提高了运营效率。

2013年，汇邦又开始针对产品线标准化进行沉淀。事实上，汇邦并不像万科、金地等企业那样有多条产品线系列。刘恒认为，“汇邦有两条线就足够了，

毕竟区县本身的人口不会超过 10 万，一是没必要进行客户需求全覆盖，二是区县购买需求大多基于三代同堂，基本属于一两次买房就解决终身住房需求的类型，所以再多的产品线实在是没有必要。”

目前，汇邦已沉淀出欧式风格和新中式风格两条产品线。其中，欧式风格在区县市场很受欢迎，“区县客户看惯了以前的方方正正的火柴盒式产品，而充满线条感、色彩丰富、造型各异的欧式楼盘，让客户感觉很新奇”，刘恒表示，这种差异化的产品一下子就获得了区县客户的高度关注和认可。而选择做新中式的风格，更多是为了适应陕西各级政府城市规划的要求，此外这种风格的楼盘容易被大众所接受，在成本控制上也有一定的优势。

2. 管理标准化：推行“四个凡事”标准

把不规范的事情做到规范，把复杂的事情做到简单，这是管理的出发点，而具体该如何做？刘恒提出四个“凡事”标准：凡事有章可循，凡事有据可查，凡事有人负责，凡事有人监督。要做到这四个凡事，就需要实现基于岗位权责和业务流程的管理标准化。汇邦要求，所有关键业务必须流程化，所有流程必须表单化，且在流程各个节点上都要签字审核。业务流程化的好处在于，每个主管在签字审批环节都会感觉到自身实实在在的存在感和价值感，又可以让公司所有管理者参与到各项业务的建议和决策中来，避免了公司所有决策风险都由老板来承担的机制弊端。

五、品牌溢价：超过 50% 的销售为“老带新”

把品牌作为一种战略，本身也是一种发展模式，汇邦在区县市场极其关注品牌，也因此，汇邦总能在有限的区县市场容量下实现单个项目达到 10 万平方米的年销售量。汇邦推行品牌营销，一为回答汇邦产品为什么比别人好，二为回答汇邦产品为什么比别人贵这两大问题。

1. 区县口碑：亲朋好友口碑效应明显

区县城市幅员狭小，人们“抬头不见低头见”，城东发生点什么事当天城西的人就能知道。所以客户的口碑是决定项目销售好坏的关键所在，也是最好的广告方式。老百姓买房子是一生中最大的投资，所以，决不会像买其他消费品一样随着开发商的广告宣传“跟着感觉走”，而一定会“跟着亲朋好友的口碑走”。

在区县楼市，亲朋好友扎堆购房现象很明显，亲友团中只要有一个人在汇邦买了房子住得很不错，他就会带领一大批亲朋好友过来参观，并推荐其购买，在此过程中还不断扮演汇邦促销员的角色帮忙介绍房子和居住的各种优点和便利。目前汇邦销售中老带新、客带客比例已高达 50% 左右。

2. 口碑塑造法：率先开创供暖系统与品质物业服务

基于口碑营销，如果从广告宣传费中拿出一小部分，鼓励客户把“自己的体验”更积极、更主动、更广泛地与亲朋好友分享，往往能起到意想不到的效果。事实上，口碑塑造除了要依靠本身现成的产品之外，关键还在于服务和情感经营。

汇邦在口碑打造上首先强调品牌的统一和集中，即让汇邦所有区县的产品和服务带给客户一样的感受和体验。比如，一样的产品形象与品质，一样高规格的售楼中心，一样真情实意的标准化服务。这种口碑的集中和叠加往往比区县其他开发商盘盘之间没有关联、各自为政要好很多。

另外，汇邦强调深入研究客户内在诉求，尽可能用一、二线城市标准去服务区县楼市客户。比如，汇邦发现区县市政没有统一供暖，就率先在项目中配置供暖系统，这种创新往往为汇邦赢来良好口碑。这种产品上的创新，很快就会被其他开发商模仿，但是“画皮画骨难画心”，比如随着煤炭价格涨跌和外界温度的变化，它们因为成本问题，要么调高供暖费用，要么降低供暖的温度，让客户总是感到缺斤少两。而汇邦强调无论外界的温度和煤炭价格如何变化，汇邦提供给客户的供暖温度始终恒定不变，客户需要支付的供暖费用也不变。而这背后，除了有汇邦服务理念的支撑外，更多的是能力支撑——汇邦通过与煤炭供应商合作，按面积实行供暖承包制，汇邦只要求户内温度恒定不变，至于煤的等级、燃煤量的大小等都由煤炭供应商自己负责。这种承包方式下，煤炭供应商可根据煤炭价格变化适时采购，控制成本。汇邦通过承包价锁定了成本，虽然单位利润很少，但却胜在规模很大，而且供暖外包后也规避了自己采煤、用煤可能亏损的风险。

在汇邦，这种深入研究客户内在需求的案例还有很多。比如，当汇邦发现绝大部分区县小区完全缺乏监控和 24 小时值班保安时，特别成立了独立核算的全资的物业服务公司，率先在区县推出正规、专业、有资质的物业服务。使客户在家门口就可享受到一、二线城市才有的精品物业，这无疑让客户收获“超期望值”的感动。虽然初期汇邦是赔钱在做，但这些急客户之所急、想客户之所想的做法，得到的却是众多免费的客户宣传员，以及汇邦一枝独秀的靓丽业绩。

第三节　营销解码——“体验+顾问”提升口碑

房地产营销大致有三个阶段：第一个阶段是营销的起步阶段，即学习的阶段，这个过程需要模仿标杆与结合自身特质实践摸索；第二个阶段是营销的发展阶段，是营销发挥的阶段，重点在于在实战中发挥与提升，即学以致用和应用创新；第三个阶段是成熟阶段，即营销运营提升的阶段，重点在于营销体系的建立与运营监控，目前汇邦正在运营提升阶段。

一、与一、二线城市迥异的区县市场

1. 市场容量：单一项目市场占有率达 30% ~ 50%

相对较成熟的一、二级地产市场，区县楼市有其自身特点。首先，参与竞争的开发商数量相对有限，同一阶段上市的楼盘数量有限。由于区县城市商品房开发滞后，绝大部分收入相对较高的区县居民二次置业选择了建私房，而大多数建不起房的居民，只有继续在建于 20 世纪八九十年代甚至更早的老房子中居住。其次，受居家生活质量进步较为缓慢和消费能力等因素的影响，区县消费者往往更易关注一些基本层面上的、比较务实的东西，如买房时注重地段离城的远近、今后生活成本的高低等。再次，在规划设计、产品策划和营销推广策略上，区县级市场的产品创新和营销手段的创新非常少，多为对邻近城市的借鉴、跟风和模仿，缺乏个性。最后，区县级房地产市场的媒体业欠发达，宣传载体偏向电视、亲友介绍和案场包装等，而且由于城市规模小、人口居住集中，彼此联系较为密切，信息干扰因素相对较少，极易达成口碑效果。

2. 目标客户：有限市场容量下做好三类精准客户

相对于二、三线城市，区县人口大部分在 50 万以内，而县城人口大都在 10 万以内，流动人口非常少，所以整体购买力有限。另外，区县城市基础设施不发达，大多数缺乏实力工业和产业经济链，许多行业要么缺位要么刚刚起步，导致经济实力和城市居民收入水平整体不高。由于人少钱少，区县楼市消费者进行大宗买卖时相当谨慎，开发商很难做诱导性消费，区县楼市消费者有强大的抵抗性消费意识，尤其当汇邦突破当地历史和平均消费标准后，面临的销售难度和抗性就会非常大。

具体来讲，区县楼市购买商品房的客户，归纳起来主要有三类：其一是区县内政府、事业单位公务员，教师，医生，以及效益良好或垄断企业单位的员工，他们往往在区县收入较高，经常进城、进市、进省，是核心购买人群；其二是本地个体工商户和家底儿不错的老居民；其三就是不可忽略的区县下面城镇中“洗脚进城”的居民，他们往往在原居住乡镇上享有较高声誉并有可观的经济收入。

3. 区县客户特征：对总价敏感、追求高性价比

任何商业和营销的起点都要以客户的需求为先。相对一、二线城市的消费者，区县楼市的消费者诉求比较奇特。比如，一线城市都很青睐自然生态、空气和园林景观，山水大盘总能卖个好价钱，但要在区县城市，由于其自然生态和环境保存相对完好，这个时候开发商还因循守旧地打楼盘生态概念牌，可能就没打中“七寸”，用当地一客户的话来说就是“这跟我家菜园子没什么区别”。

那么，区县消费者的诉求是什么？其实，区县客户诉求非常质朴和简单，典型的需求就是繁华、高档、富丽堂皇的景观与建筑物，这往往是区县消费者所稀缺和在意的，他们更在乎面子和身份，在县城拥有商品房几乎可以成为当地人的身份名片，略同于城里人买别墅了。基于此，汇邦在景观上往往多做高端人造景观，多做硬质景观，比如石材雕塑。而在产品风格上，由于西安为十三朝古都，整个陕西省区县消费者对历史古建筑物和中式文化会有审美疲劳，相反对外来欧式风格会青睐有加。

从客户整体特征来看，区县楼市以刚需自住为主，投资型置业极少，消费者对房价总款（或是首付款）最为在乎，而对楼盘单价敏感度低。在实际购房过程中，区县消费者会非常挑剔，往往货比三家，最看重性价比，他们大多会在精挑细选后才确定购买，很少冲动，也很少能够被诱导消费。因此汇邦的产品和营销理念始终围绕消费者的诉求与关注点去展开，从早期定位建老百姓买得起的房子，到后来转而建性价比最高的房子。消费者花钱表面上买的是有形的房子，实

际上更希望得到的是无须花钱的无形产品（如面子、潮流、富足的生活方式等）。

二、区县楼市的营销法则

1. 统一形象，打包营销

很多中小型房企都是做完一个盘才开始另一个盘，项目之间没有产品、品牌、体验等有效关联，这种多盘割裂的状态大多缺乏整体规划，也没有考虑客户统一体验和公司品牌的叠加。汇邦强调无论城市如何布局，都要为客户提供一致的产品品质，一致的售楼处体验，一致的品牌识别，一致的生活方式，而不是“各盘为政”。

另外，汇邦认为营销是连接企业与客户交流、沟通、互动最好的触点，营销是龙头，将产品、服务、物业等卖点集中打包给客户，但真正最好状态的营销是全员营销、整体作战。换句话说，销售必须是产品、物业、客服等诸多部门联合作战的大营销。比如汇邦在本身产品高品质下，又在区县率先提供有资质的、专业二级标准的物业服务，为客户提供温度适中恒定的供暖服务，这无疑为营销提供了诸多的卖点和支持。

2. 集中引爆行销

由于区县市场容量相对较小，常规的销售可能是“池塘小，一个网兜下去，鱼就被全捞上来了”。但另一方面，区县楼市有点类似休克鱼一样，本身相对封闭，需要被深层次激活。基于此，汇邦销售策略更多体现为主动攻击和集中爆发，具体表现为从被动的坐销走向行销以及主动出击的团购快销的策略。

对于区县房地产市场而言，坐销必须和行销结合起来。坐销往往是在自己的地盘上，是主场，更容易有效保证汇邦公司和产品品牌与口碑打造；行销则是走出去，主动出击，将分散各地的目标客户引进来。而且行销还必须集中引爆，做

“暴力营销”。

另外，汇邦产品聚焦主流刚需市场，有条件、有必要也有能力推行快销模式。做高零售、慢销看似单价做高了，但时间成本很高，快销节约时间就是节约钱。在这样一种定位下，结合区县楼市特点，汇邦近些年开始推行“团购”模式，充分锁定当地有限的团购资源，比如山东济阳项目做团购就非常成功。

3. 做户外媒体和活动营销

大城市有完善的推广环境，网络、报纸、电视、户外、分众媒体等都非常全面而细分；区县城市媒介相对稀少，开发商可用的广告手段和平台并不多，但区县楼市在信息传播一个典型特征是“都爱看热闹，轰动信息、特别是小道消息传得特别快，往往在县城中心敲个锣打个鼓，方圆 20 公里的全都过来了”。基于此，汇邦在经过多年实践和营销费效分析后，整体感觉做户外媒体和活动营销往往创造的广告投入产出比最高，比如设立视觉冲击力较强的户外广告、发放宣传单页等形式。而且这种营销手段，汇邦只需要付出 1% 的营销费用。

基于上述背景，汇邦营销媒介必须尽可能选择或构建与自己匹配和费效比合理的渠道，不断地去寻找和创新，不唯新，不唯贵，而更在乎实效。比如，汇邦在某些县城，直接雇用当地妇女，挨家挨户地发 DM 单页，效果也非常明显。另外，在活动营销上，汇邦持续地在售楼中心开展各种活动，比如在清闲的节假日做很多假日活动，类似认领亲子树活动，效果往往相对比一线城市更佳。

4. 口碑及服务营销溢价

对于区县楼市的消费者而言，他们对商品房缺乏交易经验和理性认知，整体处于启蒙阶段，开发商往往只需把房子造出来然后定个便宜的价格就能卖出去了。汇邦作为品牌开发商，从自身立足做中国区县楼市的万科为目标，不仅需要在每个区县楼市打造品牌口碑，更需要实现各个区县市场的产品价值最大化，而营销就是溢价法宝。

营销到底有什么价值？对于区县市场而言，如果营销什么都不做，建完了就卖，大概能卖到 3 300 元/平方米，但如果迅速打造口碑美誉度和销售溢价的话，就可以卖 3 500 元/平方米。因此，汇邦营销一直坚持在立足产品和服务的基础上赋予产品新的内涵，比如最高性价比的生活方式，这种口碑与服务营销让汇邦在价格上总能比同行同类产品多卖 200 元/平方米。

三、从感官到情感的多重体验式营销

市场营销的本质不是企业卖产品，而是企业从客户心里买信任、买口碑。为了迅速打造汇邦在区县市场的良好信誉和口碑，汇邦推行了体验式营销，具体分解为感官体验（售楼处与景观体验中心）、比较体验（菜单式、顾问式销售）和情感体验（服务与口碑）。

1. 感官体验：销售之前必须先有体验区和园林

体验经济时代已经到来，很多人购物已不仅仅是为了商品本身，他们更希望在整个购物过程中有个舒适、宽敞、愉悦的购物体验。汇邦把体验式营销做成一个差异化的核心竞争力。汇邦规定，所有楼盘在销售之前必须先有体验区和园林，否则不能开盘。而与之对应的其他区县同行，大多还停留在租个街边门面房就开盘销售的阶段。

为了达到快速运营的目的，汇邦还将售楼处、样板间、园林景观体验中心做成相对标准化的产品，不需要在每个项目开始时从头再来讨论设计、建造和装修的定位。在售楼中心，不仅硬件布置超前，而且软件管理也非常到位。举个例子，为了营造客户对于小区干净、卫生的印象，任何人进入售楼处，茶水员、保洁员会在客户身边保持一定距离、以一定的频率倒茶添水、打扫卫生，给客户留下一个印象，即住在这个小区，且不论其他的，一定会有个干净、舒适的居住氛围。又比如，灯光对一个房间的效果影响很大，灯光直接决定了客户的体验，因此，汇邦的售楼中只要有一个灯不亮，相关人员都是要受到处罚的。再比如，汇邦在各个售楼中心都配置了爆米花机、咖啡机、新鲜水果及各种饮料、茶水……免费提供给进汇邦售楼部的所有人员，汇邦的诸多舍得也换来售楼中心不间断的人气和良好口碑。

2. 比较体验：菜单式销售与顾问式销售

汇邦的“比较体验”就是针对区县消费者“货比三家”的习惯，让客户在比较中切实感受汇邦营销、产品与服务的与众不同。对于区县级市场，营销大多做到适宜的接人待物即可，客户要买什么就卖什么，但汇邦并不满足于此，在营销差异化上推出了基于“菜单式销售、顾问式销售”的两大策略，不仅有效地推进了汇邦的销售进度达成，更为汇邦赢得了良好的口碑与社会认可度。

可以说，即使在大城市，很多开发商也很难做到菜单式销售，更不用说在区县市场。众所周知，万科产品研发体系一个重要亮点就是U5家居系统，U5提供了从玄关、餐厅、客厅、卧室、阳台等整体产品解决方案。汇邦从2012年起就开始做U5家居系统的培训，汇邦营销人员可以专业地告诉客户装修的方向和具体的策略，包括空间位置的摆放，哪怕是一张桌子的宽度、高度、厚度的建议，基本实现了菜单式销售。

顾问式销售是考虑到客户对商品房购买和自身需求缺乏专业和系统考虑，但一套房又几乎是区县客户倾其所有的投入，因此汇邦为客户提供个性化、专业化买房咨询、建议和服务，即统称为顾问式销售。雪中送炭地为客户找到最匹配、最合适的房源，这一点与传统销售即直接推荐多大的房子有本质的区别。基于此，汇邦通过外部标杆和内部经验分享，快速提升置业顾问从立足产品的“推荐式”向立足客户视角的“顾问式”转变。在这期间，汇邦的销售团队都接受过世联、易居等营销标准和套路的培训。最终，汇邦销售人员用自身对产品、对配套、对装修、对客户需求期望的综合把握和推荐，实现了客户个性化产品配置和销售。

3. 情感体验：营销不是推销，而是情感互动

“如果客户对你建立起了信任感，那就等于你在客户口袋里放了一张存折，他会随时往里存钱，这就是情感体验的价值，是客户认同汇邦最为关键的一点。”刘恒认为营销不是做推销，而是与客户互动，所有的营销触点都是一次与客户情感互动的良好机会，汇邦每次面对的是客户的内心。因此汇邦做物业服务，在区县率先独家提供供暖系统，做品质地产，追求高性价比的生活理念，都是为了真正地服务于客户，汇邦也最终建立了与客户的情感牵连。比如，很多从区县城市进入西安买房的客户，由于在区县是汇邦的业主，真实体验到汇邦的种种服务，在楼盘多如牛毛的西安，依然坚定地选择汇邦产品。

四、橄榄型定价与前置开盘

1. 销售定价：独特的橄榄型定价策略

在区县楼市，产品正从多层向小高层，甚至20多层的高层过渡。从楼层定价上看，一线城市往往楼层越高、单价越高，但区县城市的客户却对高层抗性非常大，尤其是三代同堂的家庭，老年人恐高情结会影响到购买决策，当地消费者习惯了多层的“高度”，对所谓的“高层”在现阶段还存在一定的接受难度。

基于上述考虑和消费者引导，在均价保持不变的情况下，汇邦将区县高层定价打破了楼层越高、单价越高的常规，而是结合客户偏好，适当优化，形成高、低层单价偏低，中间楼层较高的“橄榄型定价模型”，同时保证均价和项目整体

收益。这种定价方法保证了去化均衡，成为汇邦区县楼市定价的一个重要法则。

2. 销售前置：做到80%解筹率

不能把所有的解筹风险集中在开盘当天，汇邦营销注重前置沟通，在开盘前客户就基本锁定意向房源，最终每个楼盘组团开盘当日基本都能实现80%以上的高解筹率。

具体而言，在开盘前3天左右，汇邦会专门通知初步识别的意向客户到现场，按照20人一组进行交流，汇邦销售人员会与客户做买房意向沟通，让客户确定一个必选和几个备选房，并明确实际开盘由于房源紧张，要做好要么“备选”录取，要么相对“高价买房”的思想准备。整个开盘前沟通意向识别非常精准，且为保证效率，开盘前的沟通确保在1小时以内。这一动作后，汇邦也就能在开盘前，知道某种户型的第一志愿有多少、第二志愿有多少。根据这种整体的意向统计，汇邦完全可以确定放盘量以及房源定价策略。销售前置后，在开盘当天紧张的气氛下，销售人员都会快速让消费者做出决定，如果第一志愿没了，就得赶紧找第二志愿。这种模式不仅减少了消费者的徘徊犹豫，而且加快了开盘的效率，更重要的是销售前置实现了开盘当天的高解筹率和销售溢价。

结 语

与当下众多房企布局一、二线城市的热潮相比，汇邦地产的区县布局策略更显从容冷静，但区县市场并不“冷”，在城镇化东风下，汇邦就是下一匹黑马。

第六章

华远地产——从利润向规模突围的运营王牌

独家对话华远地产总经理　孙誉晏女士

自 2008 年上市以来，

华远地产的净资产收益率始终保持在 20% 以上，

在 2008～2012 年的 5 年中，有 4 年显著高于万科。

行业在演变，

曾试图走“小而美”的华远地产也开始了规模化之战，

2013 年也是华远地产近 10 年来拿地最多的一年，

截至 2013 年年底公司土地储备近 200 万平方米，

2014 年，华远稳健推进、深耕北京，

占据北京东西南北实现四方布局……

从这些数据资料，

我们不难看到华远在业绩攀升中显露出的雄心。

企业素描

它是国内房地产业最早创立的品牌之一；

它是国内第一家中外合资的股份制一级综合开发企业；

它是中国大陆第一家在香港股市上市的地产公司；

2000 年，总资产 80 亿元，净资产 30 亿元，为全国最大的房地产公司之一；

在 2001 年之前，它是北方房地产企业的绝对领军者。

但 2001 年与华润的一次“分手”，

让它在“房无一间、地无一垄”的归零状态下再度“二次创业”。

从无到有，从弱到强，

从坚强地上市，到规模的节节攀升，

公司净资产收益率指标在 2008 ~ 2013 年的 6 年间，

一直保持在 20% 以上，位居地产企业盈利能力前 10 位，

高过整个行业平均值约 15 个百分点。

这些，诉说着二次创业后华远的努力与业绩。

面对新的产业发展与市场趋势，华远审时度势，冷静迎接挑战，

从利润型向规模型方向突围，

已成为华远新时期崛起的新思路。

管理亮点

强运营管理，三步完成运营升级：

华远早在 2006 年就成立了运营管理部，相较今天很多房企刚刚成立这个部门，且还停留在计划管理阶段来看，足以体现出华远对运营的高度重视。从管

“项目计划”到管“经营计划”，再到管“经营效益”，华远三步完成运营升级。

强总部管控，宁愿先严后松，不能先松后严：

华远采用的是“地产总部—城市公司”两级管控的组织运作模式，整个集分权的核心思路是基于项目利润价值链去展开。总部定位为投资决策中心、资源配置中心、管理调控中心、信息整合中心和品牌文化输出中心。通过专业的总部管控模式让项目一线形成全局性、专业化的做事和管理习惯。

三个岗位之外全员轮岗：

为更好地加强部门间协同，也为快速培养综合性人才，华远针对公司总部、城市公司和项目公司推行大规模、跨区域、部门间的轮岗制度。除了董事长、总经理和财务总监不轮岗外，其他所有人员都尽可能轮岗，这样才能使员工真正理解其他部门。

孙誉晏女士

现任华远地产股份有限公司副董事长兼总经理。毕业于华北水利电力学院水电工程建筑专业，高级工程师。1987 年加入华远公司，历任北京市华远房地产股份有限公司副总经理、华远京通房地产公司总经理、敬远房地产开发公司总经理、什刹海经济建设开发公司总经理等职务，曾主导开发西西工程等项目，具有丰富的房地产开发及企业管理经验。

孙誉晏管理语录

从“小而美”到“规模型”房企：

在规模之争愈演愈烈的行业大势下，“小而美”的道路似乎并不太好走，华远地产这家“利润型”房企，也开始主动寻求战略转型，首要目标便是做大规模，跻身百亿军团，即告别早期单纯追求高利润的发展模式，在依托“运营做强、管理做精”的强大内功基础上，谋求从“利润型潜行”向“规模型扩张”的战略转型。

管控宁愿先严后松：

总部管控宁愿先严后松，也不能先松后紧。因为一旦规模上去了，企业发展走上高速轨道之后，想管都管不住了。所以，关键是通过专业的总部管控模式让一线形成全局性、专业化做事和管理习惯，一旦规模发展加速，管理者就能独当一面。

加大激励是规模化发展的核心动力：

加大激励是华远快速规模化发展的核心动力，公司发展的关键在于调动员工的积极性，除了对员工进行感情投资、文化滋润外，华远还务实地为优秀员工提供更多的物质与奖金激励。

项目运营成功标尺：

评价一个地产公司运营体系的好坏，一个重要的标准就是，领导在与不在，运营能否都正常运转。即使总经理出差一个月，公司运营管理和业务流转都能有效进行，这就说明运营做成功了。

引言

据公开资料显示，华远自2008年上市以来，净资产收益率指标一直在20%以上，在过去6年中，有4年高于万科。对于华远地产这样一家中型企业来说，盈利能力却高于整个行业约15个百分点。

然而，行业高额利润不可能永远持续下去，实现超过20%的净资产收益率目标越来越难，高端项目的去化速度越来越缓慢。而竞争对手万科、恒大、保利等又在加速抢占优质的土地、客户和伙伴资源……这对于处于第二梯队并有管理抱负的华远地产提出了挑战，即如何在“强者恒强、弱者渐弱”的企业分化趋势下走出一条康庄大道?

华远给出的答案是：告别早期单纯追求高利润的发展模式，转变为在依托“运营做强、管理做精”的强大内功基础上，谋求从“利润型潜行”向“规模型扩张”的战略转型。致力于打造好房地产业务的两个核心，一是房地产实业经营，二是资本运营，即以产业经营为基础，充分发挥资本运营的作用，重点发展房地产开发与不动产经营业务，形成两条腿走路的良性地产经营格局。对此，明源地产研究院专程奔赴北京，深度采访了华远地产总经理孙誉晏女士，从她对华远“练好内功、把握时机、冲刺百亿”这12字的精彩解读中，感受华远加速“规模化突围”的稳健与自信。

第一节　二次创业——净利润高，规模受阻

从昔日风头无双的“大哥”，到十数年的砥砺前行，从归零状态下的二次创业，到房地产调控期上市零融资的无奈，华远似乎有点“运气不佳”。从外界看来，华远地产是一家规模不大但是盈利能力却很强的“小而美”的公司，但在规模之争愈演愈烈的行业大势下，“小而美”的公司显然将遇到前所未有的挑战。

一、回首往事：昔日北方“大哥”

华远地产是国内房地产业最早创立的品牌之一，2000 年时，其总资产已达 80 亿元，为全国最大的房地产公司之一。曾经的“南万科、北华远”风头无双，在 2001 年之前，它是北方房地产企业的绝对领军者。然而，当年并肩的万科早已于 2008 年进入总资产达千亿元的门槛，令人望尘莫及，就连北京本地企业金融街、北京城建也是后来居上。万科用 7 年的时间使总资产从 70 亿元跨入千亿元规模，恒大用 4 年的时间实现了这一成长，华远总经理孙誉晏认为：“万科、恒大之所以能快速做大，在于它们把握了中国楼市自 2004 年以来一轮又一轮的牛市，它们基本踩准了拿地和销售的有利时机。更重要的是，它们频频借助资本市场持续融资、急速扩张，并在依赖自身规范化管理和高效人才团队的基础上，获得一轮又一轮的‘爆炸式’增长，而快周转只是这种发展模式下的一种策略选择。”

二、彼时二次创业：规模受阻，净利润却高

相对于万科、恒大，华远地产就没那么幸运了。

首先是受困于关系房地产生死命脉的资金问题。华远历尽艰辛在 2008 年借壳重组上市后，国家正好叫停了房企后续的增发融资，截至今日，华远在证券市

场依旧一无所获。其次是华远二次创业基本从零开始，2001 年与华润“分手”后，土地资源被剥离，华远几乎是在“房无一间、地无一垄”，仅有一个刚刚收回的“华远”品牌的状态下零起步二次创业，而此时，其他房企却在已有规模的基础上节节攀升。最后是每年较多现金分红客观上影响了再生产。虽然每年华远都完成了目标利润，但由于投资公司较大比例的现金分红，在一定程度上影响了华远后续扩大再生产的“家底”，甚至对华远产品结构也有所掣肘。比如目前商业地产炙手可热，华远也经验丰富，但因为商业地产前期投入大，头几年很难回收现金流，加上年年持续分红，所以华远要做大商业地产规模多少有些受到束缚。

规模受阻，华远就在利润率上苦下功夫，一路走来，成绩斐然。自 2008 年上市以来，华远地产净资产收益率指标一直在 20% 以上（见表 6－1、表 6－2）。

表 6－1　华远地产和万科在 2008～2013 年加权平均净资产收益率对比

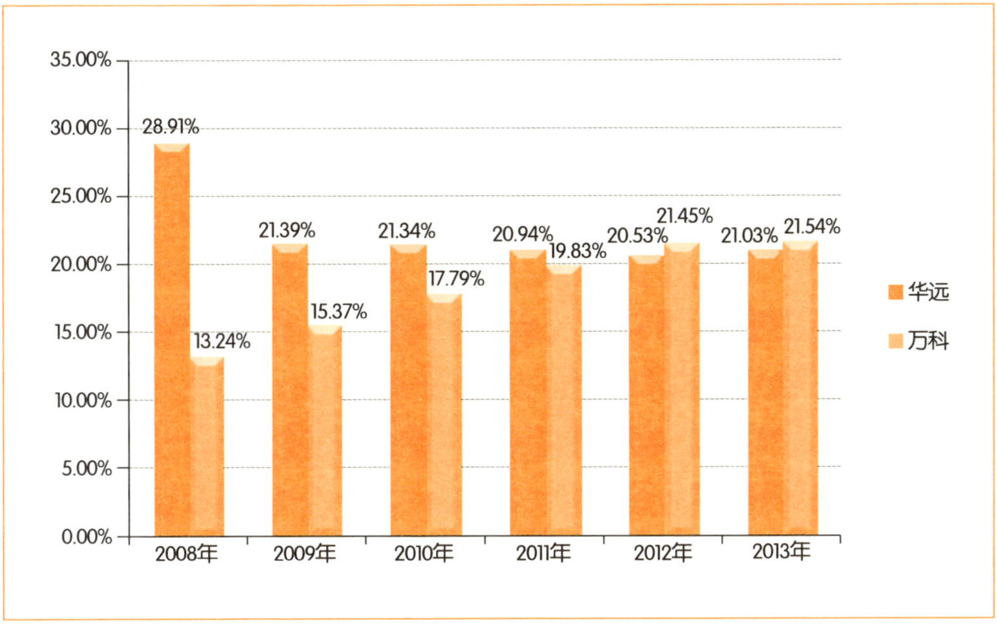

说明：自 2008 年上市以来，华远地产的净资产收益率指标一直在 20% 以上，在过去 6 年中，有 4 年高于万科。

表 6-2　华远地产和万科在 2010～2013 年销售毛利率对比

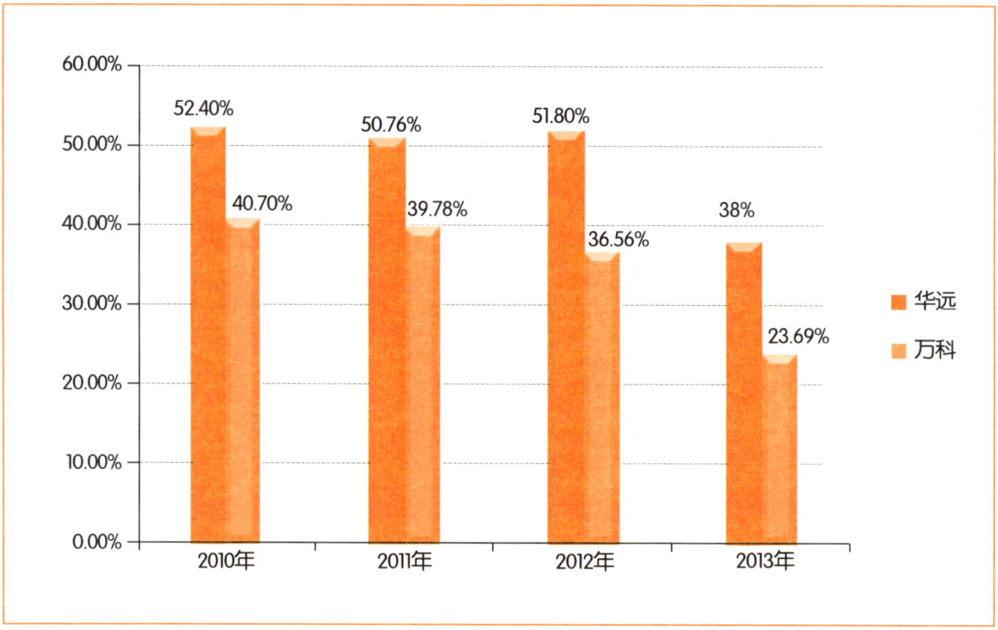

说明：从净资产收益率和销售毛利率来看，华远地产的盈利能力显然要高于整个行业约 15 个百分点，甚至比万科还要高出不少。

三、此刻与时俱进：从“利润型”向“规模型”突围

然而，行业高额利润不可能永远持续下去，实现超过 20% 的净资产收益率目标越来越难，高端项目的去化速度越来越缓慢。尽管华远曾被外人看作是“小而美”的公司，但目前“小而美”的道路似乎不太好走，华远地产这家“利润型”房企，也开始主动进行战略转型，首要目标便是扩大规模，跻身百亿军团，告别单纯追求高利润的发展模式，在依托“运营做强、管理做精”的强大内功基础上，谋求从“利润型潜行”向“规模型扩张”的战略转型。

当然，华远在规模突围的同时，并不放弃其一直坚守的“净资产收益率超 20%”的目标。华远地产总经理孙誉晏表示：“公司的项目开发策略是走规模化

快速发展的道路，增加开发规模和销售额；提升开发速度和销售速度，加快资金周转；追求单位产品的价值最大化，这是核心开发策略，也是保证公司最重要的利润指标得以实现的基本原则。华远要冲刺百亿、做大做强，就必须抓好机遇，提前练好内功，且必须经过 2 ~ 3 轮的爆发式增长才能走向规模化。而在这个过程中，一则要看准和用好资本市场平台；二则要借助合作伙伴，联合作战；三则还得坚持‘量力而行’的原则，保持公司资金层面良性运转。比如华远一直坚守净资产收益率超 20% 的目标，要保证收益，华远并非融不到资，而是在考虑资金成本、拿地成本以及销售限购、限价的因素后，整体衡量是否划算，即使机会很好，如果超过自身承载力，华远还是会坚决放弃。”

第二节　冲刺百亿——运营升级，向规模突围

可能因为沉寂太久，所以华远的突围显得有点惹眼。比如，仅 2013 年 1 年，华远就拿下了 6 块地，这是曾经一度在土地拍卖中心扮演着“陪太子读书”角色的华远在一年之间交出的成绩单。其实，除了大规模拿地外，华远还有一系列改变，如坚定“快周转”、总部做精、运营做强、管理做实。

一、规模下的“快周转”：拿地、资金、运营是突破口

在追求规模化带来蝴蝶效应的行业趋势下，“快周转”似乎成了地产行业里的一个“灵丹妙药”，万科、恒大、碧桂园等地产大鳄受益于此，阳光城、海亮地产等后起黑马也因此脱颖而出。华远地产也意识到了这一点，在其 2010 年年度报告中有这样一段话：

“通过与优秀的同行业公司相比较，我们也注意到公司虽然在净资产收益率上处于领先地位，但在资金周转速度上与它们还有一定差距。差距就是潜

力，公司将通过调整经营策略，提高公司执行力，进一步优化公司管理，加快项目开发速度，缩短开发周期，从而提高公司资金周转速度，提高公司投资回报。”

华远地产坚定“快周转”，除了其在针对行业标杆房企的发展解析后，坚定地认为快周转是住宅白银20年主流趋势所在外，华远自身在异地发展的几个刚需项目周转得力，也让华远实实在在尝到了甜头。

当然，“快周转”有几个硬性条件华远必须突破：一是拿地，二是资金，三是管理。

1. 快速“拿对地”

华远在区域发展及土地储备方面有清晰的策略，即稳固已经进入的北京、青岛、西安、长沙4个城市的市场份额，并择机进入新的一、二线城市。通过土地公开市场等手段，以区域发展策略为指导，积极增加项目开发所需的土地储备，同时充分利用品牌优势，加强市场研究，积极寻找兼并重组的机会，通过兼并收购获得新的土地储备，以合理的成本获得土地，保证公司的持续发展。

很多券商都将土地储备不足列为华远最大的问题，2013年，华远地产一改以往低调的拿地风格，一年之内共斥资50亿元拿地，这是华远地产近10年来拿地最多的一年。华远发力土地市场，加大土地储备，是其规模突围、冲击百亿销售目标做的扎实铺垫。在“快周转”这一导向明确的战略指导下，对于华远而言，拿不拿一块地，以多少钱拿，决策依据已非常明确。

首先，在拿地模式上大力拓展。华远决策层积极探索联合拿地、股权融资、基金合作、伙伴合作模式。每个月都拿出大约1/3的精力研究如何拿地，一个月开2~3次土地决策会。

其次，拿地眼光更长远。华远拿地首先看是否满足经营预算计划，拿地不能只看当年，而是考虑之后几年企业高速增长需要，要根据市场趋势不仅能做快销产品、聚焦刚需，也会获取高端 TOP 系列定位的地块。基于此，就可以在稍纵即逝的拿地机会中，快速决策拿到适合自己的地块。

最后，拿地标准更明确。华远从公司投资指导书出发，考虑到各个投资区域利润率差异，比如北京投资利润率不能低于多少，长沙不能低于多少，再结合公司的盈利要求，对比即将要拿的地进行分析，就可以迅速从财务指标上决定这块地拿与不拿。具体而言，华远每一次拿地、对合作方的选择、对资金成本的判断都强调稳健。比如在北京通州拿地，当时很多媒体都报道华远拿了“地王”，但其实际上早已打好了算盘：高价拿地一方面要考虑该宗地与其现有北京项目一期和另两个地块紧密相连，另一方面整个 IRR 账目都要控制在风险可控和目标利润范围之内。

2. 产融结合助周转

华远地产在资本市场上一直运气不佳，没有从资本市场上拿到钱，这对企业规模发展必然产生一定影响，但事实上华远不仅依托资本市场，通过发行股票、债券等融资工具在资本市场上获得资金，支持公司发展，同时也寻找机会通过资产重组、兼并收购等方式扩大公司发展规模，与银行、基金、信托等金融机构建立长期合作伙伴关系，获得银行贷款支持；通过基金、信托等多种渠道融资，筹集资金，支持公司发展壮大。

同时，华远作为北京市西城区国资委控股的企业，在融资方面与民营企业相比应该说拥有得天独厚的优势，而且华远本身还是北京银行和招商银行的股东之一。作为北京银行的股东，华远的母公司北京市华远集团有限公司在 2013 年年末持有北京银行 9 978.84 万股，位列十大无限售条件股东的第 7 位，华远董事长任志强本人也是北京银行的董事。

3. 确定管理硬指标

（1）明确开发线“5个月开工、9个月开盘”的管理指标

基于快周转，华远运营管理部会下达各个项目的一、二、三级计划节点，并给出项目开发线“5个月开工、9个月开盘”的硬性要求，并严格考核。基于该指标，设计、工程、采招、营销各相关部门自行进行比对，看自身流程和执行力能否支撑，若不够，就主动完善、优化自身的业务流程和标准化建设。

（2）设定销售线60%的开盘去化率指标

在快周转大旗下，销售去化是关键，因此华远将开盘作为销售线最重要的环节进行垂直管控，同时，将去化率作为销售考核的关键指标，整个开盘计划、销售价格都需总部营销部提前到一线工作一个月或半个月，亲身感受一线市场脉搏，并与城市公司沟通后，最终下达决定。华远规定，只要在合理定价上开盘去化率达到60%就能拿到开盘奖。

二、总部做精：宁愿先严后松，不能先松后严

快周转的落地离不开企业管理内功的修炼强化。一旦机会来临，华远经营战线就会快速铺展，若此时内部管理体系和流程制度还不健全，企业规模化发展就面临低效、混乱甚至失控风险，因此必须提前练好内功。就好比夏利与奔驰，在拥堵的北京二环路上没什么区别，一旦驶上高速，差距就出来了。华远在面临百亿规模化发展时要保证“快而不乱”，就需要做精管理。

跨区域、多项目的管理内功首先要从规范和优化总部管控模式开始。华远的总部管控模式基本建立了以部门式管理为主到以项目式管理为主（总部—项目），再到如今跨区域、多项目发展的“地产总部—城市公司”两级管控的组织

运作模式，以适应公司规模化发展需要，提升实现组织战略的能力。

在以“整合资源、优化运营体系、促进团队成长”为目标，以适应“跨区域、多项目”发展模式为出发点的二级管理模式下，总部定位为投资决策中心、资源配置中心、管理调控中心、信息整合中心和品牌文化输出中心；城市公司定位为公司经营的直接操作者，保持和总部的战略协同。在规模化战略下，华远力求用5年甚至更长的时间不断完善整个集团管控模式和体系。在这此过程中，一方面，总部会针对城市公司独立性较强的部门多一些放权；另一方面，也在迅速培养一线管理人才和当地骨干，让他们具备对利润负责、对总部下达的各项运营指标负责的综合能力，一旦机会成熟，就迅速实现城市公司由执行中心向利润中心的转型。

对于总部管控，强调的是“宁愿先严后松，也不能先松后严。因为一旦规模上去，企业发展走上高速轨道后，想管都管不住了。所以，关键是通过专业的总部管控模式让一线形成全局性、专业化做事和管理习惯，等到一旦规模加速，管理者就能独当一面。”

目前，华远整个集分权的核心思路是基于项目利润价值链去展开。具体集分权分工定位如表6－3所示。

表6－3　华远地产集分权分工定位

业务环节	总部	城市公司
拿地	作决策	配合市场调查、勘察
项目定位	决定做什么业态、开发多少、持有多少	
设计	做好概念设计、方案设计	做施工图或有必要再做个扩初方案
成本管控	总部成本管理部在方案完成后确定一个目标成本，施工图完成后再确定一个目标成本执行考核版，并在这个过程中保证大型合作伙伴（重大招标）的控制权	成本执行

（续表）

业务环节	总部	城市公司
计划	管控一级计划，共计11个节点 总部运营管理部监控城市公司的二、三级计划	管理二、三级计划
营销	管控项目定位、营销策略总报告和销售目标任务书；在此过程中对可能破底价的情况进行严格审批	营销执行

抓大放小、把重要的管控做精做细，是华远规模化发展的一个重点谋略。比如对于营销线的管控，集团总部只需要管控三次营销决策会，就基本能解决一线项目营销的关键问题。第一次决策会，主要确定项目定位报告。集团要求一线在拿地一个月后出具该项目的定位报告，上决策会审批；第二次决策会，管控营销总控方案。这个方案要求一线营销团队提前想清楚这个盘怎么卖、营销费用预算、代理商的选择、销售推广策略、价格策略，以及需要什么类型的资源支持；第三次决策会，决策营销作战指导书与销售目标指导书。华远要求所有的营销作战指导书要在开盘前2个月做好，核心包含推广方式、渠道选择、价格排布、首发价格和去化率等，这个时候基本就能锁定价格。因为在开盘前2个月，预计成本基本可以判定清楚，在市场不发生大变化的前提下形成有指导意义的售价，最终相对精准地得出整个项目的利润率。

三、运营做强：三步完成运营升级

1. 从项目计划到经营计划再到经营效益

华远早在2006年就成立了运营管理部，相较今天很多房企刚刚成立该部门且还停留在计划管理阶段来看，足以体现出华远对运营的高度重视。从管“项目计划”到管“经营计划”再到管“经营效益”，华远运营管理在伴随企业成长过程中不断蜕变，创新和实践反复磨合，部门定位和价值一路提升，形成了成熟且非常匹配华远战略发展的管控体系。

（1）初期管好项目计划

就是说，当好总经理的眼睛，重视团队协同。老华远很早就有按照目标管理做事的习惯，20多年来，华远一直重视计划管理，28个关键一级任务，且与奖金挂钩，每季度排名，“老华远人”都知道一级任务，这无形中给运营管理部开展工作做了很好的意识铺垫。但在华远计划管理部成立初期，其定位还是充当总经理的“眼睛”和“耳朵”，能够对一线业务和管理都能看得更全面、听得更细致；而对各个部门和人员来说，计划管理是想让每个部门、每个人都知道自己每个月该做什么，其他部门每个月又在做什么，实现团队协同。

（2）提升期管好经营计划

就是说，把西安城市公司总经理调回总部做运营副总，运营部做企业中枢部门。在项目计划管理到一定成熟度后，也伴随公司跨区域、多项目发展及更好地配合集团二级架构垂直管理需要，华远决定成立运营管理部，从管计划开始转变为牵头公司层面的管理模式构建和优化，比如当时考虑总部管控是“条条好”、“框框好”，还是两者结合好，是解决效率优先还是解决质量优先……一系列管控问题，都在摸索中前进。

首先，运营部是专业部门，是华远的中枢部门，是指挥中心，从全局视角审视企业运营。

很多人都觉得运营是不干实事的部门，但在华远，运营被孙誉晏看作是一个需既全面又专业的部门，纵向的设计、工程、成本等业务线要求专业，横向协同、整合、追踪、服务的运营线同样要求专业。

在华远，运营是企业高速、稳健运转的中枢神经。具体而言，华远运营定位聚焦一个中心即推动公司战略落地，而不是简单地落实项目开发计划。公司本身就需要一个综合部门，全局统筹和考虑公司经营目标分解与监控实际执行问题。此时运营管理部对于计划管理的比重就很小了，更多转变为整体效率、质量最优，考虑经营目标和业绩达成问题。

这个时候，“牵头、组织、目标、沟通、追踪、考核”往往成为运营管理部最重要的价值。在企业执行中，各个业务部门习惯于按照自身部门的逻辑去思考问题，眼光往往局限或是狭隘，而运营管理部则是站在公司全局视角去审视每个环节，最终让不同部门按照客户导向或是其他导向完成端到端的流程闭环，减少重复低效或是不增值的环节，最终提升整体业务效率和成果质量。

在执行过程中，运营管理部可能担负着召集人的任务，是管理学中的“项目经理”，组织各业务部门各自实施落地，是整个任务的责任人、推进人、跟踪者，当然，最终决策还是由公司高层来作。所以，运营管理部不一定要做具体专业的业务，但其要站在公司角度，知道哪些部门、哪些人能够去推动一项跨部门的战略专项和管理优化专项，从而推动公司管理能力持续提升。

其次，运营部是经营目标下达中心、各部门和城市公司 KPI 指标的下达者与服务者。

运营要站在公司全局视角，结合公司整体经营目标，对各个项目什么时候拿地、什么时候开盘、什么时候结利，进行整体排兵布阵，而在管理上则具体给城市公司、各业务职能部门下达 KPI 指标，成为公司的指挥中心，并在过程中进行监控，汇总月报、季报并考核。比如联合财务部，牵头做全面预算的编制、调整和追踪，而在年底则联合人力资源部进行考核，某种程度上运营已经成为华远公司经营目标书与经营计划 PDCA 的目标下达者、过程提醒监控者、服务支持者、结果考核者。

考虑到目前华远异地化项目不是太多，华远总部在对一线城市下达 KPI 时不仅扮演了指标下达者的角色，更是城市公司指标完成的重要参谋和帮助者，总部运营管理部会帮助城市公司整合资源、分析问题，帮助城市公司完成各项 KPI。比如，华远某项目把某个消防梯横放在临街商铺，这确实是专业需要，因为没有消防梯就过不去，但总部认为应该竖着放，因为竖着放就可以增加一个门面。由此可见，设计师可能更多注重美观、漂亮，但管理人员却往往能够站在经营角度、财务角度去考虑很多因素，最后做出有利于一线公司的整体利益最优解。

（3）成熟期管好经营效益

就是说，站在效益视角推动经营与管理，持续优化流程制度。无论项目计划，还是经营计划，其实运营最关键的价值还在于提升经营的效益，即追求经营的业绩数量和工作质量。

首先，制度体系的螺旋式循环，管理做精，运营做强。要整体做强、做专公司的经营与管理，运营需要针对公司管理体系和规章制度的落地效果不断审视、优化和再实践，循环提升，针对业务流程文件和作业指导书，运营部要组织各个部门梳理、新建、实践、改良，建立运转修正，优化建立运转再修正，只要这种循环不断延续下去，就一定能够实现管理体系的优化。

其次，弱化指挥中心，聚焦经营目标与指标的合理性下达。未来华远城市公司转变为利润中心后，运营管理将成为指挥中心，职责逐步转向对经营目标和合理 KPI 指标的下达、监控、管理和追踪，这个时候更强调运营对公司管理体系是否成熟进行检查，对下属单位的目标和 KPI 合理性进行提升。

最后，强化过程质量，聚焦关键成果的审核。运营要对总部各职能、对一线各部门在实际工作中的成果进行审核，不能一线说工作完成了就算完成了，而必须建立更精细的管控机制，并建立一套衡量工作成果的标准或尺子，总部运营管理部不断地去丈量、比对，看工作是否按时、按质完成，是否合规。比如为更好地保证工程品质，华远引入第三方质量评估机构，每个月开展一轮联检巡查，以此减少工程质量风险。

2. 运营框架强调“面”与“线”统一

运营管理包含公司运营（面）和项目运营（线）两大层面。公司运营包括项目总体开发计划（项目周期）和企业经营计划（时间维度），这是属于公司要求，是总部要做的，要给项目做计划、做分期，比如什么时候开工、什么时候销售、整体收入、支出、利润等都要清楚。而项目运营主要是针对单一项目从拿地、开发、建造、销售、竣工这条线进行管控。整体而言，华远运营强调“面”和“线”的统一，公司聚焦“面”上的东西，项目聚焦“线”上的东西（见图6－1）。

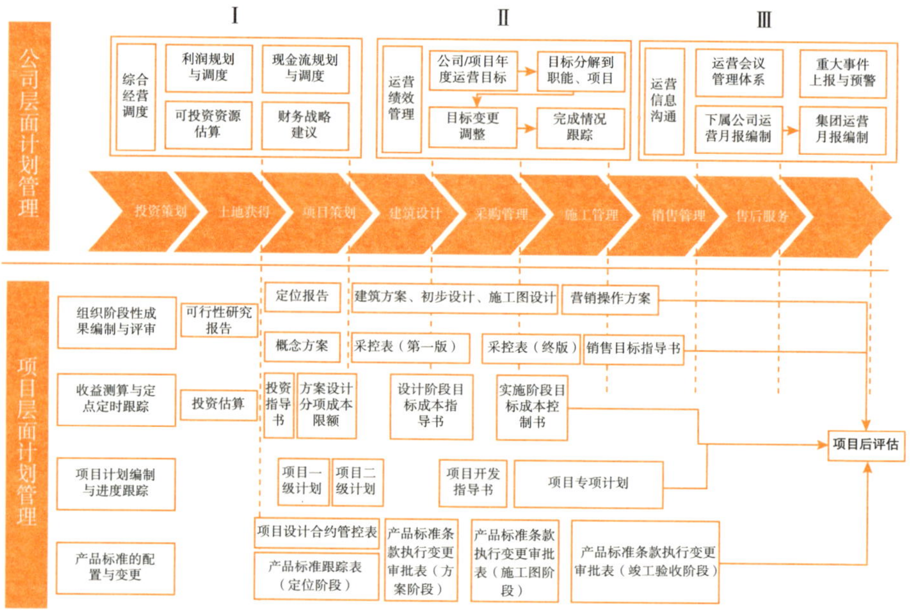

图6－1　不同层面的计划管理

（1）公司运营——2 年内做精、第 3 年稍粗、第 4 年看缺口

华远公司运营更多是从时间维度，站在中短期发展上去考虑未来 3 ~ 5 年战略发展，先做出经营预算表，它具体体现公司未来 3 年的经营状况及各项目总体进度，当经营预算表上会确认后，由总部运营管理部开始编制面向各个项目的《运营情况一览表》，这个表将具体体现各项目开发全过程的关键节点、收入与支出、净现金流以及结利计划等，并且随经营预算表进行滚动更新和调整。当《经营预算表》和《运营情况一览表》审批发布后，运营管理部进行《年度经营计划》的编制，最终上会审批后下发执行。

执行中，华远要求《经营预算表》2 年内做精，即收支计划做到月度，第 3 年稍粗，即算到季度或是半年，第 4 年主要看大缺口，根据未来 4 年来审视今年该拿多少地。在《经营预算表》和《运营情况一览表》确认后，公司就可以以此为依据，知道今年该拿多少地，能够将项目开发以合理节奏排兵布阵，明确每个项目在什么时候拿地，什么时候销售，什么时候竣工结利，整体非常清楚。而在实际执行中，两张表又可以有效地帮助高层决策一线项目的变更经营情况。比如华远某个项目基于营销考虑想做精装修，但由于公司整体经营目标要求其 2015 年必须结利，考虑到该项目要是做精装修的话，节点必然要延迟到 2016 年，不能按时结利而影响公司整体业绩，因此公司基于经营大表的整体考虑，马上坚定决策不做精装修。

当然，为了保证经营预算不过度僵化和市场匹配性要求，华远《经营预算表》每个季度会调整一次。

（2）项目运营——聚焦项目开发三级计划、组织关键成果物审批与项目投资收益跟踪

华远项目运营计划管理是围绕项目拿地、设计、建设、销售、入伙等开发环

节展开的，但主要还是聚焦在各地项目的计划编制和进度跟踪上，具体管控项目一级计划、二级计划和专项三级计划。而在整个进度管控过程中，还针对项目开发过程中的关键成果物比如《项目定位报告》、《项目采控表》、《营销操作方案》等组织进行编制和高层审批，除此之外，华远项目运营还针对项目收益测算定点定时进行跟踪，以此促进项目投资收益目标尽可能达成。

四、管理做实：绩效驱动，全员轮岗

完善集分权管理体系，夯实、运营管理，虽然计划意识和目标文化自老华远就有，但文化不能解决所有问题，因此还要从绩效维度进行运营管理变革和落地严格管控。

1. 加大奖励，调动员工积极性

尤其是在规模化发展推进时，孙誉晏特别强调："加大激励是华远快速规模化发展的核动力，公司发展的关键在于调动员工的积极性，为此，除了对员工感情投资、文化滋润外，华远还务实地为优秀员工提供更多的物质与奖金激励。比如销售任务与销售奖金挂钩，只要超额完成销售目标，每个季度就兑现一次奖金。同时，成本节约也有奖金，如果城市公司的成本节约完成是因为控制得好，产品标准没有降低是因为资源整合、节流有术，那么公司就会给予相关人员奖励。除此之外，对于所有华远人，只要其提出的工作合理化建议大幅度降低了公司某一项费用，都会针对性地给予奖励。"

2. 严格绩效，不为排名为找差距

严格的绩效管理，不是为了排出第一名、第二名，而是为了找出差距，分析问题，提高员工的整体绩效。在绩效设置上，华远强调，凡是对整体业务有直接性影响的工作项或是重点关键任务，必须纳入绩效。比如华远项目计划管控中，

凡是进入一级计划的就是公司重点任务，重点任务完成与否，直接通过每个月的工资绩效去体现。为更好地体现绩效奖惩文化，孙总身先示范，把自己的月度工资也紧紧地与 K1 绩效绑定。

2008 年华远就开始侧重从项目计划节点、公司经营目标达成平衡计分卡的维度作评价，以之作为管理人员的绩效考核。目前一级任务考核在整体绩效指标中占比很小，只有 15%。整体而言，平衡计分卡的财务、客户、流程、学习与成长四大维度的健全绩效考核，强有力地支撑了华远规模化发展过程的长短结合以及机会与能力的平衡。

3. 三个岗位之外全员轮岗

运营最基础的工作就是以计划为主线，强化各个部门的工作计划及部门间、区域间的协同，但协同合作的难点关键还在于部门间相互理解不够。为更好地加强部门间协同，也为快速培养综合性人才，华远针对公司总部、城市公司和项目公司推行大规模、跨区域、部门间的轮岗制度。孙总表示："公司除了董事长、总经理和财务总监不轮岗外，其他所有人都尽可能轮岗，这样才能真正理解其他部门。"

结 语

运营是华远规模之路的关键内功。谈到华远运营成功的标尺，孙誉旻表示："评价一个地产公司运营体系的好坏，一个重要的标准就是，领导在与不在，运营都能正常进行，即使总经理出差一个月，公司运营管理和业务流转都能有效，真如此，说明运营做成功了。"

华远，于利润型向规模型转型之路上，正在加速前进！

商业篇

第七章

造城专家中南——全产业链下的蓝海战略

独家对话中南地产集团总裁　陈小平

定位二、三线，造城找中南。

这是中南地产最贴切的标签。

中南集团产业链俱全，

涵盖房产开发、市政轨道交通、土地一级开发、建筑施工、公建、

装修装饰、自持物业商业经营等。

整合一个中南，给政府提供系统的造城解决方案，

这就是很多国内企业做不了，

而为中南独属的差异化蓝海竞争模式。

企业素描

中南控股集团是江苏省最具知名度的民营企业之一，起步于1988年，目前已发展成为拥有各类员工50 000余人、总资产700亿元、2013年综合产值434.4亿元的大型集团化上市企业。中南集团拥有房地产业、建设产业、土木工程产业、工业产业等产业板块，正是基于此独属的全产业链优势，今天的中南，已从造楼到造城，从单一的建筑商发展到集投资、开发、建设、运营“四位一体”的新兴城市综合运营商，目前运作着投资超百亿的城市综合体大盘22个。

布局

以长三角经济圈为中心，以环渤海经济圈和珠三角经济圈为两翼形成鼎足之势，并辐射全国，业务遍及京、津、沪、苏、鲁、琼、陕、粤、川、浙、新等11省市区的20多市，并延伸拓展至美国、澳大利亚、日本、俄罗斯、新加坡、沙特、阿联酋、科威特、阿尔及利亚、毛里塔尼亚、越南、关岛等境外市场。

业绩：近 3 年销售额增长图

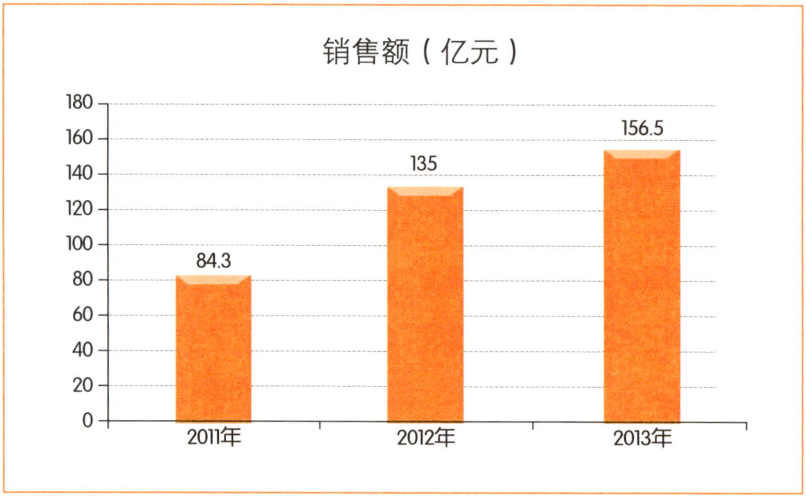

座次：近 3 年数据

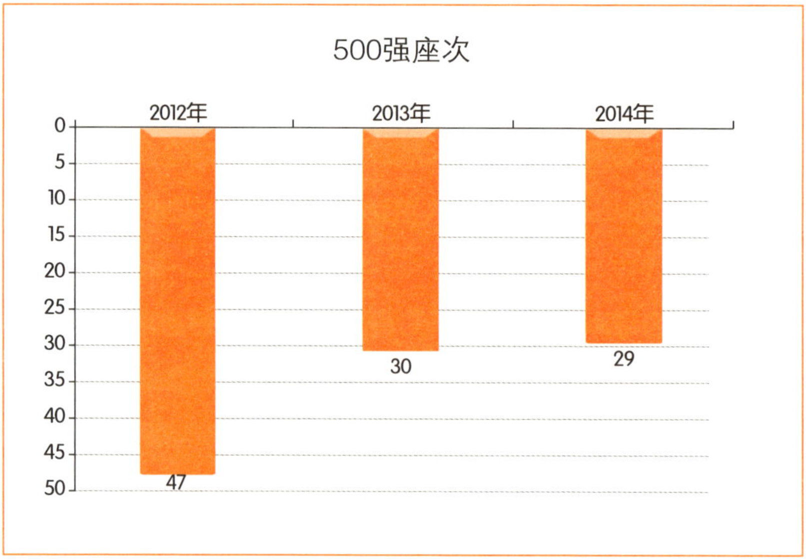

资料来源：中房网，中国房地产企业 500 强综合实力排名

陈小平

1977 年出生，复旦大学企业管理专业博士，经济师。现任中南控股集团有限公司董事、中南地产集团总裁。2009 年至今任江苏中南建设集团股份有限公司董事、总经理。

陈小平管理语录

转型是由行业发展阶段触发：

很多人认为，这轮转型是政府宏观调控所致，其实宏观调控带来的影响只是使得转型加快或者转型需求更加迫切，而不是转型的内因。房地产企业转型的真正内在动力是房地产行业本身发生了改变，这个行业发展的阶段已经到了这样一个时期。

房企由资源时代进入能力时代：

什么叫转型？就是房地产企业不得不把对外的目光开始转移到对内，把原来对资源获取的需求转为对企业能力的需求，即由资源时代进入能力时代。

中南的城市深耕策略：

中南采取的是“1＋N”城市深耕策略，即打造一个超级大盘加上N个中型项目的组合，用大盘开路，配以中型项目持续深耕。

产业“空心”出“鬼城”：

为什么那么多城市千城一面，做成了睡城、鬼城？一是这些城市没有活力，缺乏生活的支撑，就是一个睡觉的地方；二是这些城市没有动力，缺乏产业的支撑，没有发展的引擎。

战场选将：

作为企业一定是在战场上选将。要敢于给人才岗位、要敢于对人才培养。什么叫人才培养？最有效的方式就是，“把他扔到水里去，在淹死之前他若学会了游泳，那么他就是人才”。

引言

26年来，江苏中南集团在陈锦石先生的带领下，从5 000元起家到如今700亿元资产，从仅仅28人的建筑包工队到如今5万余人大集团，从出卖苦力的包清工到撞响中国企业借壳上市第一钟，从过去项目级造楼到如今区域级造城，从过去单一建筑商到如今集投资、开发、建设、运营“四商一体”的城市综合运营商，中南正大踏步走向未来。

“定位二、三线，造城找中南”，中南自成立以来，便以城市综合运营商的角色深耕新兴城市房地产市场。在每年逾400万平方米的开发规模下，中南携房产、建筑、土木、工业等全产业链优势，每至一城皆以大手笔出牌，以“产城一体化”为特色，综合统筹住宅、商业、酒店、服务业等多元发展的差异化模式，成就了中南成为“造城专家”的美誉。

第一节　小平看市——行业已到转型时刻

一、借鉴：家电业是房地产业的“镜子”

陈小平认为，每一个行业在发展过程中大都需要经历四个阶段，即初创期、发展期、成熟期和衰退期。我国家电行业的发展路径可以作为房地产业发展的一面镜子。

在20世纪80年代，家电行业处于卖方市场，产品供给远远跟不上产品需求。此时，企业之争体现为生产能力之争，能抓住这个机会，扩大生产线，迅速把体量做大的企业就能得到突破式发展；没能抓住这个机会做到抢速度抢规模的企业就退出了市场。这属于第一阶段；到了第二个阶段，市场供需开始出现缓解，供求基本平衡，市场竞争转为价格之争，而价格之争的背后是成本之争。一批成本控制相对有效的企业生存了下来，而将成本控制不下来，或者对成本控制不够重视的企业，又死掉一批；在企业经过几轮降价之后，消费者对产品的诉求开始转向质量、品质、性能兼优。这时，企业的竞争开始体现为产品之争，产品品质和性能跟不上的企业又淘汰掉一批。这是第三个阶段；到了第四个阶段，产品同质化严重，这时市场开始体现为服务之争。此后，消费者的理性程度以及企业的集中度进一步提高，最后集中体现为不同企业的品牌之争，比拼的是产品、服务等各个方面的综合实力。

这就是家电行业走过的完整道路。

陈小平认为，家电行业的这几个阶段完全可以印证到房地产行业：早期房地产业也是处于供不应求的状态，直到今天很多时候都还是体现在生产能力之争，所以房企要囤地，要做规模。但市场也开始进入价格之争，尤其是在一些过度竞争的二、三线城市此情形已非常明显，企业没有一个优秀的成本管理机制，价格得不到控制将很难活下去；当价格已经没有太大波动时，市场就开始转为产品之争；因行业对服务有着较高的依赖性，房地产的服务之争则体现得更早。所以说，对于房地产企业而言，在成本、产品、服务方面所需要投入的精力、关注度会越来越高。

总体来说，随着竞争的激烈，竞争形式的变化，房地产企业已经由原来赚多赚少的问题，逐步开始变为赚不赚钱的问题，由原来发展快慢的问题，转变为能不能发展的问题。

二、转型：行业发展阶段的必然选择

很多人认为，这轮房地产企业的转型是政府宏观调控所致，陈小平却不认同。他认为宏观调控只是使房地产行业的转型提前来临，并且更加残酷，但并非转型内因。真正触发转型的内因是行业发展到了一定的阶段，是市场规则在开始发挥作用。

陈小平认为，如果站在企业角度来看房地产业过去20年间的发展，多数房地产企业的利润更多来自土地红利，而土地红利又来自城市化的快速扩张和城市基础设施建设快速投入过后所带来的土地增值利润，这些利润要远高于产品本身所带来的利润。而这个土地红利时代在陈小平看来已经成为历史。

今天，房地产企业面临的行业环境发生了根本性的变化，行业已走过非理性繁荣时期，市场逐步回归理性。一是产品供给能力大幅度提升，从而导致选择面越来越宽；二是消费者开始逐步回归理性，对产品的饥渴程度开始得到缓解；三是政府对市场也开始更加了解、熟悉，调控起来也更加理性和得心应手。在这样一种情况下，房企的投资收益率不会再像过去那样高企，所有的地产商都面临一个战略性的变革时代。

应该说，整个房地产行业已经到了需要转型的时刻。

三、过渡：从“资源时代”到“能力时代”

在陈小平看来，房地产行业的盈利水平要高于制造业、服务业等传统行业，但管理水平却远落后于这些行业，这是一个不正常的状态。任何一个行业，在市场竞争日趋残酷，行业从粗放型向精细化阶段快速发展时，企业也必须要由粗放型的管理向精细化的管理转变。

“什么叫转型？就是房地产企业不得不把对外的目光开始转移到对内，把原来对资源获取的需求转为对企业能力提升的需求，即由资源时代进入能力时代。”陈小平表示，向外的时候第一个就是找市长要地，第二个就是找（资本）市场要钱，只要有了这两个因素，基本再无压力。但如今，土地红利逐步受到控制，有钱有地没有能力，也可能给企业带来灭顶之灾。房地产企业必须注重自身的内生能力，打造企业在这个市场上的竞争力，包括企业的产品及产品的附加值是否符合消费者的需求、产品品质是否经得住市场考验、服务的品质能否赢得消费者的认可，以及企业自身的成本控制能力等。这一系列的内生因素，是决定企业能不能在行业中继续生存、发展的关键性因素。

正如陈小平所言，不管市场形势和宏观环境如何变化，作为市场微观主体的房地产企业，只有找准方向，苦练内功转型升级才是未来发展的必由之路。

第二节　蓝海战略——在新城新区造城

中南的造城战略属于蓝海战略。中南的战略模式总结为一句话，就是城市运营商聚焦于二、三线城市新城新区的建设，做 2 000 亩乃至 10 000 亩新城新区的建设者和运营者。中南给自己定了一个口号——“造城找中南”，这也是中南对自己的战略定位。这样的战略是怎么得来的？陈小平表示，无论哪个行业，所有的战略都要回答三个问题：第一个问题就是定位的问题，想做什么、想到哪里去？第二个问题就是能力的问题，有没有能力去做？第三个就是协同的问题，各种资源要素是否可以整合？

一、用造城打开一片蓝海

第一个要回答的问题就是定位问题。中南瞄准中国城市化进程，预判未来 10 ~ 20 年将产生大量刚需——城市化的进程带来的是城市边界的扩张，城市边界的扩张必然带来新城新区的建设。所以，在中国的新兴城市还存在很多造城机会，中南将这些机会作为战略方向，得出了中南商业模式的核心——做新兴城市的综合运营商，敲定了二、三线城市新城新区大盘开发的造城模式。

在各二、三线城市当中，再根据经济增长的情况、房地产业所处的阶段、人口流入和流出情况等因素，寻找具备较大经济发展潜力的一批城市，这类城市被中南定义为新兴城市。中南认为，这类新兴城市的土地尤其是近郊土地的增值会加快，造城模式还将享受一定的土地红利和溢价空间——造城时荒凉一片，随着造城的进展，土地的溢价自然会不断提高。比如中南在某城市100多万元拿下的地块，最后能溢价到200多万元。

所以陈小平认为，造城是中南差异化竞争下的一个蓝海领域。

二、打造非同寻常的全产业链优势

中南在定位上既要匹配市场需求，又要适应其核心能力。这就是回答第二个问题，有没有能力去做?

新城新区建设不是简单的房地产开发，它牵涉基础设施，图书馆、体育馆等公共设施，以及酒店、商业等的建设。造城要有底气，中南的底气在哪里?一个很重要的原因在于中南集团产业链俱全，包括房地产业、建设产业、工业产业、土木工程产业，以及金融、服务产业等多个板块，涵盖房产开发、市政轨道交通、土地一级开发、建筑施工、装修装饰、自持物业、商业酒店乃至体育场馆经营等。这使得中南能从基础设施到商业、住宅等方面，为当地政府新区建设提供一揽子的解决方案和系统的投入方案。而这，正是很多国内房地产企业做不了的。

比如中南每进入一个片区，会将整个产业链带去，连基建都一手承包，为当地建体育馆、修地铁、修路桥等基础设施、服务设施，以至涉足后期的酒店运营。中南的策略是投资一个大项目，进入一个新市场，建立一个产业链，从而为政府、市场提供一个全面的解决方案。

三、成为资源要素整合的赢家

中南为什么做新城新区建设？因为新城新区建设对于城市发展来说是刚需。陈小平认为，一方面，城市扩容必然要建设新城新区以承载不断增加的总人口数量；另一方面，原有老城区建设水平和功能配套已不能满足需求。新城新区建设对城市发展来讲是一个巨大的刚需，而这个需求对中南来讲就是企业发展的空间。最终中南从基建到后期酒店运营一手承包的造城模式，就很受地方政府和老百姓的青睐，这样在拿地等资源整合上自然也能体现出一些优势。

第三节　造城模式——“1＋N”城市深耕

中南擅长造城。与绝大多数房地产企业不同，中南集团自成立以来，便以大手笔造城之势深耕新兴城市房地产市场，其凭借几十万平方米，甚至几百万平方米的建筑规模，业已成为国内新兴城市综合大盘开发的领跑者。

一、以造城为核心研究战略布局

1. 锁定三线主战场，强调城市组合

陈小平认为，布局不能单靠某一类型的城市，否则风险较大。中南强调城市组合，以发挥各级城市优势，分散各级城市市场风险，将城市布局从原来聚焦三、四线，调整为巩固和优化三线，挑选四线，加强进入二线，关注一线。

中南把主战场锁定在三线城市，因为这些城市造城机会较多，土地价格相对便宜，竞争相对缓和，受政策影响相对较小。中南这一选择有相关行业数据支撑——有学者预测，到 2020 年，中国城镇化率有望从 51.27% 增长到 60% 。相较已经过十数年发展，市场趋于成熟、供求达到平衡、增长潜力有限的一、二线

城市，且在城镇化战略的利好作用下，三线新兴城市房地产行业必将迎来发展新机。根据仲量联行2013年发布的《中国新兴城市50强》报告显示，新兴城市未来10年的经济增长总和预计将占全球整体经济增长的12%。但同时，中南也看到三线城市在增长空间、市场容量相对有限等方面的限制，因此强调“三线城市要巩固，二线城市要拓展”。

在陈小平看来，中国城市化的进程在加速，而二、三线城市的城市化起点相对不高，原来的城区、商业中心，从规模上来说已不足以容纳城市化的需求，从档次上看也不足以支撑居民高层次吃喝玩乐购的需求。因此，不论出于打造城市名片的目的，还是出于城市扩张的目的，一些二、三线城市都有着巨大的规模扩张需求，造城机会较大。

2. 城市选择看人口流入及产业支撑

在城市化过程中，也并非所有城市都会做大，尤其三、四线城市，不是所有城市都有发展的动力和空间。在城市发展中有一个增长极，有的城市具备很强的吸附能力，能把周边的资源吸附过来。当城市化率在70%以下的时候，一定是农村向城市转移，小城市向大城市转移，会出现一批大规模的城市，只有城市化率到了70%以上时，才会真正形成城市群的概念，以一个核心城市为中心，周边出现若干具备较大增长潜能的卫星城市。而与之相伴的，就是会有一些城市走向衰亡，它的资源会被周边的城市吸附过去。

因此，在城市选择上中南有自己的标准：第一个标准就是人口指标，一定要选择人口流入的城市，有人进入才有可能把城市做大，才有房地产业的发展机会。否则，发展堪忧。鄂尔多斯“鬼城”楼市崩盘，就是金字塔上端具有购买能力的有钱人大量流出，流向北京等地所致。中南目前布局经济基础很一般的山东菏泽，就是循蹈人口流入这一评判指标。菏泽为五省交界，周边的人口向这里集中的可能性很大，具备发展的潜力。

城市选择的第二个标准就是看有没有主导产业来支撑，产业支撑又是影响人口流向很重要的一个因素，比如南通是人口流入城市，就是因为它有产业基础，有大量的就业机会。

3. 明确四大核心布局带

房地产公司因为拿地的特殊性，一定是要战略导向与机会导向相结合，但中南也明确了四大核心布局带：第一个重点布局带是沪宁高铁沿线，涵盖南京、苏州、无锡、南通、淮安、盐城。这背后有几个因素，一是这一带本身的经济基础整体不错；二是房地产市场发展比较健康；三是在中南的大本营江苏。因此，从人脉、管理半径等各个因素考虑都应该将其作为中南的一个发展重心。

第二个布局带是在山东半岛，即以青岛、烟台为中心，同时辐射周边城市的布局。中南在山东青岛起家，了解那里的文化，拥有相关资源，布局山东半岛存在一定的路径依赖，更重要的还是看好山东的造城机会，而且这里的竞争比很多东南沿海城市相对要小，山东本地基本没有第一方阵的房企，都是一些外来的企业。

第三个布局带在沈阳、大连一带，即沿着海岸线和高铁布局。

第四个布局带在海南，主要做旅游地产。陈小平表示，旅游地产是在旅游休闲的地方做一些地产项目，它是介于刚需产品和投资产品之间的一种产品，是在刚需已逐步得到满足，投资产品的市场受到抑制的市场背景下，开辟出来的新的发展空间。中南研究发现，很多有能力买多套房的客户，往往会跨地域到景点附近投资，比如于海南置业就是一个投资热点。第一，客户对这里的房产有居住需求，比如冬天去那里度假，住两三个月；第二，它还有升值的可能。所以，这种产品的市场很大。

4. 在三线城市肯定要做 NO. 1

陈小平认为，真正体现在当地竞争能力的一个指标是市场占有率，因此，中南把这个指标作为一项重要的衡量各个城市公司战斗力的一个依据。因为要使这一指标“好看”，在价格由集团控制的情况下，城市公司必定得在品牌、产品等一系列问题上发力，这也是管理的一个导向，这个导向要求各个公司必须做好各自的工作。

同时，中南还配以严格量化的绩效考核，要求所有项目的销售额在当地或所在区域不能跌出前三。做到第一，有奖励；跌出前三，就有可能对相关负责人采取人事措施。在副省级城市——如青岛，做前三可能有难度，则要求做到所在区域前三。对于个别供货量不大的小盘项目则另当别论，但对于大盘项目基本上都是这个要求。中南的策略是，三线城市要么不去，去了一定要做到市场占有率第一。中南的这一策略带来的品牌效应非常明显，比如在南通，虽然面临万科、景瑞、华润等巨头的激烈竞争，但中南仍然牢牢地守住了区域王的位置。

二、“1 + N”城市深耕策略

1. 恒大之鉴及品牌过剩

恒大2013年销售额刚过千亿元，就有256个项目，而万科销售额1 740亿元才有40个城市公司60几个项目，恒大的管理难度与万科相比，不是4倍的概念而是4的平方——16倍。恒大可鉴，中南意识到过度分散布局所带来的管理难度，因而提出总体规模要做大，单个城市的规模也要做大的城市深耕策略。

城市深耕的另一个原因，是中南在单一城市的品牌效应没有得到最大化发挥。比如在南通、盐城、苏州这些地方，中南通过大手笔造城，建立了很好的品牌效应，但产品供给却跟不上，在单个城市中只有一两个项目，这就使得树立的品牌资源被白白浪费掉了，投入不少并没有得到足够的回报。

2. 大盘开路中盘深耕的“1＋N”策略

如何做城市深耕？中南采取的是“1＋N”策略，即一个超级大盘加上N个中型项目的组合，用大盘开路，配以中型项目持续深耕。

“1”即进入新城新区后，首先打造一个超级大盘，即利用中南的全产业链优势，先造一座城，并像旗舰店一样打造经营，以此树立中南在当地的品牌。这个超级大盘占地往往在1 000亩之上，会涉及多种业态，包括住宅项目、综合体项目、酒店，甚至体育场馆、图书馆等政府公共设施；“N”即紧接着推出的若干个占地在100～300亩的中型项目，这些项目主要偏向住宅业态，以此实现资金滚动回流。

比如，中南在南通做的第一个项目，建筑面积超过了300万平方米，在常熟做的第一个项目建筑面积达到了100万平方米。这是中南首次进入一个城市的策略——用大盘项目开路，因为大盘项目容易出品牌。此后再开发一些中型项目，持续深耕。

中南经过分析认为，城市深耕模式完全能够支撑中南的业绩，而且管理半径还不大。陈小平算了一笔账，认为中南在城市深耕模式下做到300亿元、400亿元都不难，甚至比之前在一个城市只做一个项目的模式更具可持续性。未来中南将实行大基地模式，且未来3年可能打造5～6个基地，而这5～6个基地就可能贡献300亿～400亿元。

这种深耕模式有利于形成多项目同城联动的效应，有利于公司降低管理成本、提升效率，也有利于公司加快资金周转率。因此，中南今后会减少新城市的进入，尽量在原有市场深耕。

三、高周转＋中利润

1. 造城更需要高周转

中南的造城模式更强调高周转，因为没有高周转就没有现金流来支撑后期的建设，没有后期的建设，就不能实现新城新区的价值提升，就没有后面的溢价。

怎么做到高周转呢？中南提出了“3 先 6 快”。“3 先”，即先获得土地信息，不要等到挂牌的时候才知道；拿地前就要先把方案规划出来，地一旦拿下来，第二天就可到规划局报方案；先招标，先确定队伍。“6 快”就是，规划设计要快、报批报建要快、融资要快、销售要快、回款要快、班子组织要快。陈小平认为，高周转的关键是资金的周转要快，从拿地到开盘、从拿地到融资要快，比如中南要求从拿地到首次开盘的时间要控制在 6 个月左右，至于开盘以后的项目如何去走便将没有太大问题。

当然，高周转的同时不能对企业的盈利能力有过多的损害，所以，中南商业模式的核心强调高周转与中利润。

2. 低开高走、小跑步、不停步

中利润如何保障？中南提出“低开高走、小跑步、不停步”，即每次小量开盘，产品持续供应，通过低开高走，实现销售溢价的最大化。

中南也可以“创造”一天卖到 20 亿元的销售成绩，但这对企业的利润是一种伤害，尤其是对中南的大盘造城模式而言。因为中南在新城新区造城，随着配套设施及环境的逐步成熟、随着在当地的项目推广及品牌效应的发酵，消费者对其项目的心理评估一定是随着开发进度逐步提高的，后续项目的溢价能力肯定是越来越大。所以，基于新城新区的开发特点，中南强调的是“小跑步、不停步”的低开高走策略，不断地把价格拉升。

四、产城结合打造城市内生力

1. 产业“空心”出“鬼城”

为什么那么多城市千城一面，做成了睡城、鬼城？在陈小平看来，一是这些城市没有活力，缺乏生活的支撑，仅仅是个睡觉的地方；二是这些城市没有动力，缺乏产业的支撑，没有发展的引擎。而究其核心原因，还是产业结构问题没有得到有效解决。比如在一些新城，有700万～800万平方米的项目，但除了住宅看不到别的业态，产业“空心”，让城市缺乏自我发展自我提升的内生能力，从而缺乏成长空间和生长机制。

中南不造睡城，更不造鬼城！

2. “四商”联动的造城底气

“要造城，就一定不能把自己局限为一个开发商，中南是投资商、开发商、建设商、运营商这‘四商一体’的集团型企业。”陈小平表示，中南之所以能在新兴城市造城，就是因为“四商建设”的产业结构，能够整合出“一个强大的中南”，使其积蓄内部所有力量造城。

四商如何联动，以并肩作战？作为投资商的控股集团，主要负责项目寻找和培育、资本运筹、服务支持、综合协调、整体管控等职能；作为开发商的房地产业集团，则需要当好龙头、综合规划、做好产品、抓好现金流；而作为建设商的建设产业集团和土木集团，则需要发挥专业优势，抓好城市建设，确保工程品质，树立中南品牌；最后，作为运营商的房地产集团旗下的商业公司，则肩负着从酒店、商业，到体育场馆、旅游设施等的运营和管理。

中南的“四商”联动，为其打造出一个全产业链帝国，由此足见中南造新城建新区的底气。

3. 产城结合点燃“城市活力”

陈小平认为，造城要和城市化的问题匹配起来，以前的城市化更多是土地的城市化，现在要实现人的城市化，经济的城市化，至少需要解决这样几个问题：一是城市的形象；二是可持续的税收；三是GDP增长的拉动；四是就业。而归根结底，必须解决产业结构问题，解决城市的活力和动力问题。

要解决城市的活力和动力问题，必须要有多业态多产业的组合支撑。第一要有住宅，住宅能让人留下来，为商业地产提供消费支撑，为房地产企业提供一个稳定的现金流。第二要有商业，包括大型的商业购物中心、中型的街区式商业、小型的社区商业等。商业带动住宅的区域价值，有了商业，城市才有活力，政府才会有税收，也才有进一步投入建设的动力。第三要有办公、商务配置等，要能够引进企业进驻，能给人们提供就业机会，能够让人安定下来，从而能给政府带来税收，给城市带来内生动力。第四要有市政配套设施，比如中南在南通投入巨资打造了一个中央公园，为城市带来了活力。

具体来看，有活力，就是要有足够的吃喝玩乐空间，要给城市注入一些体育场馆、公园等新元素。比如，中南在南通研究、投资、建设、运营的体育中心，就让南通形成了一个以体育中心为核心的活力新城。陈小平表示，体育场馆是一个很好的活动平台，支持各种各样的大型活动，如会展、健身等，能带动人气，能够为周边商业提供很多支持。当然，体育场馆只是造城很重要的一个亮点，单靠它也不能支撑起一个城市的动力。

有动力，就是要有经济基础，能给当地带来税收支撑，这样才能形成城市的内生循环。对此，中南要引进工业地产，一则工业地产能提供就业的机会，能和住宅地产之间形成良性的互补；二则工业地产对政府来说有源源不断的税收支持，能让政府继续在此投资。引进工业地产，对政府、对工业企业、对居住者、对开发商可谓四赢。

另外，中南也在研究打造都市产业，研究如何使其跟当地政府希望的产业转型升级有效地结合起来。比如，南通在航运方面有很好的基础，中南就考虑如何跟政府等多方协同，建一座航运中心，在此基础上，中南再把企业引进来，实现集群效应，这也是让新城具备新的活力和动力的关键之举。

陈小平强调，做新城一定要有城市策划的思维。中南在造城之前就要系统性考虑新城的引擎在哪里，未来它具备内生能力的核心动力在哪里。中南还成立了专门的商业旅游地产部门，专门研究酒店、购物中心、商业街区、旅游设施的投入。

4. 巧设新区大盘的开发顺序及节奏

造城，在开发的顺序、节奏、业态的组合方面很有学问，中南有大商业、小商业、酒店、办公楼、住宅等业态，先开什么后开什么，各业态相互间怎么做到互动，每一年商务推多少、怎么推，商业推出多少、怎么推，这些都要通盘考虑。而不同的项目具体做法又会不一样。

比如在南通，中南首先做了一部分住宅，紧接着跟上的是社区式、街区式的商业，为住宅提供配套。有了这些，就初步具备了人气和一定的配套，此时再构思商务功能，盖写字楼就基本有了市场基础。等几栋写字楼基本成型后，就有了商务功能的支撑，酒店就应跟上。酒店的标杆效应比写字楼要强，加之本身带有的功能多，所以对整个地段价值的提升都是极大的支撑。接下来就要考虑大商业，先做一个中端的时尚型购物中心，面向大众型年轻消费群体。等人气快速集聚起来后，再开始做高端的精品商业。精品商业做出来之后，还要考虑继续推出更高的商务、办公业态。

当然，每个项目都有共通之处，第一要确保现金流是安全的；第二要保证每年通过推出一些新的业态，使项目有新的价值提升点；第三要保证新推出的业态能够得到有效的经营和运作。

陈小平强调，住宅基本要一直处于同步、滚动开发状态，以便享受其他业态带来的溢价。如果一次性先把住宅开发完，所有的配套都还“没成气候”，对住宅的溢价空间就很小。同样，商务功能也是要逐步推出，随着商业功能的完善，商务功能的价值也在不断提升。对于商业来说，要分好阶段，社区商业、小商业、大商业，要随着住宅、商务功能的不断完善，随着当地的人气及周边的基础设施的进一步完善，把握好开发节奏。总之，做新城做大盘，对各种业态的配置及各业态之间的搭配，都要做严密的推敲。

另外，中南发现，造城一定需要构建一个开放式的环境，尤其是在路网设置上，不能做成封闭式或半封闭式的，应与周边的整个环境融为一体，以便依靠人群、流量来支撑新城的商业运转。

五、“中南式”管理创新

1. 做强总部“原子核”

中南强调做强总部，通过精兵优政来提升总部的研究能力、专业能力、管控能力、决策能力，通过加大总部的管控力度，来减少在造城过程中可能出现的各种风险。

陈小平表示，中南希望最终形成日本大成的管控模式，日本大成总共就几千人，而总部大概就有近 3 000 人，大量的东西都是在后台集中，比如所有标准的形成、所有重大的支撑性活动等，前台主要负责项目的具体落地。

中南就是要走这样的道路，坚持总公司在重大决策领域、重大风险领域的决策把关，坚持总公司对项目公司的过程管控，建立集中采购、统一配送平台，实现做强总公司、做大城市公司的目标。一线更多定位为执行中心、利润中心，总部定位为决策中心、专业中心。陈小平打了个比方，集团更多是教练员，项目公司则是运动员，采取什么样的战术一定是教练员要明确的，运动员必须在规矩之内行动。这样的组织就相当于总部为原子核，原子核力量够强，才能使得一个个电子环绕其旋转。

陈小平认为，房地产行业原来的管理比较粗放，往往就是因为各个项目公司、各个城市公司拥有太大的权力，拥有太多的利益，才会各自为政。如果未来不在管控上集成，企业就一定会存在很大的风险，而且发展的速度也一定会降下来。

强总部管控在陈小平看来有三大优势：一是总部能够集中进行有效的调度调配，发挥规模效应；二是使风险可控，未来能活下来的企业一定是总部强、有管控能力的企业；三是推进的能力强，比如许家印的有些管理方式是可以借鉴的，他的一个指令半小时内就能送到终端，这得益于他有一个强有力的总部，能把指令有效地贯彻下去。所以要有一个强有力的执行力，还是要在集约型管控上做文章。

2. 横向制衡为主，纵向制衡为辅

中南不完全依靠纵向制衡，更倾向于采用横向制衡。一个项目很多部门，这些部门之间通过制衡设计，就能形成有效的制衡机制。比如合同评审，中南在逐步放权，如何保障在放权的同时不放松管控？很多企业是将成本管理、招采、合约的履行（法务）都放在一个部门——成本合约部，然后通过纵向的制衡来解决问题。而中南另行其道，它把成本、招采和法务分开，进行横向制衡。三个部门机制都很全，成本部负责商务分析、成本指标设定，招采部负责招标，但必须符合成本的要求。

3. 建立大部制减少部门间接口和协同成本

陈小平认为，两个部门之间的衔接，就跟电源插口一样，多一个插口实际上

就多一层电阻。因此，即便大部制可能带来部门职能上的重叠，人员上的略微增加，但中南仍然推崇并实行大部制的组织架构。

在陈小平看来，一个企业的协同成本往往是很高的，而大部制会减少跨部门的协调，减少很多横向的内耗和协同成本，还能提高运转效率。比如，研发部门常常涉及与设计、营销、成本等部门打交道，且一般由研发部门牵头，设计部门和营销部门配合，但这种协同模式存在的问题比较大，效率也很低。因此，中南采取大部制，即把研发部做大为研发中心，配备齐市场研究人员、成本研究人员，这些人员专门配合设计和研发，将原来需要跨部门协同的问题转为在大部门内部解决。目前，哪个部门的协同问题最突出，中南就从哪个部门开始实行大部制调整。

4. 扁平化 + 信息化加快流程效率

缩短流程最好的办法就是不要流程。中南强调组织的扁平化，坚持不设区域公司，实行总公司、城市公司 + 项目部、独立项目公司的“两级半”管控模式。

再是通过信息化技术的应用，来加快流程的运转效率。陈小平表示，与明源合作，就是希望在管控的流程体系上，在内部管控的机制上，为下一阶段的管理转型作支撑。

六、“颠覆式”人才理念

1. 战场选将：在淹死前学会游泳就是人才

陈小平认为，作为企业一定是在“战场上选将”。要敢于给人才岗位、要敢于对人才培养。“什么叫人才培养？最有效的方式就是把他扔到水里去，在淹死之前他若学会了游泳，那么他就是人才。”

对于人才培养，中南配有很多机制，比如大学生入职实行两级导师制，一个导师，一个师傅。对于新进入的大学生，中南强调轮岗，以培养“T”型人才，即在某个专业领域有深度，同时又能够有一定的广度，具备发展的潜力。导师就是要对新进大学生一年的整个成长过程承担责任，到了每一个轮岗环节，就由师傅引导。

中南也非常支持员工参加外训，但一定配有相应的制度进行管理，比如，员工外训回来后，有责任和义务召开小型分享会，把外训学到的东西进行分享传递，参加外训的整个费用方可报销。如果参加的一些外训特别好，中南还会考虑再把讲师请进来，进行批量培训。与外训配合的是丰富的内训，走出去请进来，一是向标杆学习，二是把外部优秀的专家或教授请进来授课，三是鼓励内部的优秀人才上讲台，对于每个经理人，则要有责任有义务上讲台，对其下级进行培训。

2. 用“门票制”解决培训无效难题

企业培训往往陷入这样一个怪圈，企业费尽心思提供多种培训，员工却费尽心思“溜空子”，培训变成了一种被动学习。如何改变这种现象？中南从“考驾照”这个事件上得到了启示——国家从来没有要求人们去参加培训，但它规定了开车上路必须要有驾照，要想开车的人，自然会去参加培训、去学习。所以，机制是关键。

受到启发的中南不再一味地推出各种各样的培训，而是首先完善认证资格体系，明确各种岗位应该具备的认证资格，具体包括看过哪些书、参加过哪些培训、参加过哪些考试等。拿到这个认证，才有上岗的资格、才有加薪的资格。在这样一种机制下，员工参与培训就不再是一件被动的事情，培训的效果也更加明显。

正如陈小平所言，作为企业，首先不是要构建一个培训体系，而是要构建选拔体系，要构建一个资格体系，通过这个资格体系自动来约束、激励员工具备学习的动力和压力，真正自愿地去参加培训。靠公司来培养，效果不明显，员工自己去学习，这才能学好。所以，不把这个体系建起来，培训都是假的。

结 语

面向未来，中南的中长期规划目标是，2014 年增速达 50%，未来 5 年保持 30% 的增长速度，到 2027 年，集团将拥有 100 个购物中心、100 个五星级酒店，进入全国前 20 强，稳居第一方阵。目前看，中南的“造城蓝海”战略让这些目标可期。

第八章

商业先锋宝龙——经营九变　打造宝龙“商业帝国”

独家对话宝龙集团总裁　许华芳

宝龙集团在中国商业地产领域的席位，

毫无争议在前五强。

2003 年，宝龙进军商业地产，

10 多年奋发、25 个城市、52 个项目，

一连串数字

昭示了宝龙在商业地产开发和运营方面的经验与优势。

2013 年，宝龙挥戈进军一、二线城市，

惯常走三、四线“农村包围城市”的宝龙又会面临哪些挑战?

企业素描

宝龙集团是中国首家商业地产上市企业，由澳门著名爱国实业家许健康先生于1990年在澳门创立，1992年开始投资中国内地，集商业地产、酒店旅游业、信息业、工业、文化艺术业为一体。宝龙地产于2003年开始投资商业地产，2009年在香港主板成功上市（股票代码：HK.1238），专注于开发及经营高质量、大规模、多业态的综合性商业地产项目，已在上海、天津、重庆、福建、江苏、山东、河南、安徽、浙江等25个经济增长迅速的省（市）打造了52个物业项目。连续多年获评中国房地产50强企业、中国商业地产五强企业、中国上市房地产企业十强企业、中国商业项目品牌价值五强、中国商业地产企业品牌价值五强等。

业绩：2011～2013年销售额增长图

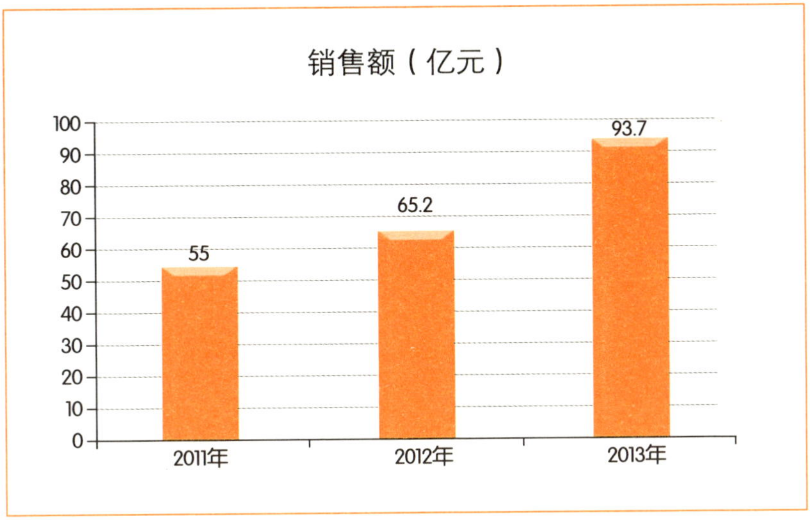

座次：近 4 年数据

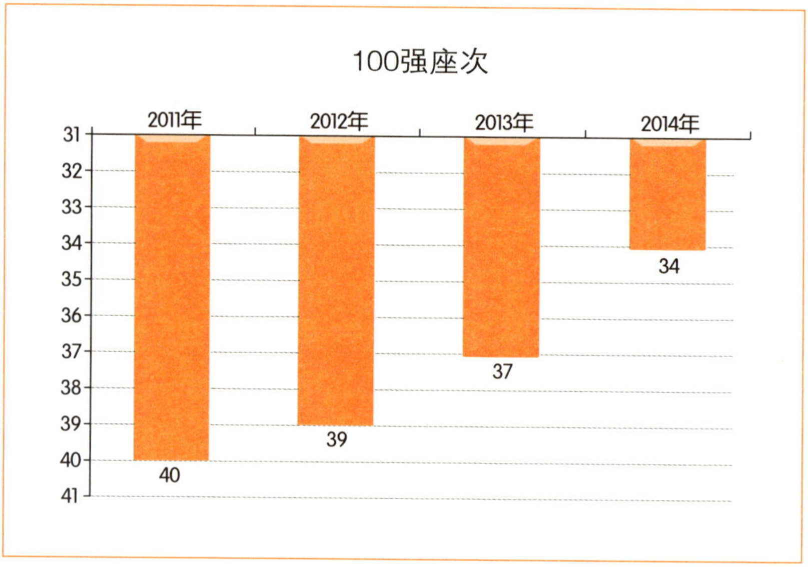

资料来源：2011～2014 年中国房地产百强企业研究成果发布会（中国指数研究院）

许华芳

出生于澳门，毕业于厦门大学工商管理学院，获长江商学院EMBA学位。毕业后进宝龙集团工作，从基层做起，真抓实干，勇于开拓，带领集团稳步向前。先后获得“中国房地产十大新领军人物”、“全国归侨侨眷先进个人”、“2013中国地产年度影响力人物”等称号。

许华芳管理语录

8亿现金流红线：

宝龙一定会保证8亿元左右的可动用资金，这是红线，可动用资金低于这个数的话，就一票否决不能拿地。8亿元的红线是根据3个指标综合测算出来的，第一块是借款总额，第二块是宝龙当年要还本付息的总额，第三块是宝龙自身房地产开发的费用，这个红线随着这三个指标的变化而变化。

每一年的最高标准就是明年的最低标准：

比如宝龙有一年提出要18个月盖起一座购物中心，很多员工都认为无法实现，但当真的有个项目用13个月就盖出来后，就再也没有人埋怨了。

商业运营是第一生产力：

宝龙有两个集团，一个是地产集团、一个是商业集团，这是两个完全不一样的生意模式，一个是房地产生意，一个是商业生意，做房地产生意要讲高周转，讲快、讲规模，而做商业生意则要讲究品质和服务。

引言

未来5年，中国房地产将进入一个更加市场化的好时期，而企业成长好坏将越来越取决于自身能力。对此，宝龙总裁许华芳表示，未来3~5年中国只有三类企业能发展好，第一类是行业前50强的有一定规模、有绝对优势且有资源、有品牌影响力的企业；第二类是各专业地产的前五强，如商业地产前五强、养老地产前五强、旅游地产前五强等；第三类是区域绝对龙头房企。新格局下，宝龙未来5年将在建立很强的专业性与竞争优势的基础上，保持商业地产全国5强，努力做到整体规模全国30强的行业占位。继2013年销售额实现94亿元后，未来两年宝龙将有望稳步实现2014年120亿元、2015年200亿元的销售业绩。稳步前行、层层推进是宝龙的Style。

第一节 变革之路——宝龙商业地产的3次转型

宝龙地产的发展史，本身就是一部正统的中国商业地产发展史的缩影！

宝龙集团1990年成立于澳门，以做锂电池起家，1992年开始投资大陆。2003年，宝龙集团董事局主席许健康当选为全国政协委员并于当年奔赴北京参加全国两会，看到两会规划的城镇化前景激动不已，回到厦门后，便大刀阔斧地调整集团投资发展方向，削减其他实业和住宅规模，将精力集中于三、四线城市做商业地产开发。2003年，宝龙第一个创新业态组合的福州项目一战成名，此后，宝龙就以每年3~5个项目的速度在全国扩张发展。2009年，宝龙在香港上市，成为中国首家商业地产上市企业。

如今，宝龙在商业地产领域已耕耘了 11 个年头。回首过去及展望未来，宝龙集团总裁许华芳将宝龙的发展分为三个 5 年阶段。

一、第一个 5 年：首创多业态购物中心

宝龙 2003 年正式进军商业地产，第一个 5 年（2003 ~ 2008 年），宝龙一直秉承以下两大经营理念：

其一是将商业地产作为“一门好生意”来做，重点围绕这个好生意去寻找更多合适的项目，但没有将商业地产当作唯一的选择。这 5 年，宝龙的产品差异化特点突出，在传统单一百货时代，宝龙首创多业态购物中心，即集合购物、餐饮、休闲、游乐、娱乐、商务、文化的一站式的宝龙城市广场，颇受好评。在城市选择上，宝龙的导向是机缘和当地政府需求，从福州开始，再到山东、河南、安徽等地的同类型的二、三线城市，当时全国范围内此类需求非常大，却只有几家企业在做，宝龙通过差异化模式，吸引了很多地方政府主动邀约。

其二是宝龙当时的商业模式也很简单，就是为了持有物业而开发。比如 50 万平方米的项目，做 10 万平方米的购物中心，卖 40 万平方米的住宅、商业街，购物中心就赚回来了。

二、第二个 5 年：专注商业地产的 4 个玩法

第二个 5 年（2008 ~ 2013 年），宝龙逐渐发现，很多项目卖掉后其“资产的价值、经营的难度、未来的空间”就被市场埋掉了，许华芳强调“假设福州项目当初没有卖掉，那现在价值也会涨到 70 多亿元，也不低。这与今天宝龙滚动做了几十个项目，完全是两种发展格局。”

经过早期 5 年的跑马圈地和经验积累，结合整个商业地产形势的发展，宝龙

更早一步认识到，中国需要真正好的商业地产商，所以2008年后宝龙就决定专注于做商业地产。

从经营策略来讲，宝龙有四大经营策略。第一是锁定在二、三线城市，因为二、三线城市拿地成本相对较低，且跟政府的谈判空间相对一线城市更大；第二是奉行填空策略，即大规模、一站式地去填补所在城市的需求空缺，有空白需求，宝龙经营安全就会相对有保障；第三是资金流平衡的方式还是以售养租，即坚持用卖的部分赚不卖的部分；第四是做房地产更多是为了持有物业，目前宝龙在全国已有15个购物中心对外出租，自持约200万平方米的持有型物业，且以每年3~5个新的购物中心的增长速度在开发。

宝龙有“小万达”之称，与万达在模式及业态上重合度都较高，但是，许华芳也强调，宝龙与万达在有些战略的部署和执行上还是有较大区别的。比如布局上，万达向下而宝龙向上，即万达现在也进入三、四线城市，他们甚至进到温州的一个镇，而宝龙是从三、四线往一、二线城市走。在拿地上，宝龙与万达也有错位，万达先做最成熟的或相对成熟的地方，不会到不成熟的地方，宝龙是“农村包围城市”。业态上也有所不同，比如万达没有美食广场，宝龙有“十全十美”美食广场；万达没有儿童乐园、大型游乐设施，宝龙有宝龙乐园等，未来宝龙的特色还会更多。

2009年，宝龙成为中国首家商业地产上市公司，上市5年后业绩增速相对同行较慢，但和自己的历史比，增长速度不错。许华芳认为：“宝龙第二个5年成长速度较慢，一个重要原因是总部搬迁，这至少让宝龙发展减慢了半年。”因为其一，之前的宝龙人不能转战上海，新招的团队适应宝龙文化又需要一个过程；其二，宝龙内部调整时，正是外部整个行业快速增长期（2009~2010年），完成内部调整后却又遭遇2011年国家政策调控；其三，宝龙自身也力求稳健，若是“冲得太快”，没有保住现金流，则很容易跨掉。对于成长，宝龙认为不一定要追求“飞速”。

三、第三个 5 年：均好中突出产品差异化及低成本

第三个 5 年即 2014 年之后的 5 年，中国房地产将进入一个更加市场化的好时期，政策调控已经不能直接左右企业好坏，企业成长好坏将越来越取决于自身能力。面向未来，宝龙该如何打造自己的核心竞争力和竞争优势？

许华芳表示，未来 5 年宝龙的发展重点在于强化在均好的基础上构建独特的竞争优势。为什么要强调均好？首先，未来房地产不可能像过去 10 年那么红火，以前是盖什么卖什么，但现在消费者在变化，房地产业市场上产品供应量大，企业要盖出消费者想要的才能快速卖出去，这要求企业在管理能力、营销能力、成本控制能力等各方面都要很好，才能实现持续健康发展。比如有的企业发展很快，但如果金融这条线很弱，可能半年就倒闭了。其次，在力求均好的同时，还要有自己的优势。假如一家知名企业，其产品、质量、物业管理都处于行业中上水平，更关键的是还有自己的核心竞争力——建筑速度够快、成本够低，它进入一个新区域时就很容易建立优势——同样的产品当地卖 8 000 元/平方米，它卖 6 000元/平方米也能赚钱，因为同样是盖房子，它的成本总能比别人低 10% ~ 15%，省下来的部分就等于利润，与其他企业竞争时就占优势。而这就是真正的竞争力。

宝龙一直保持着两个核心竞争力，即产品差异化和成本控制，这两个竞争力都属核心竞争力。但当前，产品的差异化越来越少，低成本优势还存在，比如宝龙的土地成本约占销售价格的 12%~15%，宝龙有的是品牌、有的是项目经验，所以政府愿意支持，成功率也自然高很多。但未来，宝龙的竞争力一定体现在“商业经营”上。许华芳表示，做商业地产如果经营做不好，仅仅留下一些商业建筑是没有价值的。这几年宝龙正也在加速打造商业经营团队和快速提升商业经营能力，目前在行业中的竞争优势已经明显。综合来看，未来 5 年，低成本和强

大的经营能力会成为宝龙两个核心竞争力。

第二节 商业之痛——模式浅泡沫大

如果说过去的房地产业黄金10年是指住宅地产的话，那么未来10年将是中国商业地产的黄金10年。但说到当前商业地产的发展现状，许华芳认为中国真正做得好的商业地产商屈指可数，宝龙做了十多年，也感觉自身有很多不足，而商业地产领域比宝龙做得好的也寥寥无几。整个行业处于第一梯队的也就万达、华润、中粮、凯德、龙湖等几家企业，从这个意义上来讲，商业地产行业的长期发展还有很大的成长空间。但从短期来看，商业地产行业发展并不乐观，行业需要走向更加健康、稳健、可持续的发展轨道。

一、模式之浅：卖住宅赚自持物业

“2014年中国商业地产会有系统风险，可能要洗牌。”为什么？许华芳分析认为，一是这两年中央大力度调控住宅，很多开发商都挤进商业地产领域，整个行业过量开发。二是很多住宅开发商用做住宅的理念做商业地产，比如先建好再招商，而专业的商业地产开发商，更多是用住宅销售收入现金流覆盖开发成本，最后赚个自持物业，这是个很好的结果。但如果整个行业都这样简单思考的话，商业地产就可能被搞乱，而最关键的运营、资产经营也很难快速做出来。

二、成本偏高：融资成本在8%～9%

与国外2%～3%的融资成本相比，中国商业地产整体融资成本8%～9%的比例稍高，因此，尽管毛利润较高，但扣掉管理费用、税收等后，最终的净利润较低。相对而言，国外收益率可能在4%～5%。整体而言，商业地产发展成本偏高，作为重资金属性的商业地产行业，较高的成本就会抑制商业地产的快速发展。

三、管制稍松：盲目扩张

在中国做商业地产有几点很难，一是人才很缺乏，二是市场规范性较差，商业地产企业盲目扩张缺乏相应的管制。许华芳坦言，他去澳大利亚参观过全球最大的房地产商西田，交流了3~4天，很难想象，一个人口只有2 000多万人的国家，能产生一个全球最强的商业地产商。西田有一个商城建在麦格理市，这个商城做了20几年，为20多万人服务，这个购物中心每7~8年就扩张2万平方米，基本能满足本地的需求。更难得的是，如果有新的竞争对手来分一杯羹，西田可以直接写信给政府投诉，表明不适合有新的竞争对手，竞争环境目前很健康。而在中国的竞争环境中，还是一哄而上，恶性竞争，缺乏控制。

四、竞争太激烈：区域市场只认前4名

在整体环境不容乐观的背景下，单一城市、区域的商业地产却表现出大分化，竞争结果会非常惨烈，大批同类型中小型商业地产将面临淘汰。未来中国商业地产很有可能出现这样一种情况：在一个大片区中只有有限的几个购物中心，比如3~5个，且第1名的月销售额会等于第2、第3、第4名的销售额总和。第1名可能做了整个片区40%~50%的生意，第2、第3、第4名占了40%，然后就是5~6名分食剩下的一点点“蛋糕”，或是亏钱退市。在上海奉贤，方圆3公里就有3个超市，大润发超市月销售额等于第2、第3、第4名的销售总和。商业地产做成功了很好，做不成功就会被淘汰。

行业危机重重，未来商业地产还会有很多变量和挑战，比如同质化的冲击、电商的冲击、新兴商业模式的冲击等。但宝龙还是非常看好中国商业地产、看好

城市化进程、看好中产阶级的持续崛起，宝龙要做的就是洞察趋势并随之进行战略与经营管理的变革。

第三节 宝龙九变——打造一个新宝龙

如何在危机重重的商业地产演变中杀出一条血路？如何塑造宝龙面向未来的竞争力？如何通过战略与经营管理的变革打造一个新宝龙？对此，宝龙推出了“经营九变”，以此在不确定的未来重塑和巩固宝龙在商业地产领域的强势地位。

一、盈利之变：住宅商业平分秋色

1. 从“一边倒”到“五五开”

和大多数商业地产开发商一样，宝龙做两个生意：开发销售型物业及持有型物业，其中，销售型物业占比70% ~75%，持有型物业约为25% ~30%。在销售型物业中，大约70%是住宅，30%是销售型商业。从收入结构来看，宝龙收入90%来自物业销售，而酒店、租金收入约占比10%（酒店及租金收入属于长线策略，需要持续培育及积累）。但租金收入有持续增长的趋势，如2012年为5.08亿元、2013年为7亿元。

这种收入结构在许华芳看来不是理想的，未来，宝龙会持续拉升经营性收入，在做好做大销售的同时，逐渐向持有型物业要利润，最终实现住宅和商业地产各占50%的新格局。如何实现？许华芳表示，对于销售型物业，宝龙重点把握三点即可：一是聚焦区域持续深耕；二是用销售物业覆盖持有物业，比如在上海拿了几个纯商业项目，即使只卖商业街，商业楼也能赚回一个购物中心；三是继续坚守宝龙差异化、低成本的产品策略。而对于租金收入，宝龙的策略是首先进行换位思考，租金一般是商家收入的10% ~15%，所以宝龙一定要让商家赚钱，商家赚钱了宝龙就能赚钱。目前在考核上，宝龙对员工的考核指标就是人流量，人流多商家生意才会好，商家生意好了租金自然会高。

2. 利润率之变与现金流红线

从盈利来看，宝龙的毛利率从之前的60%到50%，到40%，再到35%，一直在下降，为什么？因为以前的土地成本几乎是可以忽略不计的。第一代宝龙城市广场，每平方米土地平均的楼面价才200~300元，而建设成本达2 000~3 000元，土地价格对成本的影响几乎可以忽略不计。但现在，土地成本逐渐增大，很多楼面价已经达2 000~3 000元/平方米，所以利润有所下降。2013年，宝龙销售净利率有20%，综合毛利率超过30%，未来一段时间综合毛利率会保持在30%左右。

为确保利润率，宝龙重点控制拿地成本，一则从拿地开始就注重成本控制，宝龙拿地的底线是未来可能售价是成本的120%，如建成后可能卖每平方米6万元，地价和开发成本加起来是每平方米5万元，这就是底线，超过这个底线宝龙就不拿了。宝龙拿地谨慎还体现在现金流方面，宝龙一定会保证足够的可动用资金，有一根红线，如果可动用资金低于这根红线的话，就一票否决不能拿地。这个红线是根据3个指标综合测算出来的，第一块是借款总额，第二块是宝龙当年要还本付息的总额，第三块是宝龙自身房地产开发的费用，这个红线随着这三个指标的变化而变化。

二、布局之变：转战一、二线城市

1. 一线城市比三、四线城市容易做

早期将重兵押在三、四线城市的宝龙，自2013年开始，便挥戈进军一、二线城市，并确定“以上海为中心，聚焦长三角、福建、山东区域”的战略。

为什么宝龙要转战一、二线城市？核心在于现阶段宝龙要从“走量路线”转向“走品质路线”，逐渐把宝龙在品质上的口碑建立起来。同时，许华芳认为在一、二线城市做商业项目相比三四线城市要容易很多。首先，从城市收益与风险来看，一线城市的特征是“成本高、中回报、低风险”，而三、四线城市则是“成本低、收益高但风险更高”。一线城市唯一的限制是进入市场门槛比较高，且每个项目总价比较高，但这对于已经上市且有一定规模的宝龙来说，不成问题。其次，从经营结果来看，三、四线城市招商难度很高，因为三、四线城市消费者不够市场化，商家成熟度不够，人才又缺乏，而一、二线尤其一线城市的人与资源丰富。比如上海，2012 年宝龙在上海的第一个社区 MALL 曹路宝龙城市广场开业，效果完全超出想象，出租率 100%，开业率 95%，客流量和生意都远超宝龙的预计，相对三、四线城市，宝龙有信心在上海做得更好。

2014 年，宝龙 280 亿元的可售货值 70% 基本分布在一、二线城市，具体是一线城市占 30%，二线城市占 40%，三、四线城市占 30%，这种分布正是宝龙转型的结果。同时，宝龙即使进军一、二线城市，也坚持区域聚焦策略，“因为去太多地方，管理半径增大，资源会更紧张”。更重要的考虑是，宝龙认为做商业地产的核心还是服务，而服务的核心是讲究管理深度和细心度，区域聚焦更容易提升这两点。早期宝龙去了 10 个省，这两年宝龙在全国的布局开始收拢，目前主要战略聚焦在长三角、福建、山东。

2. 重兵投上海

“上海的金融、人才和商业氛围是顶级的，如果有一个地方能把宝龙商业地产的能量发挥到最好，这个地方肯定是上海。”许华芳表示。为了验证自己的推断，2013 年“五一”期间许华芳认真参观考察了澳大利亚商业地产巨头西田集团。西田集团虽然身处只有 2 300 万人口的澳大利亚，但做到了世界商业地产顶级行列，而上海有2 400万人口，且是中国最大的经济中心，无疑蕴含着更大的机会。未来宝龙会把上海作为第一中心，如果能找到合适的地，宝龙希望把一半的钱都投资在上海。

在上海的发展过程中，许华芳逐渐发现，上海的城市发展道路是“摊大饼模式”，跟北京一样，越靠近中心资源越稀缺，交通越拥挤，再发展商业，这个城市就会更拥堵。所以上海在2011年的“十二五”新城规划中，就明确提出上海城市建设的重心将向郊区转移，全市将建立7个郊区新城，往外扩，打造很多特色镇和卫星城。也因为此，宝龙即使进入一线城市上海，拿地更多还是在上海二线地带，即在郊区、卫星镇拿地，比如浦东的曹路镇、奉贤的南桥镇。

从产品选择来看，宝龙上海投资商业地产时更侧重做社区型综合体，即“外环地铁上盖物业、服务15万～25万人口的社区综合体”。这类社区综合体经营的都是居民生活的必需品，业态也很相像，有超市、电影院等休闲、饮食场所，规模相对适中，顾客购物比例相对较低，且以日常用品为主，这类社区综合体建立的目的就是服务社区。

3. 抓市场空白

宝龙拿地选址坚持立足公司既有的3条产品线，重点把握3大要点，即“账要算得过来、超市要能进、有未来的发展潜力”。而现在集中力量做区域商业会更精简，区域里要能满足人口、交通、GPD、几个种类商家能进去等条件，这些数据一旦确定，宝龙就快速做出决策。宝龙拿地选址的另外一个特色是奉行填补区域商业空白的策略。以上海曹路宝龙城市广场为例，周边3～5公里范围内几乎没有同类竞争产品。许华芳表示：“你不用怀疑市场，这个市场是空白点，人已经在那里了，但没有东西供应给它，因此，宝龙招商、商务信心度也会高很多，商家也很活跃，远远超出宝龙的预想，这就是宝龙拿地选址的安全性原则。”

4. 不同城市不同玩法

宝龙做商业地产的差异化策略就是“在不同城市，选不同的区域，做不同产品线”。在一线城市，如上海，宝龙主要建立邻里级、社区级的邻里购物中心，也就是在一个片区里服务；二线城市在城乡结合部做商业，建立区域性购物中心，覆盖10公里到30公里的范围；三线城市则肯定选择城市中心，做城市级的购物中心。

许华芳表示，一线城市的中心商业已非常成熟，反而在外环地铁沿线的项目中蕴含着更大的机会。而在二、三线城市中，宝龙则要求目标地块必须是核心区或有机会发展至最中心的区位。另外，有些地方政府没有节制，只追求短期效益，密集引入商业项目，这类城市则应在拓展中尽量避开。

按照产品线辐射范围来分类，宝龙现在有三个产品线：城市、区域、社区。从国际上购物中心的典型特征来看是“两头好中间一般”，因此，理性的企业要么做城市级项目，做到全城市、全地区最好最大；要么就在小范围内做到最好，做社区型项目。

城市级的项目辐射整个城市，产品要在市中心的特殊位置、达到一定的规模，确保整个城市消费者都会前来，否则没有拉动性。

社区型购物中心只服务二三十万人，属于小Mall，当然，做社区型项目也会面临竞争。社区Mall与城市购物广场的服务对象不同，社区Mall讲求社区里面固定人群的高频率消费，城市购物中心是讲求广泛、集中的消费。目前宝龙在上海只做社区Mall。

三、产品之变：做宽做好做小

1. 拓宽产品线

宝龙一直集中力量做商业地产，做城市综合体，从企业经营来说，单一的产品线虽然可以做得很精，但系统性风险很大。面对未来，宝龙将拓宽产品线，形成主打产品线、创新产品线、拓展产品线，以此规避专注在商业地产上的风险。

首先，主打产品线是宝龙城市广场综合体，业态极其丰富，业态结构上奉行4∶3∶3法则，即40%是住宅，30%是商业性质的销售型产品（写字楼、公寓、商业街区等），30%是持有型物业，宝龙的目标是争取2015年在营项目超过30个。

其次，创新产品线是旅游、养老、养生地产。第一个试点项目在烟台海阳的海边，第一排是独栋别墅，第二排是联排别墅，第三排是花园洋房，第四排是小高层，里面还有五星级酒店、商务酒店，养老的机构、北京的知名医院也已决定进驻。在天津的滨海、福建的武夷山，宝龙也有类似项目在推进。

最后，拓展的产品线是宝龙的开放式街区，正在实践的有上海浦东的曹路、烟台蓬莱的海上仙街、江苏淮安的爱情小镇等。

2. 品质亮剑

诚然，宝龙是中国最早的商业地产上市公司，但许华芳坦言宝龙的遗憾是这些年没有打造出几个在全国范围内叫得响的项目。以前宝龙更侧重“做生意”视角，讲究收益率，所以前些年一直侧重快速扩张。目前来看，宝龙的规模已经不小了，有15个购物中心，而且还在以每年3～5个开业的速度递增，按1个购物中心10亿元来算，“盘子”已经够大。目前宝龙进入一、二线城市，要想在一、二线城市甚至业内做到领先地位，普通的产品肯定没有竞争力，也就不能让宝龙满意。因此，宝龙近两年一个显著的变革就是注重提升产品品质和质量，力求从数量型增长转到质量型增长上来。

所谓提升产品品质，就是将以前对购物中心的定位由中档提升为高档，打造宝龙新的闪亮名片。目前，宝龙将在上海七宝、杭州滨江、厦门的三个重点项目都当作在全国范围内有影响力的标杆项目来打造，内部动用宝龙最好的资源、最好的人才，外部聘请世界顶级的设计师。许华芳表示，目前盖这三个项目比原来同期贵3倍以上。宝龙力求通过这两年的变化、调整，切实提升自身的品牌形象。

低成本背后的含义是什么？品质和质量都会是正常水平，新时期，宝龙必须“回归产品品质”。从2011年起，许华芳就确定了三年“宝龙质量年”口号。以前宝龙走低成本路线，但考虑到质量的提升和低成本有相悖部分，所以宝龙现在不提低成本，特别是反对“低建筑成本”的说法。举个例子，一个项目的大理石如有色差，就会敲掉重新铺，这一敲，就是几千万元的损失，但宝龙愿意为品质埋这个“单”。

除了投入增加，许华芳在内部管理上同样提出“每一年的最高标准就是明年的最低标准，同时，不断对标内外部标杆，不断自我超越。”比如宝龙有一年提出用18个月把一个购物中心盖起来，很多员工认为无法实现，结果有个项目只用了13个月，之后就再也没有人质疑了。

3. 量身订制

质量的提升还体现在商业运营方面。第一代宝龙城市广场是2011年之前建造的，以福州、郑州、蚌埠、泰安、城阳、无锡这6个城市的项目为代表，其中的商业动线设置得一般，局部动线甚至变成“死角”，而且多为先建起来再招商的模式，这大大制约了宝龙的发展。对此，宝龙在第二代宝龙城市广场中进行了变革，与第一代相比，第一是外立面现代化了，第二是商业动线做活了，第三是大的主力店和次主力店基本都在开业前招商完毕。而第三代宝龙城市广场，80%的店面都在拿地后就设计了进去，并已开始支持为商家“量身订制”。

4. 做小不做大

现在很多新进入商业地产的企业，开发动辄就做20万～30万平方米的面积，导致最终招商、盈利困难，调整也很难。为什么大家都不愿意做小项目？有政府主导，希望做大一些的因素在里面，因为大的项目引进来会更有形象和成绩。宝龙也可以做大规模的购物中心，但宝龙更愿意做小不做大，因为小的项目经营起来容易，转型也快，风险也小。

目前大家都在做区域级购物中心，同质化严重，而这种小型的邻里级别的项目竞争压力还比较小。据许华芳介绍，宝龙以前的标准Mall是18万平方米左右，也有超过这个标准的MAll。但目前，宝龙在很多二、三线城市都在做5万、8万、10万平方米规模的MAll，宝龙从战略上已经刻意在做小综合体，而且自己持有。比如安溪只有一个宝龙城市广场，大概5万8千平方米，附近乡镇的人都去广场购物纳凉，人气很旺，这种地方要做大的话，经营起来肯定困难。一、二线城市的小中心，定义成社区型的邻里中心，辐射附近几个社区即可，不用覆盖太大，也可以结合电商把规模扩大一点。

四、成本之变：严控三大管理费用

整体而言，宝龙在大方向上会继续坚持低成本策略，但一旦低成本与产品品质冲突，宝龙倾向于保证产品品质。目前，宝龙总成本还是相对偏低的，许华芳在对标某国外知名商业地产商发现，盖好同样地段同等品质的购物中心，宝龙的成本要比对方少20%左右。

1. 低成本拿地

宝龙不会参与所谓的地王竞争，对于高单价、收益率不高的项目也不会去碰。对于土地成本，宝龙还是坚持低成本策略，目前宝龙土地成本和销售比平均是12%～15%，在行业内属于低位值。

2. 简易战略采购

宝龙低成本的两个要点，归根到底就是技术标准和长期合作的战略伙伴。首先，宝龙产品标准在于部品部件的工艺、技术参数的标准，从全国来看，宝龙做的是较完整精细的，如防水怎么做，用什么工艺来做，连栏杆怎么做都有精细的标准；其次，是通过全国范围内的战略公关来降低成本。

其次，宝龙战略合作的周期为两年，两年谈一次价格，做哪里都是这样的价格，比如就电梯采购，宝龙两年谈一次战略合作，两年内全国的项目都使用同样的品牌、同样的系列，只是不同档次用不同的标准，这样在设计上、成本上比别人低很多，包括管理成本也会低很多。可能有人会质疑，宝龙的采购量没有万科、恒大的大，供方会买账吗？宝龙认为，从做生意的角度来看，供应商就只是多做一笔生意而已。比如宝龙与肯德基合作，两年谈一次价格，就各级城市谈好扣点率和保底率，而不涉及合同和商务条件。在实际中，如果广场开业后经营效果很好，宝龙就提升点数，如果效果不好，宝龙第二年就把标准降下来，讲究双赢。“与供应商形成默契，往往能形成非常牢固的战略合作关系。”

3. 严控管理费用

管理费用中占比最高的因素有三个：第一个是人力成本，第二个是招待费用，第三个是差旅费用，其他都是小数字。首先，在人力成本方面，宝龙采用按级别调工资的模式，比如全体员工有5%的人是A级别，10%的人是C级别，80%以上的人在B级别，B级别的人又会分成B、B+、B-，将所有人都纳入这个体系。只有B级别以上的人才有机会加薪，B-、C级别都不能加薪。另外，把队伍精英化，虽然表面上每个人工资增加了，但总体成本反而减少了。

其次，在招待费用上，宝龙会给每个项目不一样的标准，每个月有一定额度，超出部分不报销，而是从相应人员的工资里面扣，这一招轻松把招待费用降了下来。

最后，差旅费用，之前总部一个月仅机票开销就有30万~40万元，而现在视频会议可以解决的问题，就不再要求所有参会人员聚到一起进行，以降低不菲的差旅费。

五、融资之变：用境内资产在境外借外币

宝龙融资策略调整主要有三个点：调结构，降成本和融资创新。

1. 调结构：提升长期债占比

宝龙目前正在优化短、长期贷款组合，从结构上讲，之前宝龙负债是短期债占 35%、长期债占 65%，2013 年年底调整为短期占 20%、长期占 80%。为什么有这个变化？首先，商业地产作为重资产行业，若没有配置合适的长期负债，就很容易出现现金流风险，所以宝龙要提升长期负债比例；其次，从类型来看，目前宝龙融资来源分为开发贷、长期性经营贷款、境外债券三大类，各自比重差不多是 3∶3∶3，抵押性贷款也做了一些。与其他企业不同的是，宝龙自身有 100 多万平方米的购物中心，长期性贷款占比比较大，这是其他开发商没有的优势。其他开发商比如快周转公司，融资成本很高，每年借还款金额都很大，借新债还旧债。相对而言，宝龙的融资结构要好很多。

2. 降成本：借新还旧、借长还短、借便宜还贵

宝龙降资金成本有三个策略，即借新还旧、借长还短、借便宜还贵。以前，宝龙的平均融资成本为 10 个点，现在降到平均 8 ~ 9 个点。2013 年，在银行放款总体比较放开的背景下，宝龙把高利息的负债都还掉。2013 年总平均成本下降 1%，如果按以 100 多亿元的融资额度来算，一年就能够省 1 亿多元的融资成本。

融资成本也跟企业信用等级紧密相关，如果信用等级可以调一级的话，融资成本就会下浮。国际最权威的评级机构有三家——标普、穆迪、惠誉，目前宝龙和其中的标普、穆迪两家都有合作，惠誉将来也可能合作。不过早期宝龙的评级

偏低，标普给的是 B－，穆迪给的是 3 个 C。为什么低呢？原因还在于宝龙早期销售计划完成不理想，评级机构就给宝龙降级，而此后宝龙大大改善现金流，2013 年年末现金达到 44 亿元，短债才 39 亿元，现金和短债比为 117%。也就在 2014 年 3 月，穆迪又将宝龙的评级从 B3 调升至 B2，债券评级从 Caa1 上调至 B3。

3. 融资创新：内保外贷

在融资创新上，宝龙 2013 年大规模推行了“内保外贷”模式。即用境内的资产作抵押物在境外借外币。内保外贷还是会“赚钱”的，因为内地的存款利率和香港的存款利率是不对称的，香港的各种利率加起来最高也不到 2.6%，而内地可以到 3.3%。

谈到负债率控制，许华芳强调，宝龙更关注企业发展的持续性与长远性，而不争一时业绩飙升，宝龙将负债率一直控制在 60%，算是进可攻退可守——市场出问题时容易守，如果市场有很好的机会，也可以往前进，比如把负债率提至 70%。宝龙希望负债率在 60% 上下小幅波动，随行就市。

六、平台之变：打造资产与运营管理双平台

商业地产的核心，还在于资产营运能力，但在此基础上要有金融支持，怎样把资产、管理和金融这三个平台“圈在一块”？目前有三种模式，即万达资产模式、凯德管理模式、新鸿基资产和管理并用的模式。宝龙现在进行的转型，更多倾向于转向凯德模式，但将来的总模式还是要往新鸿基这个方向发展。

1. 打造国际化的资产管理平台

许华芳坦言，目前大多数从事商业地产的房企，主要利润还是来自销售，还没有真正把资产当作“宝贝”，对资产价值提升也比较忽视。其实真正做好商业

地产，更大程度上仍是长线的资产收益。国际上成熟的商业地产大多有三个平台：资金管理平台、资产管理平台、经营管理平台，但中国的企业往往只有第三个，而且第三个还做得非常薄弱。

宝龙的物业由专门的宝龙商业集团运营，通过资产管理，宝龙地产得到的是更长远的租金收益。

在国内大多数商业地产开发商仅做经营管理平台的背景下，宝龙率先一步，高调打造具有国际化水平的资产管理平台。2013 年，宝龙先后从凯德、GIC、万达等引入精英人才加盟，筹备宝龙地产资产管理平台，主要工作是规划资产，监督营运平台是否按规划完成。许华芳表示："虽然短期内资产管理平台还很难看出效果，但它却是宝龙未来 5 年甚至 10 年企业发展的关键。"

目前宝龙进行资产管理更像是采用了一种智能模型，能更系统地去筹划更长远的规划。打个比方，一个商场开业，能一口气招租达到 1 亿元的租金规模，而通过资产管理，开始只能招租 8 000 万元，但在起初业态组合、商家组合上会更为科学精细，甚至细化到特定的 50 平方米应招谁进来。组合科学了，明后年或许就会实现 2 亿元租金。许华芳算了笔账："宝龙现在有超过 150 万平方米的投资性物业，如果日租金单价增长 1 元钱——实际上是很容易的，现在有超过 150 万平方米的投资性物业，那就相当于宝龙每天能增加 150 万元的收入。"

2. 商业运营是第一生产力

未来商业地产风险较大，有意转型的绝不止宝龙一家。万达也在从商业转向文化、院线。转型的一个方向就是轻资产模式，而宝龙目前仍然属于重资产模式，对于重资产模式，宝龙调查的结论是，60% 的投资者不喜欢重资产企业。

宝龙如何"变轻"？面向未来，宝龙会在合适的时机，组建一支队伍收购其他商业项目，整体出租或者收购回来做好再卖，或者其他业主也会委托宝龙的团队进行管理，而宝龙赚取管理费，这是宝龙对之前模式最大的改变，也属于轻资产模式。

在宝龙的概念中，商业运营是宝龙的第一生产力，许华芳经常在内部强调，宝龙有两个集团，一个地产集团、一个商业集团，这是两个完全不一样的生意模式，一个是房地产生意，一个是商业生意，做房地产生意要追求高周转速度，讲快、讲规模，而做商业要追求品质和服务。

之前的20年，宝龙靠地产来养活商业，2013年，宝龙地产在管理上一再加强精细度，提高运营竞争力。经营理念的核心就是帮客户赚钱，而不像以前只收租金不管租户的盈亏。宝龙深信，城市综合地产这种模式只能大家一起玩，独角戏搞不定，只有让国内外知名的商家和宝龙一起玩，把Shopping Mall做好，才是出路。在这一理念指导下，2013年宝龙商业净赚5.08亿元。

许华芳认为，商业地产运营强调的是快，把从开场到稳场到旺场的这个周期缩短，才能比别人更好地招商，更快地赚钱。目前宝龙追求快速开业、快速建设，要求拿地后3个月开工，6个月就要开始预售，而12个月就要做到售出80%，拿地后15个月商业就要开业。

七、电商之变：成为顾客与商场的即时纽带

商业地产的经营重点就在于不断与商家、消费者沟通交流，这就像是搭台唱戏，一边连着能唱好戏的商家，一边连着愿意看戏的消费者。

社区电商就是一个平台，在许华芳看来，电商会对实体店形成冲击，但不可能取代实体店，宝龙也需要用电商连接实体店，帮商户免费搭建电商平台、物流平台，帮商铺赚更多的钱，提高客户忠诚度和服务满意度。目前，宝龙已组建了名为“宝龙广场在线”（www.ipowerlong.com）的电商，由专业团队在负责，前期已经投入近千万元，福州和安溪的社区电商已经上线，每天的交易额都在攀

升。2014年的目标是扩大到4～6个项目。

与其他电商相比，宝龙电商有2个特点，一个是社区化电商，一个是大数据模式。

1.1个购物中心就有1个电商平台

不同于万达等所构造的全国化电商平台——一个平台走天下，宝龙电商模式是1个购物中心1个平台。按照布局，宝龙现在全国范围内有15个在营的购物中心，相对应的就会有15个电子商务平台。宝龙电商的核心是以自有商场为中心，划出了一个半径约6公里，方圆百余平方公里的区域，将其作为线下商场和线上电商平台的目标服务范围。同时，辅以“高速配送”服务，在服务半径内做到最快30分钟送货上门。

宝龙之所以不像京东、天猫、万达等只有一个全国平台，是因为中国电子商务的最大难度在于物流，基于这样的思路，宝龙所注重的将不再是和全国化的商业平台硬拼规模和价格，而是完全聚焦在有限范围的目标客群，提供更加快捷、精准的服务。

2. 真正大数据导向

宝龙比其他商业地产更有竞争优势的是，有一个庞大的客户载体，以福州为例，有500多个商户，30多万忠诚常态客户，这是最大的资源。宝龙未来走的是大数据和会员制，不像天猫、京东要分析几亿人的需求——要精准地分析几个亿的客户需求在哪里是很难的，宝龙只是盯住区域6公里范围内，车运半小时以内就能送达的短物流范围，固定的30多万人群的需求，是很容易精准地分析出来的。宝龙会整合线上和线下的消费数据，专注挖掘有限数量的用户信息，建立更合理的大数据分析模型，最终为消费者和商家提供最有价值的建议。宝龙广场在线的目标，是不断研究这数十万消费者的偏好，满足他们的需求，成为他们生活不可或缺的一部分。

建立线上平台并不是宝龙唯一的目标，这个平台未来将不断向注重体验、娱乐、非标准的商品倾斜，成为周边消费者与宝龙购物中心的即时联络纽带。宝龙将根据他们的喜好而不断调整商品内容，大商场将成为名副其实的社区中心。以福州宝龙城市广场为例，在周边半径 6 公里的目标服务范围内，约有 40 万人居住。宝龙电商平台将根据男女老少的不同消费喜好，推送不同的消费内容。每个用户看到的界面往往也会各不相同，以此做到精准化、精细化营销。如此一来，电商平台可以参与到购物中心的企划决策中，如宝龙某季度准备做 10 场活动，就可以提前用电商平台翻倍推送给消费者 20 个活动，让消费者自行投票，最终宝龙会根据消费者的意愿来统筹举办各类活动。

商场仍是宝龙广场在线的重要组成部分，宝龙引入了全新的商场硬件技术以提升用户的消费体验。全场高速免费 Wi-Fi，定位地图，都以进驻消费者的手机终端为目标。场内的大量优惠和折扣信息都将通过便利的手机终端或 APP 操作，电子会员体系也简化为锁定手机身份，利用精准的室内定位技术，场内商家还能随时推送信息给走到附近的消费者，消费者也能随时获取周边商家的动态信息。对宝龙粉丝而言，通过手机就可在福州宝龙城市广场实现消费。对于商户，有宝龙电商平台前，福州宝龙城市广场 400 余户商户中只有 20 多家与电商及外送物流有关，如今 80% ~90% 的商户都能享受到新增的网络营销渠道带来的便利。

八、人才之变：标准化 + 商学院突破人才瓶颈

许华芳认为，现在的中国人太浮躁了，国际上人才流动率每年达到3%~4%就很大了，但在中国房地产行业人才流动率两位数是正常的，个位数是极少数。“现在是大公司出得起钱，小公司也出得起钱，打个比方，像大公司一个项目的

营运老总，年薪在50万元左右，而小公司挖过去则直接开到150万元，所以用高薪抢人才的机会也很多。”另外，在许华芳看来，中国高端零售商业人才本来就非常稀缺，比如台湾百货公司的员工要做20年才能做到老总，而在大陆8～10年就可以做到老总，他们的经历其实很短，核心原因还在于中国真正做商业的人才非常少。

一直以来，宝龙都很用心地思考如何解决发现人才、留住人才的问题。其实宝龙在城市布局选择聚焦区域策略，很大程度上也是为了解决人员的问题。比如宝龙只做5个省，就只要5套班子，如果做到10个省人才的就供不应求了。

1. 中高端人才保卫战

怎么留住人才？宝龙有两大策略，第一就是做好平台，许华芳认为，留住高端人才，平台是最重要的，要有机会让他去发挥。一个企业能否留得住人才，很重要的因素是这个企业是不是一直在往前走，这个企业是否有很多机会让他们去学习，是不是有很多平台让他们去发挥。第二就是在已有的人才格局下，尽量通过标准化去解决人才瓶颈问题。宝龙很多二、三线城市的项目，本身高端人才比较缺乏，于是，宝龙就通过大量的标准化去解决问题，标准的策划、标准的动作，30多种菜单组合，做到多大规模、需要多少人、多少经费全都标准化，而每个项目多长工期完成，做到什么程度才算合格也都有标准可循，通过标准化来尽量减少对高端人才和大量招聘的依赖。

2. 打造宝龙商学院

构建宝龙商学院，是宝龙解决人才问题的长期战略举措。其核心基于以下两点考虑：

首先，是因为人是服务业的关键之关键，尤其购物中心对人的要求极高，因为每天都在做面对客户的事，今天做得不好，得罪50个人，就可能变成得罪100

个客户，如果今天做得好，让10个客户感动，明天就可能会带来100个客户。举个例子，宝龙有个项目整体经营很好，但电影院生意不太好，后来电影院老板派了一个老员工过来做店长，两个月后，业绩增长60%。从这个例子可以看出，做零售服务业，人的因素是决定性因素。

许华芳表示最佩服的零售商是大润发，大润发创办第一年就建立了自己的学校，现在他们的店长几乎没有怎么流失过。如果以全国单店销售额以及总额来看，大润发绝对排名第一。2011年，宝龙6个购物中心招了5个品牌超市，但3年下来，不同超市的水平差异很大，凡是招大润发都能给宝龙购物中心加分，可能其他超市大部分是不加分也不减分。

其次，是未来行业竞争人才竞争日趋恶化。行业内有种认识，都说人到宝龙或万达工作2~3个月，就好比镀了层金，宝龙的人出去薪资不乘以2都会被取笑。以前住宅地产公司的人工资比商业地产的高50%，而现在做商业的反而比地产高50%左右。“目前全国各地同行都在互相挖人，宝龙也引进很多新的人才，但是有个典型问题就是企业文化很难融入，每个人、每家企业风格、规则都不太一样，如果没有一个很强大的像宗教或学校一样的文化让大家统一起来，是很难形成合力去作战。”许华芳表示，为了让人才更加认同宝龙的理念，也为了让宝龙文化能够同心同德，齐心协力，所以宝龙要有自己的人才培养基地——宝龙商学院。

九、管理之变：从粗到精不断打磨

1. 管理去家族化

在中国，员工“专业化”水平可能会比“职业化”水平好一些，目前，整个职业化素养和水平整体还相对处于低位，相应的法律、体系、氛围也比较差，特别是整个中国职业经理人体系还不够完善。这些在某种程度上，导致中国的企业家特别累。

对家族企业而言，许华芳强调："企业做得好与不好，本质也不在于是不是家族企业，但福建企业给人的印象就是家族企业很多，现实中宝龙企业内部家族成员其实也只有3人，董事长、我和我太太。反过来家族企业模式其实也没有绝对好坏之分，比如李嘉诚的企业算家族企业还是非家族企业？所以核心还在于你有没有能力把企业做好，在于企业、文化体制是否公平。反过来看，家族企业也有优点，比如统一思想最快，执行力也最快。"

事实上，在宝龙内部管理上，一方面，宝龙长期以来，对老员工、资深员工反而要求更高更严，宝龙还是更讲究职业团队。另一方面，宝龙这几年一直在去家族化，而追求人才精品化，并同步通过开发标准化、管理标准化降低对人才的过度依赖。

2. 高层为决策结果买单

拿地是项目成功的关键一环，宝龙早些年，拿地偶尔会有点冲动，2012年后，宝龙就开始着力打造科学的决策机制，即通过决策会商议投票进行集中民主决策。决策会共有9~11名成员，投票采取少数服从多数原则，而且只能投赞成票或反对票，绝不能弃权。更严格的是——如果投了赞成票最后做亏了，要扣奖金，如果投了反对票最后成功了，也要扣奖金。经过这个决策机制和考核机制的绑定，宝龙决策体系更加理性了。

不止是拿地，所有关键决策过程宝龙几乎都采取这个模式，现在宝龙有好几个决策小组。这些决策分为大决策和小决策，大决策比如说拿地决策、投资决策、成本决策、招商决策。小决策就很多，比如各条业务线的专项决策，比如投资线共有3次决策，第一次决策看拿地是否符合宝龙拿地的10大条件，如果符合，就拿来做宝龙的第1次决策会；第2次决策就听高层决策会成员的意见，然后再去和政府就关键点细谈深谈，然后再上会；第3次决策是在拍地之前做1次决策会。宝龙这种基于关键业务决策点的多层多人集中决策，保证了宝龙尽量不在大问题上犯错误。

除了决策人要对决策意见负责外，现在每个业务线高管都和下面分管的业务线绑定在一起。比如，分管财务的CFO会具体分管财务中心、资本管理中心、投资关系部三个部门，那么这三个部门的得分加起来就是CFO奖金60%的得分，而剩下的40%会和集团挂钩起来，集团完成多少任务就得多少分，两个分数加起来就是CFO的奖金分数。所以分管副总裁就要推动所管理的部门去完成年度任务、季度任务、月度任务，他也一定会盯得更紧。

3. 精简一线考核指标

宝龙以前属于强总部集权型，下面自主处理事情能力偏弱，为更好地提升一线积极性和执行力，宝龙2012年提出“以项目为中心”，集团集权和项目分工并重，并实质性地把指标考核纳入兑现，真正增加项目的自我造血能力。比如宝龙以前对一线项目考核指标非常多，而未来宝龙将仅仅只在财务、资金、人事方面绝对集权，其他指标能放则尽量放下去。宝龙也计划将整个考核指标精简为3个，即销售增长率、利润率和人均产值，只要这3个指标，集团就知道一线项目的整体情况。考核指标的精简，看似很简单，效果则是下面更有自主权了。“否则的话你做了10多个指标，相互牵扯，却还是没办法全面地衡量。”许华芳如是说。

结 语

面向未来，宝龙以上海为中心，打造资产管理平台，试水电商，构建宝龙商学院，以“区域聚焦”和“创新求变”为战略核心，即将驶入发展的快车道。

第九章

体验先锋官益田——中国中高端体验式商业缔造者

独家对话益田集团总裁　黎志强

商业地产的核心在于商业，而非地产，

深圳益田假日广场，

以独特的商业洞察与体验基因，

成为华南乃至整个中国高端体验式商业地产的标杆。

2002 年就战略性进入商业地产的益田集团，

用自己对商业和综合体的独特理解，

正努力成为全国商业地产领域数一数二的领军企业。

企业素描

战略：成为全国商业地产领域数一数二的领军企业

深圳市益田集团股份有限公司成立于1996年。2002年，益田集团启动战略转型，确定了通过加快复合型商业地产的开发，树立全国最具影响力的商业地产品牌。2013年在战略方面，提出加快实现商业板块上市的战略目标，并计划在上市后的3～5年内成为全国商业地产领域的领军企业，进而成为全国一流的房地产综合开发企业。

规模：18年发展，300亿总资产

经过18年的发展与积累，益田集团已经成长为以商业地产和住宅地产开发为核心业务，以高速公路、生物制药、新能源及物业管理为辅助业务，总资产规模近300亿元人民币的大型股份制集团公司。益田集团雄踞中国一线城市，以深圳为核心，分别在上海、北京、大连、长春等重要城市进行战略布局，全力构筑以华南、华东、华北、东北四大区域为一体的地产及商业网络。

管理亮点

布局思考：主要聚焦一、二线核心城市

鉴于商业地产多以打造中高端项目为主的定位，益田布局更多聚焦在一、二线核心城市。在选择城市时，益田不会只简单看这个城市的GDP、人口绝对数等，而会主要看人口流动性，一看流动人口的数量，二看流动人口主要集中在什么行业、购买力如何。

项目选址哲学：人口 ×购买力 ×消费意愿

对于项目选址，益田根据其多年实践操盘经验，总结出购物中心选址的关键是：考虑人口、购买力与消费意愿三个系数相乘的组合。

体验先锋官：三种体验模式

益田从体验经济所强调的五官感受，去提升购物中心的体验。目前，益田主要形成了三大体验模式。一是打造让消费者“见所未见，超大众期望值”的体验模式；二是打造基于听觉、视觉、嗅觉等独特感受的体验模式；三是打造基于很强教育性和互动性的顾客参与体验模式。

黎志强

益田集团股份有限公司执行董事、总裁。他，有着近20年的地产开发经营经验，主持过十几个大型楼盘和商业地产的开发、经营和管理，见证了中国地产发展最辉煌的时期；他，把每一个项目当成一件作品，2005年操刀的半岛·城邦更是五天售罄，震撼深圳；他，以“铸树精品，创新无限”的理念走在商业地产的最前沿，2008年开业的益田假日广场，不仅引领了深圳高端商业发展的新时代，更开创了中国体验式商业模式的先河。

黎志强管理语录

黎志强看市：

未来全球房地产市场发展方向将不再局限于开发，而是会进入到运营管理、资源整合，甚至再往高会升到地产金融、资本运作层面，而所谓的地产开发只是整个链条中一个环节而已。

益田商业模式：

一般而言，国内很多涉足商业地产的企业，经营策略多是通过标准化复制，最终走资本运营路线，而益田的模式是通过商业地产开发运营，追求城市新兴生活方式在益田商业综合体落地生根，益田最终希望通过对城市优质资源的整合，打造出多样化的平台，创造新的生活方式，为城市增添价值。

益田拿地策略：

相对住宅而言，购物中心尤其是高端购物中心，对城市和地段的选择性要求很高，益田不会不加选择地去拿地，不适合的地不会要。鉴于商业地产以中高端为主的定位，益田会更多聚焦在一、二线核心城市。对于城市选择，除了上海，并无特定的目标，最关键是一定要找到“合适”的项目。

益田商业价值：

从价值而言，1 个益田假日广场可能会相当于数个普通的购物中心，为什么？因为它的价值不一样，购物中心的价值更多地是和运营收益相关，益田认为商业地产的价值，不仅仅是物业、位置等看得见的价值，而更多是准确定位、良好的运营管理体系所体现的持久盈利能力。通俗地说，就是软实力。

益田商业运营：

现在做商业地产，整体现状是“开业易而运营难”，按照开始定位的“轨道论”，很多企业具备“发射能力”，但没有“调整能力”。购物中心开业后，运营管理能力就成为明显的“短板”。益田更看重过程调整和运营管理能力，这是商业地产的价值所在。

引言

益田集团于1996年在深圳成立，2002年开始战略转型，转型前的6年，益田基本每年都会开发一个项目，其间成功运作了一些区域市场颇具知名度的项目。比如，1996年开发的“益田花园”，首创风情住宅风格，震动了当时深圳的地产界，并迅速引领全国“欧陆风”的潮流。而后又成功打造了“共和世家”、“半岛·城邦”等具有重大市场影响力的精品项目。但益田也发现，在局部市场做精品住宅，益田有这个能力，可企业继续做大该如何构建竞争优势？彼时，住宅地产领域，像万科、中海、金地等先行者已潜行10多年，益田在这条路上，并无太多优势，益田的土地储备、开发规模等都不足以支撑其与行业先行者们拼规模。那么，面向未来，益田该怎么办？——商业地产才是益田的蓝海。

第一节　商业突围——2002年先入蓝海

一、以商业地产为突破口

新的战略、新的商业模式、新的路径的确立，绝不可能是靠“拍脑袋”或简单的头脑风暴就能想出来的，尤其是战略，要对未来趋势有前瞻性研究。所以，在十几年前，益田高层就把目光放到了欧美、日本、中国香港等房企，研究它们的成长之路。当时益田就明显看到一个趋势——未来全球房地产发展方向将不局限于开发，而是将投资、开发、运营、管理融为一体，整合资源，甚至发展到地产金融、资本运作等行业高阶，而地产开发只是整个链条中的一个环节。与此同时，益田也看到了房地产的周期与泡沫风险。比如日本房地产的发展，与中国内地、中国香港的周期很相近，差不多都是10年会有一次大地震。因此，单纯做住宅，企业的经营风险会很大，益田需要在产品线上做创新变革。

怎么变革？从欧美发展趋势来看，以运营管理为核心的商业地产才是未来城市发展最重要的方向，无论是从社会资本流向的角度，还是从企业专业发展的角度来看，都在往这个方向走。同时，住宅单一的居住功能已不能满足现代都市人的需要，而持有型商业地产带来的持续经营收益和资产增长比只做地产开发要高出很多。所以，益田在2002年时，就战略性转型进入商业地产，这个时间在业内来看是非常超前的。

二、益田商业地产的DNA

2002年，益田集团启动战略转型，确定了做复合型商业地产开发的战略定位，并从单一住宅开发的区域型房企转变为一个拥有跨区域品牌的住宅与商业复合型地产企业。

益田着手打造的第一个商业项目，就是今天享誉华南乃至全国的深圳益田假日广场。2002年，益田集团就迅速组建专业团队，走访学习全球优秀商业项目，积极探索，潜心研究，紧密围绕假日广场的工程、装修、运营、物业等内容，展开了60多个研究专题。2008年益田假日广场开业时，展现给公众的是时尚大气的建筑设计，奢华梦幻的内部装修，完美体验的人流动线及灯光环境……益田假日广场，如同一艘停泊在碧海蓝天下城市中的豪华游轮，带领每位客人体验奢华的永恒和时尚的魅力。益田也借此项目，从商业地产的“门外汉”变成了专家。

标杆项目的成功只是一个案例，益田致力于从经营逻辑、价值观去勾勒自身的商业帝国。一般而言，国内很多大型商业地产企业，其经营策略多是通过标准化复制，最终走资本运营路线。而益田的模式，是通过商业地产的开发运营，追求城市新兴生活方式在益田商业综合体落地生根。益田希望通过对城市优质资源的整合，打造多样化的平台，创造新的生活方式，为城市增添价值。正如益田综合体的广告语所说，“构筑国际城市理想，为城市增添价值”，这才是益田真正的商业 DNA。

三、双轮驱动，商业板块在未业 3 ~5 年上市

面向未来，益田表示对住宅板块肯定不会放弃。首先，因为中国目前还是个发展中国家，城镇化建设还有很长的一段路要走，刚需以及首改市场空间大；其次，中国人非常浓郁的“家文化”会让“房子”更有市场；最后，中国的福利机制还不及西方国家那么完善，这也迫使人们“一定要买房”。所以，益田依旧看好中国房地产住宅市场。

益田会继续发展住宅，过去住宅和商业是五五对开运作，但在未来 3 ~5 年，益田会更加侧重商业地产发展，加速发展益田的四条商业地产产品线，也会在不同项目单体里面打造一些能在某些专业领域占据制高点的商业形态。这不仅是益田多年积累出的优势，更是益田谋求上市的目标诉求。益田也希望借助资本平台，将益田打造成为全国商业地产领域数一数二的领军企业。

第二节　益田路线——聚焦一、二线，志走中高端

在哪些城市做商业？这是益田商业地产必须考虑的一个战略问题。在黎志强看来，“初期房企的城市布局，并没有清晰的战略导向，大多都是机会导向，即机会在前，选择在后。随着规模做大了，实力做强了，企业就会反过来开始更加主动和有策略地去挑选城市。而这种‘挑选’表现出的策略就是城市布局战略。”但黎志强表示，益田的城市布局是以几个核心城市为中心，且深耕一个区

域，究其原因更多还在于资源整合与管理。

一、聚焦一、二线核心城市

益田在哪里布局？相对住宅而言，购物中心尤其是高端购物中心，对城市和地段的选择性要求很高，益田不会不加选择地去拿地，不适合的地不会要。鉴于商业地产以中高端为主的定位，益田会更多聚焦在一、二线核心城市。对于城市选择，除了上海，并无特定的目标，最关键是一定要找到“合适”的项目。

近10年来，房地产住宅受政府调控的影响很大，往往一个新政就直接影响了住宅购买预期和销售走势。但做购物中心、商业地产则不同。黎志强强调，做商业购物中心的前提是必须先有一些人气，也就是说一个城市的城市化率和经济发展要到一定的阶段，且必须要有成熟的商圈和一定的购买力，不要轻易考虑自创一个商圈。所以城市购物中心特别是中高端和精品购物中心，对城市各方面的要素要求很高，基于此，符合益田中高端购物中心定位的城市主要还是一、二线城市。一线城市的需求和购买力具有全国性、国际性的特征。

在选择城市时，益田不会只简单看这个城市的GDP、人口绝对数等，还要看其人口流动性，具体又细看两点，一看流动人口的数量，二看流动人口主要集中在什么行业，购买力如何。如果是集中在制造业和低端服务业，中高端零售业就缺乏支撑。当然，在一、二线城市之外，益田也会考虑某些很有发展潜力且有很大市场空白、商业还比较落后的城市，但这种更多是机会型导向。不过，黎志强表示这样的城市并不是很多。

目前，益田城市布局已完成以深圳为核心，分别在上海、北京、大连、长春等重要城市进行战略布局，全力构筑以华南、华东、华北、东北四大区域为一体的地产及商业网络。

二、不可或缺的上海

益田在选择一线城市时，往往更关注一线城市零售业的规模、增长性、对外开放的程度、流动人口数量和质量、对周边城市的辐射能力等。深圳，是益田的启航之地。深圳靠近香港，零售业受到一定的影响，但由于聚集了国内很多高素质人才、资源和资金较丰富、人口流动性大等因素，商业潜力仍然很大。但在辐射面、影响力、零售规模方面，深圳与上海还有不小差距，上海是国际化大都市，中国的经济中心，市场具有全球化特征，辐射面很大，而深圳主要还是辐射华南区域。因此，上海是益田近期计划要进入的城市。

为何上海如此重要？黎志强表示，首先，上海是一个真正的国际化都市，商业零售非常发达，国际知名品牌几乎全进入了上海。国际品牌在考虑进军中国市场时往往也会将上海作为第一站。益田商业进军上海对自身品牌提升，扩大影响力有着十分重要的战略意义。

其次，虽然这些年很多房企都在回归一线、聚焦一线，但益田并不担心市场饱和问题，至少目前不会。因为上海不仅是国际化的上海，它辐射的是整个富裕的华东地区甚至是全国，这个购买力非常强劲。

再次，随着上海成为中国商业的中心，越来越多的国际一线品牌都逐渐将亚太区总部从过去的香港转移到上海，以前上海比较多的是大中华区域总部，益田进入上海将有利于与国际品牌的合作，更有利于全国化发展。

最后，上海购买力很强，市场容量大，益田在上海有商业项目，未来上市时，会吸引投资者的关注。

三、成熟 1 个，开拓 1 个

在黎志强看来，除了上海，其他城市去还是不去取决于是否符合益田的准则，关键是一定要找到合适的项目。益田不急于在多个城市落点开花，更倾向于“成熟一个，开拓一个”，这种稳健策略是由益田的产品和定位决定的。益田不会凭主观感觉认为某个城市经济、人口等不错，就把标杆项目复制过去，而是必须对当地城市、客户深入接触和了解后才能决定，否则弄不好就砸了。比如很多南方很成功的楼盘到北方某些城市就不一定能接受，不管是住宅还是购物中心，都是一样。购物中心尤其更明显，南北差异很大，有些商家品牌在南方认可度很高，在北方可能就完全不行。

总之，益田未来城市布局将聚焦以深圳为中心的华南，以上海为中心的华东，以长春为中心的东北，以北京为中心的华北。成熟一个，做一个，不盲目进入任何城市。

四、选址哲学：人口×购买力×消费意愿

慎选区域与城市后，益田如何进行项目选址？黎志强强调，做住宅，就是地段、地段和地段，但地段却不是做商业的唯一要素，商业的成功更多综合体现为人口、消费意愿和购买力等多种元素的组合。益田根据多年实践操盘经验，总结出购物中心选址更多在于考虑人口、购买力与消费意愿三个系数相乘，而不是相加的组合。

“为什么是相乘？我们知道，乘积是和相乘的每一个数都有关，如果这三个系数中其中一个过低，乘积就很低，即使其他两个数很高，除非其他数成倍的增加才能使乘积达到较高，但这显然很难。”黎志强解释。

第一个选址因素是“人口”。首先，做商业肯定不能到地广人稀的地方，人口稀少就无法支撑市场消费力，所以一个城市或区域的人口规模是一个重要因素。益田所进入的城市总人口数一般都会要求在100万以上，而且是指城区人口。其次，看流动人口的比重和购买力，因为流动人口的消费需求很强。没有一

定的人口流动性，消费力是很难撑起来的。比如沈阳，这个城市做商业往往比哈尔滨、长春好很多，因为沈阳作为东北的中心城市，人口流动性很高，且流动人口素质较高。另外，沈阳本身就是消费型城市，且周边都是新工业化的中等城市，因此沈阳不仅仅承载了一个城市的消费人群，而是汇聚了周边中等城市，甚至整个东三省的消费人群，关键是要有消费流入效应。最后，是所在商圈的人口密度，购物中心总有一定的辐射范围，核心商圈的人口密度对商业的稳定经营十分重要。

第二个选址因素是“购买力”，这个可以从城市经济水平、城市人均收入、城市人均消费水平进行综合评估。

“人口”与“购买力”算是购物中心选址的“土壤”，但购物中心选址的“种子”是什么？答案就是购物中心选址的第三个因素——客户消费意愿。这有两层意思，第一是消费者的消费意愿，反映了一个城市或区域的消费理念和消费习惯。第二就是购物中心如何吸引消费者前来消费。一个购物中心要想吸引消费者需要做大量的工作。客观上，不能有影响消费者消费意愿的硬伤存在，比如交通的便利性、易达性、项目的昭示性等。如商场门口有立交桥，消费者无法直接到达，就会降低消费意愿。主观上，商场的定位、规模、特色、建筑、装修、业态规划、品牌组合、运营管理水平、停车位的数量等均会影响消费者的消费意愿。当然，客户对购物中心的消费意愿核心还在于企业自身操盘能力。

第三节　体验先锋官——个性化定位＋体验突围

一、Lifestyle 的创新产品

国内商业地产发展很快，有“一步跨越 10 年”的感觉，3 年之前国内购物

中心还很有限，但最近几年购物中心如井喷般涌现，一下填补了过去 10 年发展的空白。但是，盲目扩张也明显让中国商业地产整体状态不容乐观，行业洗牌和优胜劣汰随时发生。益田该如何突围并在新一轮商业地产调整中越做越大？益田给出的答案是——“个性化定位”与“体验式商业”。益田商业集团根据区位及商圈特点，前瞻性地确立了“假日广场”、“假日世界”、“假日天地”以及“假日步行街”4 条商业产品线，并引入国际最为先进的消费理念，创新性的提出打造 lifestyle 新型购物中心。

1. 新理念：是 Lifestyle 的购物中心，不是购物中心的 Lifestyle

在黎志强看来，中国购物中心的发展经历了三大阶段，第一阶段属于购物中心多业态扩展阶段，与传统百货相比，更多融合了餐饮、零售、娱乐等综合性业态；第二阶段就是购物中心的体验式发展阶段，这正是当前购物中心经历和实践的阶段；第三阶段是即将进入的城市生活方式营造阶段，这种模式在欧美一些大中型城市比较流行，即 Lifestyle，生活方式型购物中心。

很多人不知道 Lifestyle 到底是什么样子，只知道是低密度的、有很多风情或有一定主题的就是 Lifestyle。益田认为 Lifestlye 并非这么简单，而应该是整合更好的以及更合适的城市资源，将景观、业态、建筑、功能等各种因素科学的结合在更开放的环境中，最终为消费者提供舒适、休闲的生活方式。当下，益田假日天地正是益田集团 Lifestyle 商业产品线首发之作。

从产品理念来讲，黎志强表示：“未来一定是 Lifestyle 的购物中心，而不是追求购物中心的 Lifestyle，而且 Lifestyle 也一定会走向多元化和差异化，比如欢乐家庭老少皆宜的生活方式打造，比如类似安静书吧的休闲类型……不同的购物中心会打造不同的生活方式。同时，同样的业态或商家也可能打造成不同的生活方式。比如同样是星巴克咖啡，可能店铺前方有个大露台，面朝大海，春暖花开的阳光格调，而另外一个或许可以定位成偏安一隅、闹中取静，灯光稍暗的格调。

具体而言，益田 Lifestlye 购物中心有三大特征。第一是有非常多开放空间和互动空间，能够让顾客自由的、舒适地参与游乐互动；第二是“环境第一”，在 Lifestyle，环境是可以消费的，它完全不像封闭的购物中心，没什么环境，顶多就是商场里面装修得漂亮点，有个中庭……但 Lifestyle 第一强调的就是开放的环境，这已经成为“征服”消费者的关键筹码。比如咖啡厅会在一个圆圆的大花池里面，周边是一层乔木，修剪得非常精致。益田 Lifestyle 则充分融合了“中式主题商业”和“开放式情景街区”两大特点；第三就是业态更为丰富，形象地说，Lifestyle 就是把购物中心的盖子掀开，有更多开放式的空间、更多丰富的空间把更多可能的业态放进来，餐饮、休闲娱乐的业态会更多，如家居、餐饮、书店、美容等，消费者在这里，不是简单购物，而是在这里享受一种闲暇的生活以及与众不同的“体验”。

2. 益田使命：城市新兴生活方式的“引领者”

益田走城市综合体这个路线，一是看到整个房地产企业在不断迈向成熟，二是看到城市发展的历史进程。但对于城市综合体的认知，很多企业认为就是住宅、商业、酒店等建筑功能的简单综合和叠加，益田则认为城市综合体应是一种优质城市资源的整合，是优质生活方式的代表。成功的城市综合体都是把城市优质资源整合得很到位。

益田产品为什么吸引人、有人气？黎志强的回答是“因为它代表了未来的生活方式”，原因就是这么简单。一个城市的文化、休闲、娱乐往往会不断向更高阶的方向去发展，但益田会持续创新，不断去整合优质的城市资源和配套，通过城市综合体这个平台，让消费者去尽情享受这个平台，最终把自己的生活和这种优质生活靠得更近，又或者是直接融入到这种优质生活方式里面。

对于新兴生活方式，益田坚持不断创新。“谁说购物中心只是卖东西的？它也可以是一个体验场、文化艺术展示场。”益田经常利用公共空间举办各种各样的文化、艺术和娱乐活动，充分突出购物中心的艺术氛围，甚至在空间设计上都会有所侧重。作为消费者，一提到音乐，首先想到的就是流动的音符、键盘和乐符等，所以在深圳益田假日世界里很多设计就是跟这些元素有关。这里还有与国际钢琴大师郎朗合作的“郎朗音乐世界”。又比如在北京很流行小剧院，益田就把小剧院的创意放在益田开发的购物中心里去。“很多时候我们觉得消费者不愿意消费，但实际上是商家没有尽力挖掘或引导。”益田体验式商业，就是更多的去引导消费、创造消费。

3. 价值：强调商业软实力

众所周知，国内很多地产商涉足商业地产时走的多是开发的思路，主要通过出售物业获取回报，对购物中心往往也是“重建轻管”。这种经营理念下购物中心经营就缺乏持久性，价值也无法体现出来。真正的商业地产强在运营管理上。比如香港某知名购物中心因超强的盈利能力估值竟逾千亿港元，核心就在于其建筑规划、规模档次、地段位置、租金收益、人流量、运营体系等硬实力、软实力的综合体现。追求商业地产专业化发展的益田，不仅关注商业物业的显性价值，更重视运营管理这些隐形能力，通俗地说，就是商业软实力。

二、做商业地产的体验先锋官

1. 体验时代已“逼近”

同一种商品，在农业经济中只值 5 元，在工业经济时值 10 元，在服务经济中值 20 元，在体验经济中就可以值 30 元。这是体验经济的魅力。新兴城市人类，越来越不满足于既有的产品购物与服务需求，而对于感官刺激、活动娱乐、情感互动等体验式消费，越发心动并频频买单。体验经济下，消费者购买行为表现为一个冲动的、快乐的、感性的过程。而聪明的企业，则会策划并打造以消费者为中心，以购物中心为舞台，以体验为特色，以商品与服务为道具的商业活动，这些体验式活动让消费者频频参与、情感互动，并值得回忆，最终消费者在快乐中买单。

国外的消费已经进入体验时代，他们已把消费当作生活的一部分，这就是生活方式，他们先有生活方式，再顺带进行消费，而中国人是先要购物，然后再在这个过程中积累体验、催生生活方式。在这个深度逼近的体验经济时代，益田抓紧创新，根据不同区位客群的消费特点，不但实现业态的个性化定位，更是在建筑、营销等方面进行差异化。现在益田购物中心不再是简单的购物中心，而是一个精心打造的全新生活样板，现在益田购物中心已经不是一个简单购物场所，而是一个别有情趣的体验场所。黎志强表示，消费者即使不来购物，也可以获得良好的、难忘的体验，益田会持续通过丰富的业态，奢华舒适的空间，创意体验的活动不断吸引消费者前来。

2. 与电商互补及错位竞争

面对热火朝天的电商，黎志强表示，电商对购物中心肯定会有影响，但它仍不至于取代实体店。商业从业者所有的思考需要回归到人的生活与需求这个本质上来。比如未来人的生活不会仅仅满足在网上，购物不会只满足于跟商家聊天、砍价，然后点击支付的快感，电商的核心就是便宜和方便，但任何一种生活方式久了就会厌倦，电商目前处于新鲜期，很多人才刚刚尝试网购，等习惯了就没有太好的体验了。

做商业就一定要研究不同经济时代人的需求和购物心理，网购刚刚兴起阶段，大家追求“差价，便宜，方便”，但未来生活形态趋于多元化和多样化，消费需求和习惯也会改变，不会仅追求差价。未来消费者除了物质需求外，将越来越多地追求精神上的满足，体验、社交、参与、互动、教育等需求仍然需要在实体空间体现，如现场活动带来的冲击、互动活动的参与感、时尚空间的体验、面对面服务的满足感。

电商对益田购物中心影响大吗？黎志强的看法是“有但影响不大”。电商是潮流，很多标准化程度高、无须过多服务和体验的品牌可能会受影响。但是高端的品牌有其独特的文化，产品与服务已经超越了价格的范畴，往往商品或服务越是高端，就越强调个性、专属感、定制式，产品与服务都透露出尊贵的DNA。

商品或是衣服挂在那里，你不会买，看到它了，就算你自己感觉不错，你也可能不会买，但是当你试穿后，有一点点动心但又有那么一点点不满意的时候，甜美的销售员一句恰当赞美的话，可能就让你下决心埋单了。而这就是线下场景式情感交流。随着中产阶层的快速扩大和成长，会有很多成熟有个性的消费者会更多关注品牌体验和服务感受等。

3. 先锋官：2002 年就已在做体验

就中国购物中心发展进程来看，2008 年提体验其实都很超前了（2008 年是益田假日广场开业），但实际上益田提出并做体验型购物中心早在 2002 年就开始了，真正算中国做体验型购物中心的先锋官了。

2002 年，益田刚刚确定复合型商业地产的蓝海战略，当时国内商业地产还没起步，究竟该怎么做商业地产，益田也很茫然，所以益田就把整个欧美、亚洲的商业地产基本走访了一遍。在深圳益田假日广场开业前，益田每年基本上都会去 4 ~ 5 个国家，最后得出的结论就是——购物中心要做就一定要做得非常有体验感。

黎志强表示：“我们在全球参观的这些商业项目，体验感都非常强，业态功能、文化体验、服务细节都做得很强。比如说欧美的文化体验就做得很棒，因为欧洲比较老，很多购物中心都是将老房子进行改建，它可能就是有些新老城市文化的交织，包括一些历史的文化去跟现代商业融合的演绎，做些文化展之类的。”

又比如益田当时去日本看 1673 年就成立并闻名世界的三越百货，在它旁边就是很老的一个博物馆，在购物中心里面，就能看到旁边很老的砖墙，加了面玻璃，配以介绍，让消费者更近距离的感受到一些文化的、底蕴的东西，这就非常有趣。三越百货就是一边是很老的博物馆，一边是全新的购物中心。所以，购物中心不一定做的全是新的，或是拼命做漂亮做时尚，核心是要让消费者能够“对上眼”，做一些微环境，最终形成强烈的视觉冲击力。

发达国家购物中心的体验不仅体现在商品业态丰富多样上，也体现在跟特定建筑、景观的空间连接上。比如大家吃饭、坐车都喜欢选那种可以看窗外的江景、海景的位置，所以很多购物中心和餐饮就会临河而建，或者跟周边的特定景观做好嫁接。即使没有景观，也有可以“创造”一个小景观，比如种一些小竹子，放一些花等，然后把空间进行适当间隔，做个漂亮的窗，或间隔一块玻璃，这样一创新，就会让人觉得这个窗外就是一个赏心悦目的风景。

良好的体验也来自于服务，而服务离不开细节的用心。举个例子，日本的服务就做得特别好，每一个入口都会有礼宾员迎来送往或是答疑解惑，节假日还会频频送出一些小礼物；每一个电梯里也有一位很漂亮的礼宾员，到每一层的时候就会告诉顾客这是第几层，这层有些什么业态和商家等。

4. 强体验：益田三种体验模式

以前百货就是把商品陈列出来，而现在的购物中心空间和环境都大大升级了，很多商铺装修得特别漂亮，一些创意业态如溜冰场也入驻了，餐饮也很有特色，但益田认为这些还不够。在黎志强看来，要从满足消费者需求出发，还要努力引导需求以及洞察未来需求，比如乔布斯就是在创造需求，他的创新颠覆了一贯的消费观念，给人们带来从未有过的冲击力、人性化极致的体验。购物中心要做好体验，一定要把客户当作真正的衣食父母，去研究并满足他们的需求。让他们满意，就是购物中心的发展空间。

究竟该如何做好购物中心的体验？益田核心从体验经济所强调的五官感受去提升体验。比如基于视觉与听觉的视听体验。目前，益田主要形成了三大体验模式。

第一是打造消费者“见所未见，超出大众期望值”的体验。这是营造“体验感”的重要策略。比如在益田假日广场中的玩具店，商家不仅可以卖高品质的玩具给顾客，更会给顾客一些意想不到的“惊喜”，商家可以帮助顾客在玩具上雕刻宝宝的生日和宝宝成长寄语，这个玩具会陪同宝宝一起度过美好的时光，这就好比每个玩具也有了“出生证明”和“时光记号”，这种不一样的感觉就是一种体验。

第二是基于听觉、视觉、嗅觉等独特的感受。比如基于听觉的体验创新，益田假日广场会“私人订制”一些非常独特的乐库，在不同的季节、不同假日会播放不同情景的音乐；比如装修、展示活动区做好视觉体验，如3D电影，以及更炫的4D特技；又比如基于嗅觉、味觉等的创新，益田威斯汀酒店里面随处可见的香芬的系统，威斯汀酒店的主要经营理念就是“让你在商务旅程中能够焕然一新”，顾客一进入这个酒店，就会感受到不一样的低调的奢华，它提供的食品都是计算好了热量的，搭配的都是有机食品，它会传递给你“焕然新生”的感觉……这一系列的听觉、嗅觉、味觉、触觉等的综合体验，会给消费者带来一种迥然不同的体验。

第三就是基于很强的教育性和互动性的顾客参与体验模式，即顾客要能够从购物和参与中得到学习成长和情感交流。益田体验更强调要从“晒着卖”到“顾客参与”，比如益田会引进一些有特色的店，如巧克力店，一般的店就是摆在那里卖，但益田的店可以教顾客一起制作巧克力，让消费者参与巧克力的具体制作的环节。

三、益田“修正式”定位法

在商业地产的爆炸时代，购物中心发展的风险已大于机遇。如何处理定位、规划、招商等问题决定了商业地产能否健康发展。

1. 定位是成败命门

为什么在同样一条街上，两个购物中心的经营状况却有天壤之别，一家的空间比别人大，硬件也比别人好，品牌比别人高，但消费者就是不愿意去，就是挤也愿意挤到另外一家去。出现这种问题的核心原因还在于定位错误。

住宅项目也强调定位，但精准度要求不高，不是预设的目标客户，但只要他有钱又愿意买，就会卖给他。但购物中心要是定位于高端，招的品牌就必须是高端的，否则就偏离了定位。另外，住宅要是卖不动，降降价就可以了，但商场如果定位不当，可能调整都难。而且，住宅地产成不成功关键在于产品，商业地产成不成功关键在于商业，而开发仅仅是个功能环节。

今日的成功往往是昨日努力的结果。虽然目前深圳益田假日广场早已成为深圳乃至华南购物中心的标杆，但前期定位也十分纠结。十年前，很多人，包括香港的咨询团队都认为深圳益田假日广场这个地段不适合做商业，位置比较尴尬：一则该地段不在南山区的核心区域，人没有那么多；二则周边是世界之窗、欢乐谷等旅游景区，人口都是流动性的。但益田并没有基于当时的状况去考虑定位，而是面向未来，考虑到城市的发展和消费趋势，结合对国外购物中心考察的经验和假日广场在城市中地标性的区位，理性提出“益田假日广场不能定位于区域级商业项目，而是打造城市级的购物中心”，在定位上则前瞻性地选择打造最具体验特色的国际购物中心，以此辐射整个深圳。

黎志强表示：“起步期这个高端定位真得很难付诸实施，但我们认为商业的本质还是把吸引人的点做到位，把目标消费者各种潜在需求满足到位，最终一点一滴地吸引你的客户群。最终益田假日广场的成功也正是这样一点一滴地积累起来的。”

2. 做好“修正式”定位

购物中心做好定位说来简单，但操作起来往往问题颇多。很多从做住宅项目转型做商业地产的企业，以前做住宅项目定位相对容易，想做什么就做什么，但在做商业地产定位时比较主观，往往认为自己的想法一定行，但结果是消费者不埋单，即使设计和招的品牌都不错，业绩依旧惨淡，这种现象在当前商业地产领域非常普遍。

在黎志强看来，购物中心定位本身就不是能一蹴而就的事，成功的定位需要有一个持续修正的过程，而不是一开始就能完全确定下来。当然，定位的大方向不能偏。开业后要结合客户和商家的反应不断调整和完善，最终形成明确的定位。

开发商要确定购物中心的定位，首先要做广泛的调查，包括对各类商家的调查，对目标和潜在消费者的调研，不能拍脑袋臆断；其次要分析客户，即分析目标客户的数量、规模、购买力、消费习惯和生活方式等，看目标客户的数量和质量能否支撑自己的定位；再次是分析自己的问题，自己凭什么吸引消费者，怎么能够让他们来，自己的核心竞争力是什么？是靠规模大、品牌全？还是靠体验感强、感受好？某个品牌在其他区域卖得很好，但在目标区域却未必卖得好，类似的问题很多，开发商必须提前琢磨好；最后是运营问题，企业是否具备开发、建设、招商、运营、管理能力，如果不具备，所需人才是空降还是自己培养？因此，定位一定需要综合考虑内外部因素，反复论证，经过深思熟虑的定位才靠谱。

初期的定位有时并不准确，还面临着运营环节的多次“变轨”，这就好比火箭发射进入星空后，也需要适时进行多次轨道调整，早了晚了都不行。很多成功的购物中心，开始的定位受各种条件的限制也并不能一步到位，而是在开业后适时调整，尤其是开业前3年须视现实情况变动及时调整。这种调整和变轨修正，最终保证了定位在现实中的成功。

3. 规定动作与自选动作

购物中心越往高端发展，越追求个性化，标准化就会越少，但个性化也意味着更多的成本和更长周期的投入。基于此，益田更强调基本原理和策略的标准化。在做了很多购物中心后，尤其是走向全国化扩张后，益田会针对各个区域购物中心的项目定位、业态定位、品牌组合、空间布局等的原则制定标准，但对各个购物中心里具体品牌的落位则强调个性化，因地制宜。比如一个购物中心定位为中高端，那么对其中的业态比例和组合、楼层高低、品牌档次和组合等会有一系列原则，而具体品牌落位是个性化的。

整体而言，益田更强调规定动作和自选动作的组合搭配，比如在规定动作上，项目定位、业态比例、品牌组合策略都是标准化的，而建筑形态、空间形态又是差异化的，益田会找不同的设计师对此进行设计，强调创新和特色。

4. 益田4条产品线定位

2013年，益田集团成立商业集团统筹商业运营，创新打造4条商业产品线："益田假日广场"系列、"益田假日世界"系列、"益田假日天地"系列和"益田假日步行街"系列。不同定位的四大产品线将在不同城市的核心商圈一一呈现，打造丰富多元的城市体验。

为什么确定这4条产品线？这是益田对中国未来城市发展方向的一种聚焦，也是益田早期操盘并经过市场检验的成功产品线。这4条产品线基本上锁定在城市核心区域或副中心（居民购买力强，消费活跃）；若是进入新区则要考虑周边人口规模，所以，益田在进入城市新区开发时肯定是先建住宅后建商业，道理很简单，有了人商业才能运营起来。

定位时，益田会考虑至少 3 公里半径的核心商圈，因为商业不管是不是城市级的，它一定跟周边的商圈有直接的关系，核心商圈的客群会影响商业的定位。再是要研究周边人群的特性，到底是以家庭消费为主，还是从商务消费为主。所以确定定位的过程不能简单化。

做商业一定要考虑通达性，因为通达性是商业的第一要素，一是距离，是交通距离而非直线距离，核心商圈的交通距离应在 3 ~ 5 公里的范围内，交通要便利。二是时间，也即易达性，顾客使用各种交通工具能很快到达。

总结一下就是，商业项目在选择与定位时要考虑如下因素：一是城市选择；二是所在区域人口分布与消费特性；三是交通的便利性、可达性；四是要根据商家的意见综合考虑。

有了初步定位之后，还要研究规模。比如，城市级的购物中心，体量会大一些，辐射的业态会比较广，业态组合会不一样。具体到业态的组合上，如强调某一方面特色，就会加大这一业态的比重。

5. 规划决定价值，细节决定溢价

假日广场是益田第一个商业项目，为此，益田做了几十个专题，包括针对洗手间、灯光设计、栏杆的扶手高度和材质等，做了很多细节上的研究，这也是益田做事的态度，不是比别人更聪明，而是比别人更用心。就拿最简单的洗手间设计来说，益田就会考虑到机制细节，比如洗手间的装修灯光选择哪种类型客户感受会最舒适？洗手间每个蹲厕的门做多高才好？小孩的洗手台、坐便器、小便斗如何设计？母婴室的配置怎么做才更加人性化……这一系列的问题都是规划设计时必须思考和解决的。因为，商业的关键就是服务与细节。

益田无论做住宅还是做商业项目，都信奉一个理念，即“规划决定价

值，细节决定溢价”，什么意思呢？就是在商业项目前期规划设计阶段，就已经考虑到未来持续经营的问题，全面而前瞻性地将解决方案融入规划设计中。比如，未来业态调整怎么办？餐饮如何设置，有没有预留相应管线等。为了使规划设计更符合市场的要求、更符合商家的个性要求，就需要一支非常专业的团队，在最初的时候能系统地把所有细节、需求都考虑进去，这样的商业项目出来后，成功概率就会很高。益田假日广场在机电设施方面就做了很多预留，业态调整和品牌调整时基本都能满足商家的需要。还有很多细节也要考虑，如管线、电线、水管、气管等怎么统一布置好，人流、物流、车流、货流、后勤通道要怎么分布，垂直梯怎么放，怎样的长度才合适，扶梯怎么设置等。如果在前期就能从运营的角度来统一考虑这些细节，规划的价值就体现出来了，它也决定了项目的基本价值，如果后期施工做得非常好，产品细节打磨得好，那就是在提升价值。所以整体来说，好的规划的意义在于对商业的理解和前瞻性的思考。

6. 购物中心规模选择

购物中心可按规模分为城市级、区域级和社区级三类。对城市级购物中心而言，首先，益田会在城市的核心商圈选择具有城市标志性的位置，投资回报率要求高；其次，定位中高端，国际品牌占比较高，比如深圳益田假日广场就是立足于城市核心，定位高端；最后，它的规模大多在 15 万 ~ 20 万平方米，辐射整个城市。因为小于 10 万平方米时有些业态和品牌就无法布置，业态和品牌的丰富度不够，就会影响购物体验。

对于区域级购物中心，首先，定位会比城市级低一些，但会更强调特色，比如可以适当放大某一业态，也可以放一些在城市级购物中心不太合适的业态，要有差异化。益田强调特色，强调创新和体验，这是时代不变的主题；其次，区域级购物中心更多聚焦于城市的某个区域，辐射半径会小一些，比如深圳的南山区、福田区。

社区商业购物中心潜力很大，却很难做，发达国家购物中心里社区型购物中心比例很高，超过70%，通常规模在1万~3万平方米，辐射范围是周围3公里以内，贴近老百姓日常生活，定位以中低端为主，业态则都选择与社区老百姓生活息息相关的。

四、强大运营力："1358 成功法则"

定位得好，不一定做得好，定位是决定方向的，方向对但不能运营好，也是白费力气，所以，商业地产公司要"强运营"。

1. 前奏：必须研究商家与消费者

做商业运营，要研究消费者和商家，两者缺一不可。研究终端消费者是为了解决项目的"定位"问题，研究商家是为了解决企业的"生存"问题。研究消费者，可以让商场定位更精准地满足消费者偏好，让消费者都愿意来，最终形成他们的消费偏好。商家同样需要研究，如果观察到消费者来了，人流量很大，但就是"没生意"，这叫"旺丁不旺财"，原因或许就是选错了商家，又或许是选定商家的经营有问题。仅仅考虑招商，商家不能满足目标消费者的需要，不会管用；仅仅研究商家，不研究消费者偏好，也不行，要做好商业地产就要持续深入地研究消费者和商家。

2. 运营现状：会开业不会运营

现在做商业地产的开发商，整体现状是"会开业不会运营"，比照"轨道论"，很多企业具备"发射能力"，但没有"调整能力"。购物中心开业后，往往后期调整能力就成为明显的"短板"，类似过程运营的购物中心的各种"监控系统、调整系统、预警系统”都没想好做好，比如对整体运营的变化、客流的变化、商家的变化、业态的变化，实际的运营效果缺乏与当初的定位的检验和逼近式修正。

怎样评价一个购物中心的价值呢？或者说购物中心的“软实力”体现在什么地方？黎志强表示，软实力一要看定位的精准性，二要看运营的水准。之所以很多东西别人停留在概念，而益田能做到，是因为益田懂得商业背后最根本的逻辑。按照这个逻辑去做，益田购物中心的运营水平就会不一样。比如，是主动调整商户还是被迫调整就体现了运营水平的高低。定位决定了商业地产基础，后期的运营则决定了整个项目的发展和未来的价值。

3. 成功标尺：“1358 法则”

黎志强强调，“开业并非大功告成，而是开始”，前期的定位一定要通过市场检验和赢得消费者认可才行，比如第 1 年运营很大程度上是“尝试”，需要不断“修正”和“验证”，这时企业要有判断力，不合适的商家该撤就撤，好的商家要支持，不能目光短浅。

整体而言，购物中心成功与否需要通过时间检验，在黎志强看来，检验时有个“1358 法则”。即开业后的调整一般都发生在第 1 年，这是因为初期主观的定位是需要与现实磨合的，业态一般不会调整，但会调整一些不适合的品牌；第 3 年结束时，大多数首期签约商家面临租约到期，是续是走，业态是否需要调整是需要研究和解决的主要问题。而这需要从多个方面进行评估，基于前 3 年销售增长情况、客户满意度、运营管理能力等，进行一个全面客观的评估，看是否“达标”。这时往往会涉及不同程度的业态调整。现实中，益田的调整一般会有三个维度。第一是对规模大小的调整，比如购物中心的餐饮若普遍反映很好，那么就可以适当加大餐饮所占的比重；第二是规模不变，对档次与特色做出调整；第三是自身调整，这种调整更多是业态内的调整，如需要增加或减少某些品牌。

购物中心是否成功并不能只看第1年的修正和第3年的周期调整，益田认为还要至少看到开业5年后，最好是8年后的情况。黎志强认为，对于一个开业后的购物中心而言，开业5年正好适合作中长期调整，这次调整是对前5年的一个总结，要对购物中心确认是否达到既定“目标轨道”或“理想轨道”，而在明确目标后业绩增长是否满足企业的要求。商家品牌本身有一个成长和衰落的变化，外部商业环境也在不断演变，这就要求企业进行动态监控和有针对性地调整，长期来看，购物中心运营调整的周期基本要延长到开业后第8年。

4. 文化营销：旺丁又旺财

购物中心的消费者有一个很重要的消费特征，就是喜新厌旧，总有一天，商家品牌会在某个城市开第二家、第三家，但消费者会去哪一家？久而久之，消费者就会偏爱一家，慢慢形成品牌忠诚度后就会经常去。所以，为了更好地黏住客户，益田购物中心的活动基本上每周都会如期而至。

操作中，益田每年的活动特别是购物中心的大型主题活动在上一年年底基本都规划好了，这样也能给消费者一些惊喜，最终吸引客户过来。另外，益田做购物中心活动运营已经6年了，体系非常成熟，什么节日做什么主题活动，什么类型的活动效果好都非常清楚。

归纳起来，益田活动主要有三类，第一类是节日线活动，后期的策略无非是把常有的节日做得更好更有创意，叫好又叫座。第二类是大多与商场业态相关联的“主题性”活动，比如时装秀，看时装秀的时候可能会带动服装的销售。整个活动都是与品牌商家合作的，很多也是利用了商家自己的资源，然后邀请VIP大客户参加及媒体传播，扩大影响力。第三类是店庆、VIPday等类型的活动，就在店庆2~3天内或是会员日，益田会与店家提前协商一个最优惠折扣，最终答谢会员和粉丝。

就整个活动而言，益田一则强调“去商业化”，更强调“文化营销”，消费者往往会更认同；二则有很强的体验性，吸引力强，且与常规的活动形成了巨大差异性。黎志强表示，能够把中国的传统文化与商业很好地结合起来就是创新。文化营销不是一个纯粹的文化活动，虽然活动本身不以营利为目的，但可以带动客群，吸引客户，客户来了之后，参与其中，乐在其中，往往就顺理成章、自然而然地产生消费了。

文化营销是可以旺丁又旺财的，益田参与策划的与“深圳卫视金钟奖”、“郎朗音乐会”等文化活动，很多人踊跃参加，非常红火。当然文化营销并非是单纯地做文化，比如说益田购物中心有品牌茶具商家，那就做“茶文化”，文化营销一定要能参与、能感知、能互动，最好能够带着消费者进入一种文化场景，进入一种脱离现实的状态，一种给顾客学习提升和成长教育的感受，这就把体验落到了实处。所以，益田做文化不是在做概念、做噱头。

比如益田策划的国家非物质文化遗产之一的“汾水油纸伞·绚丽绽放”文化营销活动，荣获了由国际购物中心协会（International Council of Shopping Centers，ICSC）颁发的年度亚太区购物中心营销策划金奖，标志益田假日广场在营销策划达到国际一流水平。黎志强机缘巧合了解到汾水油纸伞作为非物质文化遗产，在中国即将失传，就非常揪心，强烈的文化责任感促使他邀约汾水油纸伞的传人，带着油纸伞制作材料和工具，在益田假日广场演绎精彩的油纸伞制作过程，并展示了油纸伞的风采与故事。这个活动的举办引起了巨大的轰动。之后，中央电视台也作了报道，政府也觉得非常好，让古老文化焕发了生机，而现场很多客户更是一站就是两三个小时，看完后就买，整个活动叫好又叫座。整体而言，文化营销都是现代人缺少的东西，顾客来益田购物中心，不是简单吃饭、购物，而更多能感受接触一些高端文化的知识与互动。

5. 会员经营服务

会员服务是不是经营很重要的一块？黎志强表示非常重要，客户能来一两次是购物中心的吸引力，能不能常来，每次消费的满意度如何，则是会员管理需要考虑和解决的问题。

消费者贡献的二八原则表明，20% 的消费者会带来 80% 的销售业绩。对于定位高端的 20% 的大客户而言，他们一年在益田消费超过销售额的 50% 以上。为此，益田专门针对这批 VIP 客户成立了一个服务团队，为其提供专属服务。比如专门为 VIP 客户群举办 Party、购房直接优惠、提供出行旅游方面一些联动增值服务、购物停车更便捷的专属服务等，益田要尽量用更多更好的增值服务去留住这些大客户。

在整体服务上，益田会员经营主要有三个诉求，第一个也是最基本的诉求就是把会员当作益田宣传的一个平台；第二个诉求是希望把会员打造成一个能够与客户沟通反馈的平台，然后不断改进，最终持续提高客户满意度和口碑；第三个诉求就是能够把益田旗下的资源真正共享给客户，比如说住宅的客户可以是喜达屋集团的会员（早在 2008 年，益田集团就和喜达屋集团结成了战略合作伙伴关系，缔造了深圳益田威斯汀酒店的辉煌），也可以是假日广场的会员，客户会得到很多益田集团提供的多样且实在的增值服务。

结　语

准定位，强运营，优体验，做真正的商业地产，做新兴城市生活方式的引领者，面向未来，益田集团正努力成为中国商业地产领域数一数二的领军企业。

跨界篇

第十章　地产+文旅

文旅跨界世嘉——羊毛出在兔子身上的地产玩法

独家对话北京世嘉博融投资有限公司董事长　朱仝

跨界是房地产行业发展的大势所趋，

要做好跨界，

关键是要懂得“羊毛出在兔身上”，

要挖掘和创造出更多的“兔子”。

世嘉地产的文旅跨界，

“开门性产品+高利润搭配产品”的完美组合，

可算跨界经营里“羊毛”与“兔子”关系处理的最佳示范。

企业素描

2000 年 8 月世嘉地产正式成立，它以危改项目及中央在京部委的部分住宅代建项目进入房地产开发领域，此后全面进入市场化、品牌化运作期，并在住宅开发、旅游度假项目开发领域运作娴熟，成功运作了世嘉·丽晶住宅区、蓬莱世嘉阳光海岸旅游度假区、世嘉·博客住宅小区、世嘉·光织谷住宅小区、山东淄博奥林匹克花园等项目，布局以北京、山东、安徽、云南省（市）等为主。立足前期做文化旅游和地产开发的经验，依托旅游度假市场的发展态势，世嘉未来将致力于中国高端文化度假项目的投资与开发，目前已先后投资了安徽九华山德懋堂、云南西双版纳以及北京密云等文化旅游度假项目，实现了世嘉从开发商向服务商的转型，从重资产模式向轻资产模式的转型。

管理亮点

中国式中高端“原乡野奢”式度假生活方式提供商：

世嘉在旅游地产领域专注于做更细分的市场，主要在北京、云南、四川、安徽等旅游大省（市）的著名风景区附近打造高端文化旅游度假项目。这种文化旅游度假模式，也将实现世嘉从开发商向服务商的转型，从重资产模式向轻资产模式的转型。

“羊毛出在兔子身上”的商业模式：

世嘉的盈利策略是“开门性产品”搭配“高利润产品”，让羊毛出在兔子身上。通过免费或少收费的开门性产品去吸引中高端消费者“进门”；再实现高利润产品的“门内”消费。

朱仝

北京世嘉博融投资有限公司董事长，生于 1961 年，与潘石屹、王石、冯仑同属第一批闯荡海南的房地产弄潮儿，曾荣获“2013 中国地产华表奖·年度贡献人物奖”，现任全国房地产经理人联合会副主席。

朱仝管理语录

中小房企可在细分市场开拓蓝海：

未来房地产市场将由垄断型房企、资源型房企和规模型巨头所主导，中小房地产企业完全可以独辟蹊径，在大型企业不愿意去或没精力去的细分市场率先布局，开拓出自己的蓝海。

跨界就是让羊毛出在兔子身上：

所谓“跨界”，通俗地说就是让羊毛出在兔子身上。对于今后房地产各类项目的商业模式设计，这是一个智慧的体现，也是创新的所在。直接赚取客户手中的“钱”，在未来除了垄断型房地产企业、资源型房地产企业之外，对所有中小房地产企业而言都将是越来越困难。

自组织是世嘉未来要寻找的客户群体：

商业模式的创造或者创新，都是建立在对客户的精准定位和认真了解、仔细分析的基础之上。未来利用“圈层”需求来设计商业模式，是世嘉重点要做的事情。现在社会上出现了众多类似于“读书会”、“书院”、民间协会等的“自组织”，随着政府逐步放开社会组织的注册门槛，这些逐渐增多的自组织，将是世嘉未来要着力打造和寻找的客户群体。

引言

著名管理大师德鲁克说过，“21 世纪企业之间的竞争，已不是产品与价格之间的竞争，甚至不是服务之间的竞争，而是商业模式之间的竞争。”在当前的房地产领域，同样如此——地产前 10 年，拿地即赚钱，投资者评价一家上市房企的投资价值，首先看其土地储备量；如今白银 10 年，行业利润摊薄，产品、服务同质化，倒逼房企战略与商业模式变革，投资者的评价已转为考察其商业模式的利润持久性及蛋糕空间。但商业模式设计并非易事，往哪里变？赚谁的钱？如何持久地赚钱？这些问题都非常棘手，需要依赖企业家打破传统思维甚至忘却旧有成功模式，开拓出新的蓝海模式。带着这一系列商业模式变革难题，明源地产研究院专访了世嘉地产、北京世嘉博融投资有限公司董事长朱仝。

第一节　跨界创新——让羊毛出在兔子身上

在世嘉董事长朱仝看来，中小型房企不变革就是等死，只有变革才有出路。怎么变？世嘉选择了跨界创新，即以文化为杠杆，以旅游为目的，以地产为形式，跨界整合找到了旅游地产细分市场的一个“蓝海”。

一、中小房企：不变革就是等死，变革才有出路

当前国内百亿、千亿房企层出不穷，整个行业集中度快速提升，“大鱼吃小鱼、快鱼吃慢鱼”的格局已成当前 3 万多家房企发展的真实写照，未来房地产市

场将由垄断型房企、资源型房企和规模型巨头所主导，而大多数中小型房企做完手中的几个项目后，就将面临严酷的发展困境。对中小型房地产企业来说，不变革，就是等死。

在世嘉董事长朱仝看来，当前中小型房企一方面由于规模小、品牌小、产品弱而导致拿地难、融资难、招人难，往往上一个项目挣的钱还买不了下一块土地。但若将战场转移到三、四线城市，市场又太小，售价也很难提上去。未来发展的困局，也迫使越来越多的中小型房企进行战略转型。此外，中小型房企也具备“船小好调头”的优势，它们虽然规模小，但智慧却不少，中小型企业在夹缝中长期生存早就练就了灵活、机智、善变通的生命力特质，完全可以独辟蹊径，在大型企业不愿意去或没有精力顾及的细分市场率先布局，开拓出自己的蓝海。

怎么变？从实践来看，国内企业商业模式创新有两种模式更易落地：一种是继承式创新，另一种是跨界创新。继承式创新，犹如当前很多知名画家，他们的成功之处在于在中国传统画法上借鉴和融入了西方某个绘画流派的技法而富有特色；跨界创新，关键在于突破性思维，不固守手中“存粮”，敢于开放性整合其他各产业、各平台的资源。在朱仝看来，目前国内各大产业之间、平台之间的门缝正在裂开，边界正在打开，产业跨界、整合创新更易形成一种奇特的商业模式。

二、世嘉调头：文旅跨界找到旅游地产的蓝海

世嘉发现，大型房企在住宅领域的规模优势越来越强，而住宅以外的细分市场，如旅游度假地产还存在很多空白和成长机会。但旅游板块太大，中小型房企完全可以再切一刀，做更细分的度假市场。因此，世嘉立足前期做文化旅游和地产开发的经验，力图以文化为杠杆，以旅游度假为目的，以地产为形式，跨界整合做“中国式中高端‘原乡野奢’式度假生活方式提供商”——这将成为一种

新的蓝海模式。这种变化也将实现世嘉从开发商向服务商的转型，从重资产模式向轻资产模式的转型，从红海竞争向蓝海竞争的转移。

1．市场需求分析：满足中高端人士小众度假诉求

商业模式变革，不能为了跨界而跨界，一定要“客户在前，跨界在后”，即跨界的商业模式一定要严格根据客户需求去规划产品业态。世嘉转型做中高端文化旅游度假地产商，就是深度洞察到中高端人士小众度假的核心需求没有被有效满足。

世嘉做了大量的样本调研和数据统计，发现国内45～55岁的富裕人士，虽然具备很好的消费能力，也很想出去走一走，多看一些东西，多听一些东西，多吃一些简单而健康的食品，去体验一种远离城市喧嚣、身在山水间、有格调的精致生活，但他们又不喜欢轻易被外界打扰。世嘉在对这些人群安静、私密、慢节奏、文化品味等人性偏好分析的基础上，深度挖掘出这个圈层隐形的消费刚需，推出了国学书院、高端音乐Party、原乡野奢度假酒店、有机餐饮、私享专线旅游、文化创意产品等一站式、体验式的旅游度假产品与服务。

2．选址拿地：在旅游名胜地附近抢占先机

做房地产除了地段还是地段，做特色文化旅游同样如此，选址对了，项目就成功了一半。在项目选址上，世嘉目前奉行“傍大款、抢先机”的策略，即聚焦北京、云南、四川、安徽等旅游大省（市）的著名风景区附近拿地。一则可以迅速建立客户高认知度和地域信任感；二则省去了项目地域的推广费用，不用投入太多广告。比如四川峨眉山，一听就非常吸引人，又远离城市喧嚣；比如四大佛山之一的九华山，天然的佛教文化、氧气、水、绿色等都是很稀缺的。但由于国内著名风景区周边具有独特文化特征的地块相对有限，需要提前打造和挖掘这些地段的文化资源，以占先机。比如，世嘉在云南西双版纳附近物色了一块原

始热带雨林地块，那儿有青山、绿水、湖泊，有极其稀缺的热带雨林。

在拿地规模上，因为世嘉做文化旅游度假项目追求“小而精”，故不用拿很大的地块，建设用地规模都在200亩以内，这也是相对轻资产的表现。在拿地意识上，世嘉已完全不是做地产的思维，不考虑拿多少地，房价卖多少，而更多关注如何有选择性地拿地或是租到土地。如何做好原乡野奢式的度假酒店、有机餐饮、专线旅游、文创产品等，在与政府沟通策略上，世嘉开门见山表示自己不是做地产开发的，而是做“有中国传统地方建筑特色的高端文化度假体验生活方式的提供商”，而这种文化旅游度假模式往往为政府所推崇。

3. 盈利策略：开门性产品＋高利润搭配，让羊毛出在兔子身上

通过免费或少收费的高端文化、音乐、奢侈品品鉴等持续活动去吸引中高端消费者；用精品度假酒店、有机餐饮、专线私享旅游、文化创意产品以及部分度假别墅来留住客户群，使其持续消费以获取超额利润，这就是世嘉“羊毛出在兔子身上”的商业模式。免费和收费项目必须是高关联度的消费项目。

羊毛出在兔子身上，反而能让收入倍增，其精髓在于卖A产品，少赚一点，甚至不赚，重点在于吸引大量消费者，而后销售与A产品有高关联性的B产品、C产品等，而B、C产品往往是利润倍增所在。这种组合叫“低利润开门性产品＋高利润搭配产品”的产品组合销售模式。典型案例有惠普“打印机＋墨盒”、吉利“刀架＋刀片”、麦当劳“汉堡包＋薯条可乐”等组合模式。

对于开门性产品，世嘉强调使之例行化和品牌化。比如每月或每周都会举办音乐大师、艺术讲师的分享会；对于高利润搭配的产品，关键在于通过整合专业机构，以文化为光环、以体验为特色、以服务增强感受，做出稀缺、个性化的品牌与服务。比如，设置小众的原乡野奢式度假酒店，低密度，完全没有星级，只讲究区域文化、山水特色和差异化服务，这才是客户

感受得到的惊喜。

另外一个特色利润型产品就是专线私享旅游，主要基于大众5A级风景区人山人海、喧闹嘈杂的旅游现状，开辟出一条在著名风景区附近的私密、特色体验精品旅游路线。目标人群锁定在不超过10人的家人团、亲戚团、朋友团、小众团等。比如，世嘉在西双版纳的地块附近的山里，就还有很多原始、古老的村落，城市里的中高端消费者完全可以进入古村落，近距离友好地与当地村民惬意交流，并用城市中的一些小礼品与他们互换特色纪念品，这时村民和游客往往都非常开心；游客还可以在原始雨林中穿越，可以爬上海拔1 000多米的茶山，体验百年、千年普洱茶的种养、采摘、制作和现场品尝等快乐生活。类似这种专线私享旅游线路，往往满足了中高端客户度假生活体验的需求。

在有机餐饮上，世嘉与以往开发商把村民当拆迁户，盖好安置房将其请走后就不管了完全不同，而是会以突破性思维方式与当地农民合作，强调把农民当作合作伙伴和朋友，与世嘉当地项目实现双赢。比如，世嘉北京密云项目设计有让农民参与有机蔬菜、猪、羊、鸡等的种植、养殖，并与农业科技部门和专业公司合作把农民当成农业工人，让消费者吃到放心的农家有机蔬菜。

世嘉盈利性项目及其经营策略具体见表10－1。

表10－1　盈利性项目

盈利项目	经营策略	净收益率
精品酒店	个性化设计，特色服务，轻资产策略运作精品酒店	20%
有机餐饮	低成本高售价模式，通过农村食材采购，适当定高售价	10%～15%
会议策划	中小型旅游会议策划，收取会议费用	15%
私密旅游	聚焦区域文化旅游，开发10人以内特色私密旅游线路	25%
文创产品	打造个性化、精美的、文化的食品和纪念品	50%

4. 营销推广：聚焦“对口圈子”和“自组织”

世嘉做文化旅游项目推广，完全摒弃了做传统地产采用的先盖房、再打广告销售的模式，而是基于地域文化属性，通过各种“对口圈子”和“自组织”渠道做大圈层平台。小众的“自组织”，包含各种文化组织、慈善组织、公益组织和各种“读书会”、“书院”、“民间协会”等。随着政府对社会组织注册门槛的逐步放开，自组织群体会越来越多，这也将是世嘉未来着力打造和寻找的客户群体。世嘉会选择他们爱好的渠道比如微博、微信去与他们持续地、趣味性地沟通。而作为掌舵手朱全也会亲自加入各种自组织和圈子，一则寻找更多的合作机会，跨界创新；二则分享和推广世嘉文化旅游度假理念。

第二节 模式深耕——建标准设门槛

如何实现模式深耕？世嘉要建立起独属的模式壁垒，成为这个领域的规则制定者。

一、构建运营标准，掌握细分行业定价权

在销售定价上，文化、旅游、体验、服务的定价本来就没有标准，而世嘉文化旅游模式运营标准也是由世嘉的历史经验积累而出，世嘉理所当然具备了较强的定价权。比如，世嘉精品酒店完全不是星级酒店的运营套路，而是特色的、小众的、个性化的，所以酒店定价完全可以不按照星级酒店标准，而以市场客户需求量为依据。

二、打造模式门槛：自己可复制，别人难复制

好的商业模式在于自己可以复制自己，但更重要的是别人却不能复制你。在朱全看来，世嘉模式不能被复制的关键在于树立有壁垒、有门槛的商业模式：一则文化与服务的打造需要长期积累，不是谁想打造就能打造；二则世嘉具备了一些文化的关键资源，中国儒学专家、国学大师、音乐大师也就这么多，世嘉请过来长期合作了，别人可能就很难请了；三则世嘉会建立文化旅游的运营标准，初期会找专业机构来设计各个业态的商业模式，起步阶段就做强每个模块，而后积累出一套成熟的、领先的文化旅游度假操盘模式和运营标准，这不仅会快速增强世嘉后期的扩张速度，也会构建出其核心竞争力。

三、价值最大化：做强研发、做好品牌输出

商业模式要聚焦系统价值链，首先需要借助各种平台，整合各种专业资源和各种信息。比如，世嘉关注和整合国学大师、音乐大师等商业模式的稀缺资源；与“全经联”组织反复交流和沟通，目前已经产生了项目合作、产业合作、资企合作甚至是战略合作的价值，更重要的是世嘉希望在一个更加开放的环境下，进行互联网、文化艺术、历史人文、金融资本等跨行业平台的合作。

其次，在系统价值链打造点上，世嘉在微笑曲线的两端发力，一手打造高利润区的产品研发，一手打造文化旅游度假行业高端品牌，做品牌输出，使产品快速滚动，连锁做大。

四、注重现金流及其与资本的对接

利润再高的项目，现金流衔接做不到也不能接盘。朱全表示：“在项目开始操作、投资的前期，做好资金计划、现金流计划，主动对接资本市场，是未来世

嘉公司要强力夯实的基础性工作。设计出好的商业模式和盈利模式，拿到资本市场上去检验，是公司以及项目是否被看好和持续经营下去的衡量标准。”

在公司、项目的开发及经营过程中，与各种专业组织对接，也是迅速提升公司专业化程度的一个有效途径。比如，世嘉计划在做旅游度假项目伊始，就委托各种专业机构，制作包括商业模式研究在内的各种专业性方案，并“串接、融合”形成总体的项目推进方案。

在团队建设上，世嘉也打破了原有的以部门为专业核心的典型开发公司的架构模式，代之以“核心决策团队+专业机构”的公司治理方式，以适应跨界的更宽泛的管理要求。

结 语

谈到世嘉未来3~5年的发展，朱仝强调：做传统地产追求短、平、快，但做文化旅游度假项目，更强调长、稳、慢。世嘉不盲目扩张，只要今后5年内在全国做到4~5个高品牌、高利润的精品文化旅游度假项目，年销售额在3亿左右，世嘉就算成功完成了商业模式变革以及从重资产向轻资产的战略转型。再图规模化发展，则要看与资本对接的规模和自身管理能力的提高。但只要模式正确、符合市场需求、打造好利益联合体，企业的发展壮大、项目的长期获利和股东利益的持续增长就只是时间问题！

第十一章 地产+文化

文商跨界一德——用文化武装商业

独家对话一德集团董事长 陈俊

文化是商业地产的灵魂，

当国内商业地产出现井喷迹象之前，

将文化创意产业与房地产结合形成了新的“蓝海”。

一德率先向商业运营和文化产业进军，

深度研究人的体验需求，

并通过3年的创新与实践，

在文化商业领域创造出一个又一个亮点，

也名副其实地成为中国文化商业领域的一匹黑马。

企业素描

1992 年，江苏一德集团有限公司在南京创立。先后参与和主导了南京城市“一卡通”、南京报刊亭系统改造、中石油中石化信息化改造等工程，以其独特而有效的商业模式赢得了国际投资机构美国国际数据集团（IDG）的青睐和注资，从此一德驶上了发展的“高速公路”。

一德集团在区域开发、资产运营和项目投资 3 个相关领域中已经形成了独特的商业模式。

2002 年，一德集团突破传统开发区的建设模式，提出了区域开发理念，提倡生态开发、内生发展，倡导新“5＋2 生活方式”，在全国率先提出了以“政府掌舵、企业划桨”为核心的甲方总体模式，构建了区域开发、区域价值增值的完整系统。

在资产运营上，一德可以说是隐藏的房地产“轻资产高手”。一德的资本后台相当强大，它拥有美国国际数据集团、国企天津泰达以及神州数码等强大资本实力和战略资源支持。

在项目投资上，一德以独特的价值发现眼光，战略性投资了黄山秀里度假区、成都上青城、昆山商务园、神龙架度假区、青岛即墨古城、长沙华远华中心、京东三湘海尚、文昌东郊椰林等。

管理亮点

用创意文化发掘商业“洼地”：

一德在品质优秀的商业地产项目中注入独特的文化元素，让商业开发运营与文化创意相结合，运用文化的魅力来提升商业地产，从而摆脱传统商业地产的同质化困扰。

用“轻资产”模式进行地产创新：

一德做商业地产的模式就是用“轻资产”策略做创新，例如与基金公司捆绑拿地，或者合作取地，一德力求用众筹模式做大企业规模。

陈俊

江苏一德企业创始人、董事长，1912 集团总裁、南京新城发展股份有限公司总裁，IDG 资本合伙人，2014 年 4 月当选中城联盟第八届轮值主席。

陈俊管理语录

商业地产的核心在于商业：

商业地产是商业而不是地产，地产只是它的一个载体。因此，未来在商业地产领域房子盖得漂不漂亮、结不结实，本身不是个问题，反而是要把市场、客户需求真正研究透了，这才是商业地产的核心。

做生意一定要成为消费者的代表：

早前，谁离制造商最近，谁最挣钱。而最近10年，谁靠消费者最近，谁能成为消费者的代表，谁就挣钱。如何成为消费者的代表？那就要回到一德强调的“研究消费者的需求，并在强调体验的基础上满足这些需求”。

暴力选择时代以“简单+高效率”的消费体验取胜：

在暴力选择时代，选择是很多人的顾虑。一德现在重点在做消费体验，消费体验中最核心的有两样东西：一个是多样性选择；一个就是效率。从人的精神满足上来看，最关键的就是效率。

文化人才需要老板心态，打工心态做不了：

文化产业需要一批能人，有一些能力需要老板心态，打工心态是做不了的。一德在生产力构架和生产关系构架上一般企业是比不了的，不是因为我们管理水平高，而是因为我们对于人的理解比较深刻，我们聚拢了一批具有老板心态的文化能人。

引言

中国的商业地产正处于加速上行阶段，市场趋于透明、成熟和稳定，但同时也隐藏着巨大的风险。一是井喷式的商业项目开发与高空置率的泡沫化风险；二是同质化风险。如何在泡沫化和同质化的趋势下开拓新的"蓝海"？一德集团在新的商业时代里有新的思考和新的举措——用文化创意产业武装商业，用移动互联网思维，创新商业地产发展模式。

作为一家做过知名区域开发、住宅开发、产业地产开发等标杆项目的企业，一德为何会重兵挺进文化商业地产？一德又是如何看待商业地产的呢？如何在短短3年间就创造出独特的"一德文商模式"？带着这一系列问题，明源地产研究院专程奔赴南京，采访了一德企业掌舵人陈俊先生。

第一节　跨界——用创意文化发掘商业"洼地"

从需求出发，一德集团董事长陈俊将人的一天24小时分为3个8小时，并用每个8小时中人的不同行为对应地产业态的3种形式：第1个8小时需要睡觉休息，要住有所居，对应的是住宅地产范畴；第2个8小时是要工作，需要写字楼或是工厂等空间场所，对应的是产业地产范畴；第3个8小时，既不上班，也不睡觉，而是吃喝玩乐购物，对应的是商业地产范畴。

一德做过前两类业态，现在对第三类——商业地产——更有兴趣，也深有研究。

一、商业地产的核心在于商业

在陈俊看来，商业地产的核心在于商业，而非地产，房子只是个载体。换句话说，建房子不重要，重要的是运营思维，如何把市场、客户需求研究透，这才是商业地产的核心。因此，商业地产要做得好，不应是地产商来牵头。拿旅游地产来说，肯定是先前做过旅游的进入旅游地产会更有优势，因为他懂策划、懂旅游、懂客户需要什么，具有运营思维，而商业开发完全可以外包完成。住宅地产商转型做商业地产商，在某种程度上来说有一定的鸿沟，就好比卖啤酒的转卖矿泉水，听起来好像差不多，实际上是两个完全不一样的逻辑。首先，矿泉水和啤酒的销售方式完全不一样，前者跟口渴有关，是刚性需求，属于理性消费，销量受气候影响，夏天多、冬天少；后者则跟节庆、气氛有关，属于感性消费，一到节假日、一有聚会销量就会上升。其次，宣传内容、宣传渠道也有直接的差异。住宅地产商转型做商业地产商，其间的差异也是这个道理。

二、商业的核心在于人

商业地产的核心在于商业，商业的核心则在于人，人的需求是所有商业地产的立足点。在研究人的这个问题上，陈俊从战略上强调了他的经营逻辑，就是对人的需求的共性和个性进行深度拿捏。首先，得研究人的共性，也即对深层次的人性把握，共性的东西把握得透，就容易做好商业的基本面。比如，腾讯的微信，不用推广就吸引了几亿用户。微信为什么能打败微博，为什么能快速收割巨量用户？因为它主要解决了人内心的两个诉求：其一是内在虚荣心，可以通过晒自己的观点，或是转发有“档次”的观点来显示个人“水平”；其二是能满足更快捷、简单的社交型需求，玩微信者，可通过生活、工作、朋友圈子，晒近况、晒幸福，互通有无，且转发互动都非常简单快捷，满足了快捷时代人的沟通社交需求。但目前，商业地产对需求共性的研究及市场研究大多还停留在表象，还更多聚焦在物业条件、建筑物的立面上，这实则不是本质，本质应该是对人性中最底层东西的挖掘、研究及利用。

其次，做商业，还要研究人的个性。不同的人有不同的消费偏好，比如男性消费者和女性消费者的逻辑在很多方面就完全不同。企业做商品品牌、推广、优惠促销，就一定要找准细分客户需求的敏感点。

三、用文化创意跨界商业

对商业运营、人性需求的研究都只是商业地产的基础玩法。要摆脱传统商业地产的同质化困扰，更需要守正出奇。一德集团的“奇招”就是用文化创意产业武装商业地产，在国内商业地产出现井喷迹象之前，寻找商业地产新的“洼地”。

“大商业是文化的，大文化是商业的。”在品质优秀的商业地产项目中注入独特优秀的文化元素，让商业开发运营与文化创意相结合，让商业在文化的土壤中滋养，运用文化的魅力来提升商业地产的品质，这正是一德商业地产发展的新思路、新模式。

一德企业的口号是“为城市生活注入文化活力”。2011 年，一德企业从区域开发运营向文化产业战略转型，大胆探索商业地产开发运营与文化产业发展的新思路、新模式，充分整合 IDG 资本等资源，以文化商业街区为核心，以自营业态为特色，构建“一德文商旅”内容运营业务平台。通过 3 年的创新和实践，一德企业已经在文化商业领域打造出一个又一个亮点，“艾米 1895”、“小盘谷”等一大批国内知名的文化商业项目，已成为中国文化商业地产领域的黑马。

第二节　革新——用先进的文化创意意识“换脑”

跨入新世纪，文化与经济融合发展的态势十分迅猛。为在高速成长且竞争日益激烈的行业中占据一席之地，一些开发商开始试探用地产与文化创意联姻的方式寻找新的“蓝海”。文化创意资源与房地产业的结合，促进了地产行业的创新转型，但目前，文化创意产业与地产联姻还处于起步阶段，还有一些问题待突破。

一、发展文化创意产业的问题

目前，很多城市都很重视文化创意产业，但是，“千城一面”、“文化断裂”与“文化僵化”等问题也客观存在。原因在哪里？陈俊分析认为，一种可能是用“工业化思维”做城市文化，结果自然是无差别的建筑；第二种可能是用“西洋化”做城市文化，即完全以西方化和现代功能化为主导；第三种可能是用“古董化”做城市文化，往往“非物质文化遗产”做成了“非文化物质遗产”。

另外，“文化意识”不强也是原因所在，主要有如下三种“落后”的文化意识：一是“徐娘心态”，即对中国文化，人们总爱讲过去的事，不敢讲今天，别的国家输出的是当代文化，我们输出的却是老祖宗的东西。比如，说起南京文化就只有“六朝古都”、“秦淮风月”等这些老的六朝文化、明代文化，反而缺乏当代文化的注入。二是“小农意识”，在文化输出上习惯于小打小闹，或是剪纸，或是弄个杂技，全是手工作坊式的文化交流。三是有点“老大作风”，管理上好大喜功，一副“老大心态”，总喜欢说自己多么灿烂辉煌。

二、做文化创意先要“换脑”

陈俊认为，决定城市特质的内在核心最终还是文化基因，要让一个城市的历史文化转化成现实优势和生产力，就要有“先进”的文化创意意识，通过“继承和创新”、“开放与合作”让文化散发活力，继而产生效益。

首先，做文化创意应用“时尚心态”定位文化主流意识体系。在文化创意产业的发展中，要打破思维定势，对文化基因进行再造。比如南京，就不只是

“六朝古都”、“秦淮风月”，应与时俱进，用“国际坐标”来筛选和重组南京文化，重新塑造南京主流文化体系。从镇江“西津渡”历史文化街区到南京“艾米 1895 影院”，传统文化与现代文明交融的文化创意项目可以说各具特色。

其次，要用“渔民意识”去经营文化产业。在文化基因的再造过程中，陈俊很欣赏浙商的“渔民”意识。从根源上说，这是文化基因的问题，苏商流着农耕文化的血液，而浙商流的是渔民文化的血液，渔民四海为家，更容易形成一种开放与合作的观念。

一德要做大胆的突破，觅一路人、寻合作发展成为一德的方向。“觅一路人，做一件事”，强调的是战略认同和团队认同。关于这一条，陈俊提出了形象的“动车组理论”，是每节车厢自带动力，即通过授权机制使得组织内各单位、各个人都能行使自己的职权，在满足一个方向（轨道）的前提下，各自出力使速度达到终极。

在这个理论的支持下，很多原本外部的合作公司、供应商，也纷纷采用合作合资机制，加入到一德企业的总体战略体系内，从而出现了“1 + 1 = 11”的巨大效应。

最后，要用“务实风格”管理文化行业。“务实”和“科学”要求用现代化企业思维管理行业，从道德管理到科学管理，从传统管理的“粗放”转为现代管理的“精密”。用现代思维和意识，从制度、资本、运营、平台、项目等着手构建文化产业链竞争力。

第三节　玩法——根据人的需求反向做产品

一德集团将先进的城市综合开发理念与雄厚的国际国内资本相结合，以文化商业街区为核心，以自营业态为特色，构建“文商旅”运营业务平台。业务涉及街区运营、旅游度假区和目的地运营、数字电影连锁、文化艺术传播、空间规划等诸多创新领域。

一、战略模式：做好“轻资产”

用有限资产，获取最大收益，是所有企业追求的最高境界，“变轻”对房地产企业来说，不仅仅是一种选择，更是一种必然。目前“小股操盘”轻资产模式在业内大受追捧，其实，一德企业早在数年前就已娴熟运用轻资产模式进行地产创新，可谓隐藏的房地产“轻资产先锋”。

1. 策略：用众筹模式做大

陈俊表示，一德企业做商业地产的模式就是用“轻资产”策略做创新。比如，2012 年，一德企业与东方集团联姻，双方成立“江苏一九一二文化产业发展有限公司”，然后通过股权融资等模式共同运作地产项目。在这种模式下，“一九一二”就变成了一个典型的运营型公司。陈俊表示：“一旦做成轻资产，企业资本规模就可以极限放大，只要人才跟得上，此时持有的物业哪怕不变现，企业的总资产量也增大了。在总资产扩大的基础上，一德就主要转战运营，把这些已有的项目运营到极致。”

2. 平台：借“大台”给“小老板”唱戏

做文化创意地产，需要打造一支懂文化的商业人才队伍。文化地产既要符合文化发展的规律，又要符合经济发展的规律及地产发展的规律，所以经营操控文化地产的团队既要懂文化又要懂经济和地产，他们既是一群偏感性的文化人、又是一帮重理性的商人。一德借自身的大平台给实力“创新型企业”唱戏的做法，一方面解决了一德“做大文化产业需要一批能人”的人才供应问题，另一方面又实现了“用平台”挣钱的轻资产玩法。

与传统创业的“封闭”不同，一德主张开放合作，模式立足平台化。目前，一德已有十多家专业化的文商旅类公司，这些公司实则就是由一批独立的创新型企业的老板负责，这些老板在各自的业务领域都是“顶级业务型选手”，一德会主动找寻这些在文化细分领域有创意、有能力的老板，把他们召集到一德的大平台之下，用一德的平台支撑他们发展。

这是一个双赢的模式，对这些细分领域的老板来说，“在边际成本不变的情况下，能实现边际收益递增”，即同样的付出，却能得到翻倍的收益。而对一德的好处是，首先解决了做文化产业的人才难题，而且形成了独具竞争优势的生产力构架和生产关系构架；其次可用品牌换规模效益，一德甚至鼓励内部优秀的职业经理人出去当这样的老板，与一德合作共赢。陈俊强调“平台思维要成为一德的血液，平台是商业的一个更先进的逻辑”，而这种先进逻辑的背后，其实是掌舵人陈俊“开放、合作、共赢”的阳光心态。

二、休闲度假：做消费者的“代表”

陈俊认为，未来做生意，一定要成为消费者的代表。早前，谁离制造商最近，谁最挣钱。而最近 10 年，谁靠消费者最近，谁就挣钱。如何成为消费者的代表？那就是一德强调的“研究消费者的需求，并在强调体验的基础上满足这些需求”。陈俊认为，未来中国的消费需求会非常旺盛，缺的是承载这些需求的场所。很多时候是“没有地方去”，比如健康娱乐的项目，夫妻俩带孩子没地方去、官员没地方去等。所以，商业地产的发展空间其实很大，关键是企业要善于“研究”，只有研究才能发现市场需求，只有研究才能创造性地满足市场需求。

前 10 年一德做的是区域开发，未来 10 年一德将专注于做商业开发，研究消费者休闲行为的空间覆盖。在陈俊看来，一德其实没有刻意强调转型，只是研究人的需求，根据人的需求反向来做各种产品。比如，通过研究人们的休闲度假需求，得出商业街区、城市度假、旅游度假等三条产品线，全面覆盖消费者的休闲行为空间。

1. 日常文化休闲——“1912”都会文化商业街区

“1912”这一国内知名的文化商业品牌由南京一九一二投资集团有限公司打造，自2004年创设以来，“1912”积累了大量的城市空间创意性开发和街区运营经验，锻造了新型的商业地产模式，并已经向周边多个城市辐射，开发了“1912”项目，完成了品牌塑造的第一阶段。2012年5月，擅长资本运作和文化创意产业的江苏一德企业与南京一九一二投资集团“联姻”，两家企业出资成立了江苏一九一二文化产业发展有限公司，共同将这一南京本地最有名气的文化商业地产品牌进一步加速推向全国。

“1912商业街区”解决了白领周一到周五晚间的休闲、文化、娱乐消费场所需求，满足了人们白天的消费购物场所需求。比如，南京“总统府1912”是目前南京唯一融餐饮、娱乐、休闲、聚会为一体，集传统风貌、文化品位、时尚潮流于一身的商业街区。在选址上，“1912商业街区”主要选在“1.5线”城市，如武汉、西安、青岛、大连等，建筑规模在10万平方米左右。

2. 周末轻度假——西津渡、山门下城市休闲度假区

第二条产品线是城市“轻度假”项目，一个满足消费者周六和周日休闲需求的轻度假产品。一德将这个产品线定位为满足中等收入家庭生活方式的轻度假需求。“轻”体现在两个方面，一是成本轻，一家人一次消费在1 000元以内；二是时间短，项目离中心城市大多在1小时车程内，消费者利用周末两天或一天半的时间就可以充分体验项目。具体项目如，镇江西津渡和南京城周边的宝华山门下项目。镇江西津渡是依附于坡山栈道而建的一处历史遗迹，集游览、餐饮、会所、休闲、娱乐为一体；宝华山门下坐落于“律宗第一名山”宝华山脚下，

集观光旅游、文化体验、休闲娱乐的功能于一身。这类项目选址主要位于“1.5线”城市周边。

3. 黄金周重度假——黄山、丽江等旅游度假区

第三条产品线是针对七天或三五天长假的“重度假”。对于这类项目，一德对商业模式会进行更深入的研究，比如在丽江、黄山等旅游目的地建一些度假区。陈俊认为，未来有机会的一是周末轻度假产业，钱不用花太多、一两天在城市附近的度假；二是三五天长假的“重度假”。

三、注重体验：“1912”都会文化商业街区体验取胜

在移动互联网下，体验时代已经到来，体验经济靠的是对用户需求的把握。在暴力选择时代，消费者的需求是什么？就是让选择变得简单、高效。“1912”街区就是把握并满足了消费者的这一需求。

10年来，“1912”的定位是专注于文化、时尚、体验三元整合的创新型商业产品。其融城市底蕴、景观建筑、情景体验、文化生活、时尚活动元素，整合各项主流业态，为消费者提供全时段、休闲、文化体验于一体的购物场所。至今“1912”已不仅仅是一个休闲娱乐街区，更是城市与生活相得益彰的符号。

1. 原创的BLOX模式

在激烈的同质化竞争中，陈俊眼中未来有竞争力的商业地产模式是BLOX，即融合了街区（BLOCK）特点和购物中心（BOX）的优势，是空间丰富性、时间效率性、情感功能性的集成。从BOX、BLOCK，到BLOX，这3种模式对市场需求的满足，有一个从三选一到三合一的过程。

BOX，单体式购物中心，满足空间丰富性。其表情是封闭大气而单调刻板。BOX的发展分支，其一是万达，其二是北京芳草地与上海K11。

BLOCK，街区式商业广场，满足情感功能性，其表情是集市的、无边界、无组织、灵动而离散的。BLOCK 的发展分支，其一是宽窄巷子、三坊七巷、田子坊，其二是新天地。

"1912"则是 BLOX 模式，实现了空间丰富性、时间效率性、情感功能性的三合一。用民国的情怀与质朴的建筑风格，实现空间的丰富性；通过 24H 全时消费与周全的品牌业态，实现时间的效率性；以共鸣、亲和、各取所需的个性满足情感的功能性。以体验对抗电商，以丰富整合电商，这就是 BLOX 商业新世界！

2. "简单＋高效率"的极致体验

人类今天的需求供给充分，从消费学的角度看，因为供给的充分就导致了选择难的问题，部分人甚至出现"选择恐惧症"。在暴力选择时代，选择成了很多人的顾虑。一德消费体验中最核心的两样东西，第一个就是提供多样性选择让选择变得简单；第二个就是高效率，从人的精神满足上来看最大的满足就是高效率，即得到最"快捷"的服务。

对于"1912"这个"年代"符号背后的密码，人们可以理解为，它强调了对选择的简单性及高效率的满足。所谓"19"，指的是 1～9，这是最大的数字间距，代表空间的丰富性以及物质的极大丰富，以这种"丰富"让选择空前自由、简单；所谓"12"，指的是 1～2，这是最小的数字间隔，本身代表最短距离，表达的意思就是"快捷"，是时间的效率性，让体验即时满足。

比如，具有民国风韵的南京总统府"1912 街区"，诞生之初以"酒吧街"闻名，后来又增加了餐饮、休闲等业态，使消费者"吃、住、行、游、购、娱"所有的需求都能在此得到满足。同时，每种业态又强调丰富性。比如，餐饮业态，汇集了各路菜系，共有 40 家餐饮企业进驻；休闲业态囊括了茶馆、咖啡馆、SPA 美容等各类休闲场所，甚至每一细类都做到全面覆盖，比如咖啡馆，就是将目前国内市场上知名度最高的三家咖啡馆——星巴克、COAST、慢咖啡全部引进来。“1912”通过这种包罗万象的业态组合，一是满足消费者多样性选择和提高其选择效率的购物体验，让消费者的选择变得简单；二是让商家互为人流，增加交易量。这两点，也就是“1912”商业模式的独有特性。

四、把握需求：“艾米 1895”成为挖掘隐性需求的大赢家

文化旅游体验，是一种精神消费。这种消费将成为未来主流市场的需求。2012 年，基于精神消费层面，一德打造了一个新的业态——“艾米 1895”电影院。

几年前，正打算在文化创意产业上一展身手的陈俊，在北京的某次聚会上遇到一些影视明星，陈俊问道：“你们电影演员看不看电影？”这个问题问得很有趣，明星大腕们的回答竟然惊人地一致：“作为公众人物，我们不看也没法去看。”随后，陈俊回到南京，又询问调研了众多政府官员和一些企业老板，结果发现，在偌大的南京城里，他们也没能找到适合自己观看、享受电影的渠道。官员不去电影院看电影是因为当前中国国情认为不合时宜，企业老板不去电影院看电影是因为没有时间，他们不可能为了看一场电影而等待几十分钟。多年的经验和商人的嗅觉，让陈俊觉得：“这里面蕴藏着一个巨大的商机。”

如何把这三类消费能力非常强的人拉进电影院？“艾米 1895”电影街应运而生。

“艾米 1895 点播电影”以其“私密性、可定制、24 小时全方位服务”的产品特性，解决了三个问题：想看什么看什么（5 000 多部电影）；想什么时候看什么时候看（24 小时）；想和谁看和谁看（确保私密性）。与其说“艾米 1895”是电影院，倒不如说更像是 KTV 的风格，在这里，观众不仅能看到当下热播的大片，还能在海量影库里随意点播十几年前的经典老电影；不仅能坐着看电影，

还可以带上亲朋好友，在属于自己的包厢里边吃边聊边看电影。可以说，“艾米1895”完全颠覆了现有影院的观影模式，将观影从单厅观影、多厅观影模式，带到了包厅观影模式，开创了全新的观影娱乐体验。和KTV又不一样的是，除了观影包间外，“艾米1895”电影街还设有电影衍生品长廊、电影会所、休闲咖啡吧、餐饮吧、特色卖品区等诸多配套设施。在2 000～5 000平方米的艾米建筑空间里，形成了集观影、商务活动、休闲娱乐于一体的复合式多元化的电影文化产业。

“艾米1895”更大的竞争力在于它解决了版权难题。这种电影文化的创意实现，陈俊将其归功于互联网技术的发展。陈俊解释说，一家电影院不太可能买得起几千部电影的版权，但电影版权可以通过运用互联网技术“云计算”的方式来解决。拥有近万部电影资源的“艾米1895影院”的数据库就建在北京，由多家影院和网站共享资源并平摊成本。“艾米1895影院”的股东之一是IDG（美国国际数据集团），它是全世界最大的信息技术出版、研究、会展与风险投资公司。IDG从事版权方面的事务，数据库技术由双方共同研发，在经过3年左右的筹备后，建在“云端”的数据库终于建成，并用在了“艾米1895影院”的点播系统上，实现了海量片源实时传输，24小时在线点播。

当然，“艾米1895影院”还可以作为一德商业地产招商的主力业态，为项目聚集人气，吸引中高端消费群体，而且在带来更稳定消费群体的同时，增加人群消费逗留时间，以强大的辐射效应带动周边其他商业项目共同赢利。

五、文化引擎：商业地产新动力

文化是商业地产的新动力，如何让商业地产植入“文化”的DNA，这需要从外在的建筑实体到内在业态布局以及活动推广通体培养项目的文化气质。

1. 商业建筑保留传统建筑风格及城市标签

城市建筑物，是篆刻城市历史、传承城市文化、体现城市个性的最重要载体。建筑的形式及风格首先决定了商业地产项目对消费者吸引力的大小。

在陈俊看来，做文化主题的商业街区，首先该地块得有场所精神，建筑物一定要被赋予当地的文化标签，使得新生商业地产具有人们熟识的文化面孔。

如何赋予商业建筑物文化符号，一德的做法就是剖析城市的文化内涵，提取传统文化元素，保留传统建筑物风格及城市标签，移植城市文脉的精髓。同时，采用组合设计，即在继承传统建筑物文化的同时，进一步结合现代的功能需求、科技发展和现实条件，设计出兼具传统和时尚的商业地产，有效展示出一座城市独特的历史与文化魅力。

比如黄山秀里，一德采用了“异地搬迁”的模式，即将 100 栋散落在全县各地濒临倒塌而又不利于保护的古民居、古祠堂集中搬迁至影视村，在经过精心设计和重建、修复后，几乎“复制”了明清徽州古村落所有的建筑物元素，包括古民居、古祠堂、古园林、古商业街、回廊水街、廊桥、街巷肌理等，使其成为中国徽派建筑物营建技艺的传承之作。更为可贵的是，每幢民居都在对建筑物元素原真性集中保护的基础上进行了科学的功能提升，植入了满足现代生活居住条件的功能设施，改变了以往古建筑物“博物馆式”的集中保护模式，成为一个可供居住的“活着”的古村落。

2. 选址要与“历史文化”沾边

商业街区的选址最为关键，微观上的招商、业态反而不是重点，文化商业街区最难的是要找到合适的地块。一德文化商业街对地块的要求有两点：一是一定要在核心商圈周边。作为城市娱乐消费休闲地，购物中心都具有所谓商圈的概念，文化商业街一般都在商圈附近。二是一定要有历史底蕴，尽量靠近历史文化保护区，落脚在城市最有特色的地方。比如，西安“1912 街区”选址在西安城墙东门附近，西津渡的文化底蕴也很浓烈。

3. 丰富商业地产的业态布局

（1）并非注重让价高者得铺，做好取舍之道

目前很多企业做的商业街，没有营运的概念，也没有企划的概念，就是把房子租出去，让别人去开店，或是让价高者得铺。在陈俊看来，真正要做好商业地产，需要系统而理性地规划业态组合，并非注重让价高者得铺。为了业态的需要，或是整体利益，有的商户提供的租金即使便宜也得让其进来。比如，有的商场为了档次的需要，会拿出一楼最好的铺位以及较低的租金引进 LV 等店商，甚至倒贴资金为其装修。

当然，能不能让租金又贵招进来的店又好，陈俊认为这就是第二个需要研究的问题。以 LV 专卖店为例，LV 专卖店的位置其实没必要那么好，放在五楼就比较合理，因为它是个目的性消费，而买 LV 产品的人又喜欢安静，最好设成贵宾区，去的人也少，可坐电梯直接上去买。为什么把 LV 专卖店选择在一楼，因为一楼与五楼的租金相同，却有绝对的位置优势，相对于商场，LV 专卖店处于强势地位，当然会选择让其在位置最好的一楼。其实 LV 店设在五楼对其一点负面影响都没有，但对商场的业态布局来说是合理的。比如在新加波、中国台湾的商场，LV 店都在五楼。一楼只卖化妆品等感性消费的东西。

（2）增设文化性、知识性的体验空间

在业态组合上，一德坚持商业创新，突破以“购”为主的传统业态组合，引入新型业态，增加文化性、知识性的体验空间，以满足人们除购物之外的文化、休闲、娱乐等多种需求。

据调研数据显示，大城市商业场所的客流有 65% 以上是为了娱乐旅游和休

闲。一德把“文化、休闲、体验”等作为商业吸引要素，并围绕各种吸引要素组合业态，通过引入书吧、艺术展览、茶室、情调休闲吧、布吧、陶吧、创意精品店、酒吧等充满文化与品味的休闲业态，从而形成了一个集文化、艺术、休闲和购物于一体的人文风尚汇。

以休闲为主，减少购物占比，一德的业态结构为“3331”，即各种餐饮占30%，文化休闲占30%，酒吧等娱乐占30%，各种城市服务项目占10%。这种业态组合一是打造了一站式的复合型商业项目，满足了消费者吃喝玩乐的全套需求，能吸引消费者光顾；二是对商家也有利好，商家可以互为人流。

（3）打造自身主力店 + 招商前置

一德现在不断做商业地产，也逐步形成了自己的一批直营店，比如直营的电影院，又比如在酒吧参股，这些举措能够保证对项目可控。陈俊表示，未来一德至少要有五家自主经营的核心主力店。另外，一德奉行“招商先于建设”的观念。一德有一批战略合作伙伴，实现这批战略合作伙伴的招商前置，确保引入的商家与项目功能定位一致，并为其定制商铺——这已经不是地产的概念，而是定制的概念。一德至少在完成了50%的大店招商后，才会再到现场招一些小商家进行补充。

4. 持续性的跨界文化推广

运营、企划是商业地产应具备的非常重要的能力，其中活动策划又是关键。

为什么“1912”长期以来生意很好？因为它有持续的后期营运，有专门负责企划的一大套班子，每天推出各种主题性活动，从而通过活动，把年轻人不断聚集过来。比如，定期展开跨界文化推广活动，满足消费者的文化诉求。定期通过与文化界、艺术界、学界、产业界等相关领域的知名企业或知名人物联合，举办与商业文化主题相关的诸如绘画雕刻、影像互动、艺术鉴赏会、派对及音乐会等高品质文化活动，以带给特定消费群体在视觉与听觉上的文化盛宴等。通过这些主题文化活动，来培养项目的文化氛围。

“1912”是经过十年来的自我创新和持续发展，才初步形成了今天这一独具特色的商业模式，其中也包含着不断探索和对经验教训的总结。在未来的道路上，一德将继续克服前进中的困难，坚持与时俱进、自我完善，吸收一切优秀的历史基因和积极的时代元素，不拘泥于一点一滴的得失，为中华大地创造出一朵朵灿烂的商业地产奇葩。

结　语

面向创新之路和一德未来的发展，陈俊说，一个企业家首先要静下心来，想想自己一生想要做的事情，不能光靠模仿，别人搞房地产你也搞房地产，今天学王石，明天学李嘉诚，其结果永远是跟在人家后面，赶个末路黄花。你甚至不能重复过去的你。众筹、轻资产、换脑、文化武装商业——这可能就是一德能够文商跨界的创新基因所在。

第十二章　地产+绿色

绿色朗诗——守正出奇　从绿到深绿的战略突围

独家对话朗诗集团董事长　田明

"这个房子很'朗诗'"，

人们在言及绿色人居、科技节能住宅时总喜欢如此定义。

"朗诗是我这辈子买过的最好的房子"、

"向社会推介朗诗是我身为业主的责任"……

这些话并非广告代言人的吆喝，

而是朗诗业主的真挚传唱，

而在这口碑和品牌背后是朗诗独特的"绿色人居"。

真正靠品质说话，

不管是顺境还是逆市，

朗诗地产所开发的产品总是市场上奇货可居的"硬通货"。

企业素描

朗诗集团，创立于2001年，中国房地产百强企业，长期实施绿色科技差异化发展战略。目前主营业务为住宅地产开发，并积极开展绿色养老、绿建科技、绿色金融服务等新业务，专注于开发有别于传统住宅的高舒适度低能耗科技住宅，已先后进入南京、无锡、杭州、苏州、常州、上海、绍兴、武汉和成都等市场，其全国化战略布局已初步成型。由于在低碳减排、人居环境方面所做出的卓越贡献，朗诗先后成为气候组织成员、世博会零碳馆战略合作伙伴和联合国环境规划署“气候中和网络”成员。

曾获荣誉：“中国人居环境成就特殊贡献企业”、“第五届精瑞住宅科学技术奖”、“华夏建筑科学技术一等奖”、国家三星绿色建筑设计标识；另外，多个开发项目被住房和城乡建设部列为科学技术项目和国家“十一五”科技支撑计划、“可再生能源应用典范楼盘”；还有，节能技术研究课题“城市住宅节能关键技术研究及示范工程”被认定为国际先进水平。

业绩：2011～2013 年销售额增长图

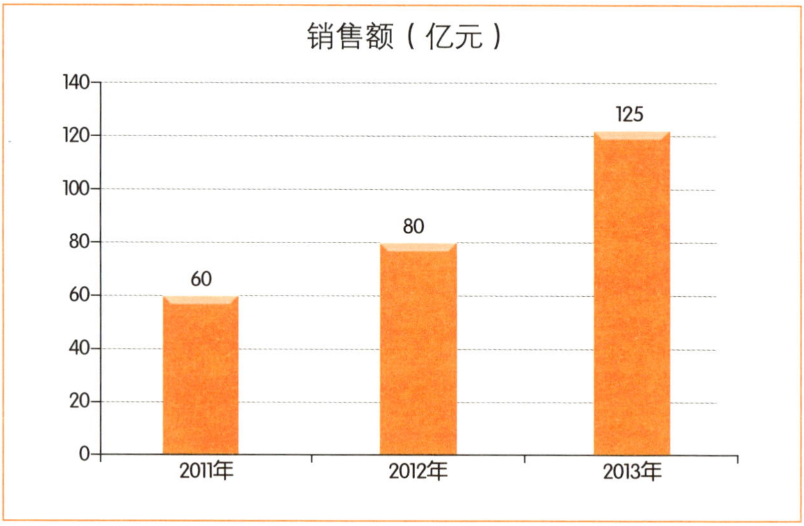

座次：近 3 年数据

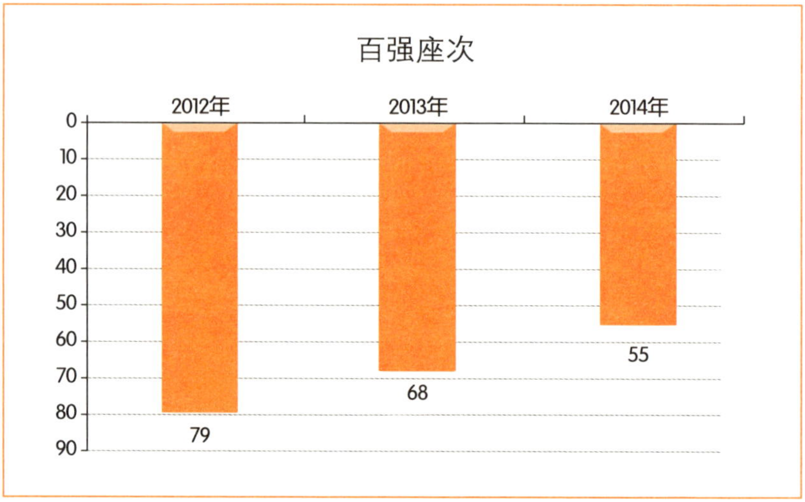

资料来源：中房网，中国房地产企业 500 强综合实力排名

田明

1961 年生，中欧国际工商学院 EMBA，朗诗集团股份有限公司董事长、总裁。于 2001 年创立朗诗地产，带领公司较早地立足绿色科技地产这一细分市场，并在南京首个项目成功的基础上，确立了绿色科技地产的差异化发展战略。

田明管理语录

强者不一定恒强：

人们经常把“大”和“强”画上等号，但如果外部环境出现小概率危机后，强者恒强，就不一定成立了。从历史来看，任何行业都没有永远的老大——没有成功的企业，只有时代的企业。

从“绿”到“深绿”：

朗诗计划用5~10年的时间，从前10年定位于一家具有绿色科技特色的房地产企业，转型升级为下一个10年做一家以绿建科技为核心，集绿色地产开发、绿色科技服务、绿色养老产业以及绿色金融服务为主体的绿色集团，实施“深绿战略”。

“芭蕉扇”计划：

从2010年开始，朗诗坐拥长三角后，溯江而上进入了中西部地区，并随之向南向北展开，投资布局上形成了“芭蕉扇布局计划”，长三角是芭蕉扇的中间，然后沿长江而向南向北展开。

养老地产即“一碗汤的距离”：

老人到底愿意跟子女保持多远的距离——既不能在同一个屋檐下有“干扰”，又可以及时地相互照顾。朗诗对这个距离要求是“一碗汤的距离”，就是一碗汤从子女那里端到老人那里，不会冷掉。

引言

我把经商的人分成两种，一种是商人，一种是企业家，他们大多都追逐利益、创造价值。但是也有区别，你看《泰坦尼克号》中，罗斯的前男友在造船的投资商都走了后，他还愿意去再造其他的船。而船长和设计师，最后都留下来跟船同归于尽。我觉得后者身上企业家的属性更多一点，我认为我偏企业家，或者是偏创业者，而不是一个资本家，我会选择跟这个船共进退、同存亡。

——朗诗集团董事长　田明

第一节　趋势——下一个10年“巨人”也可能倒下

如果把短期的排名指标作为主要追求，那不是企业家，是职业经理人。企业不仅要增长，更重要是看能增长多久，这是企业家的思考。朗诗地产就是这样一家不太关注行业排名更关注持久发展的房企。朗诗是一家将住宅植入环保健康DNA的“绿色先锋”，在成立12年之际就突破了百亿规模，登陆港股，于海外布局，且在2014年中国房地产开发企业创新能力评比中排名第二，这一切都验证了朗诗模式的巨大成功。

一、海啸下的“强者不一定恒强”

过去10年房地产业的钱太好赚了，只要造房子都能赚钱，所以开发商对产品研发投入的资源和热情都不足，朗诗坚持研究和实践绿色健康住宅，多少有点

“非主流”。而在这10年里，那些不太重视产品研发与品质，实施激进财务策略，敢拿地王，敢于圈地，进行全国化扩张的房企往往都赌对了。但在下一个不断起伏又或者下行的10年，他们还会取胜吗？田明认为，“人们经常把‘大’和‘强’画上等号，但如果外部环境出现小概率危机后，强者恒强，就不一定成立了。从历史来看，任何行业都没有永远的老大。这也好比张瑞敏讲的一句话——没有成功的企业，只有时代的企业，其实都是一个道理。”

田明表示：“经常有人跟我说，强者恒强，希望我们发展快一点，可是我认为，企业最好的发展速度，就是不会死的速度，企业家应该对这个分寸有敬畏。如果环境不支持还大踏步发展，那就等于是自杀。”

二、开发商对市场要有敬畏之心

上一个地产10年，是朗诗从1 000万元起家到销售规模过100亿元的10年，更是中国房地产历史给予的黄金10年。这10年，市场增长曲线的斜率大大高于同期资金成本与税收。举例来说，假如10亿元买一块地王，在当时开发可能是亏损的，但3年后开发，可能光地价都涨到20亿元了，即使刨掉15%的资金成本（3年4.5亿元），再除去税收，也还赚5亿元。这个规律的背后故事就是——市场增长斜率特别大，往往敢赌的草莽英雄都能成功。但下一个10年市场增长斜率显然没有那么高，草莽英雄再拿几个地王，可能就是巨亏，“巨人”也可能会瞬间倒下。

田明表示，对于企业的发展，生态环境是决定性的，开发商不要觉得很牛，市场才是上帝。田明举了个生动的例子：不同的生态环境有不同的优势物种。恐龙在恐龙时代是优势物种，但当地球碰上火山爆发或是陨石撞击后，灰尘遮蔽地球几年后，植物就会消失很多，恐龙这样的庞然大物灭绝就在所难免，能够活下来的反而是些小动物，而所有恐龙中也只有长翅膀的飞龙活了下来，成为鸟类的祖先。足见，生态环境才是决定性因素，开发商对市场要有敬畏之心。

三、昔日中国台湾、日本的泡沫与今日中国大陆很相似

最辉煌的10年已经过去，未来10年中国大陆房地产市场将进入到一个竞争越来越激烈、利润越来越趋平的新阶段。像日本、中国台湾以及欧美不少经济体一样，房地产市场在高速发展之后将会面临大幅调整，田明根据自己多年来对国外房地产市场发展史的研究，以及通过对很多曾走在朗诗前面的企业突然出局的分析，他坚定地认为，中国房地产行业的下一个10年内，必将有一次巨大的海啸，而作为掌舵人的最大使命就是，力争在楼市汪洋中让朗诗这条大船不被海浪击毁。

田明表示，日本、中国台湾房地产行业也经历了GDP快速发展30年、人口红利、政府主导下房地产业快速发展、资产泡沫破裂后又快速下降的历程。比如，中国台湾曾倒掉一批上市地产公司，原因就是台湾的日本产业转移，人口外溢，以及出生率下降，人口红利下降，最终导致房屋整体需求下降，再加上地震，导致台湾房地产泡沫加速破裂。当时中国台湾以花莲地震为起点，售楼处门可罗雀，在这样的背景下，再好的产品，再强的销售高手也回天无力。而在这轮"地震"下，最后幸存下来的，就是那些没有冒进、中规中矩的家族企业，他们债务杠杆很小，没有大规模借钱，现在他们已成为台湾房地产业的主要力量，当年那些很牛的企业基本上都消失了。

再看日本，也跟中国大陆经济有点相似，都是政府主导、投资出口拉动的发展模式。日本在房地产业高峰年份一年能卖150万套综合住宅，而目前市场萎缩了一半，人口在变少，老龄化在增加，另外，日本的建筑物设计多是百年建筑物，年轻人口对房屋需求也在下降。田明认为，"中国也会有那么一天，就在10年以内的某个时点。"

田明认为，当人们置身局中的时候，对事物的判断都是失去理性的。中国现在的场景非常像当年日本的景象。日本房地产业在顶峰时，其市值可以买下整个美国，当时那么多一流分析师，那么多经济学家，都没有预测到这个结局。人们都认为日本地少、人多，东西值钱。但是泡沫破后，房价跌了70%，人们才发现当初的判断多么可笑。

朗诗正时刻准备着应对那一时刻的到来，虽然不知道它会什么时候来，但朗诗相信它一定会来。朗诗也不能做太多太过的准备，“比如上山是躲避海啸的最佳方法，但是上山居住不宜，缺衣少食，如果过早上山可能会被饿死或冻死，但不上山又可能会被淹死，怎么办？那就要提前做好布局，这是非常难的。我只是想到了，也提前准备好了，但只有等海啸来了，才能检验今天的转型是否正确。”田明如是表示。

四、万科的速度与规模很难被二度复制

强者不一定恒强，但朗诗也并非反对做大。在千亿时代，未来3~5年不做到300亿~500亿元，企业可能就会丧失在行业的话语权，但未来能做到500亿元的民营企业，却又寥寥无几。万科从2004年的百亿元到2010年的千亿元，只用了6年多时间，但类似万科的成长速度和规模很难复制。企业的快速发展更多是因为外部环境提供了某一种可能性，企业不可能在一个不增长或下滑的市场里快速发展，特别是规模大的企业。

根据国外经验，房地产市场一旦跃过城市化拐点，资本、人口红利、经济增长等对房地产业的推动都会出现显著变化，市场需求将会大幅度减弱。比如，日本住宅销售市场在高峰期是一年中卖掉150万套，而在拐点之后的2012年销售量是75万套，整整缩减了一半。另外，房地产市场也没法像大自然一样呈现出春夏秋冬四季有规律地变化，也不会像正弦波一样上下同一

振幅交替波动——中国台湾、日本、欧美的经验已经证实了这个问题。中国的房地产市场呈现的是政府的政策波，而不是市场波，而政策波可能更加复杂多变。

反观部分开发商，面对起伏不定的房地产市场，他们更多地还局限于过去的开发经验，延续早前的狂热，用住宅开发的思路大规模圈地去做商业地产、养老地产、旅游地产和文化地产，如此，一旦行业进入调整期，这些开发商就会死掉一大批。田明特别强调，地产商转型失败的概率会更高，核心原因就在于地产商一直偏爱赚快钱、赚大钱，喜爱靠“赌博”赚钱，而要上升到商业模式战略转型，就很难。但无论如何，面对下一个10年中可能出现的海啸，“船长”田明带领朗诗已时刻准备好积极应对。

第二节　突围——守正出奇，应对下一个波动10年

中国房地产业在下一个10年将进入调整期，开发商跑马圈地就能赚钱的时代已经过去，房地产业将进入“地产价值升级”的时代。另外，考虑到可能的地产海啸将带来的深度洗牌，朗诗面对未来的策略就是提前战略转型，既能立足既有优势，又能找寻到超越房地产周期的玩法，最终成就“百年朗诗”。

一、超越地产周期的玩法

面对诸多的不确定性，朗诗下一个5年或10年将奉行“守正出奇”韬略。所谓“守正”，就是继续坚持和扩大绿色住宅产品价值和市场影响力，做大规模；“出奇”则是探索养老、代建、金融、能源等新兴业务，在经营上实现从开发向运营，从重资产向轻资产，从单一住宅公司向多元化集团公司的转型。

田明表示，假设在下一个5年，朗诗真正变成了一家以绿色、技术服务、轻资产为特色的多元化公司，才算完成了一个传统开发商的转型。朗诗也只有完成这种商业模式的转型，才可以真正超越房地产的行业周期，才有资格提出做“百年企业”的目标。比如中国老龄化趋势是到2050年达到峰值，并且之后还会持续保持高增长，朗诗仅凭老年社区建设就至少有50多年发展的大好时光。

田明发现，在日本资产泡沫破灭阶段，有两家实力很强的房地产公司，即日本积水和大和公司，它们依靠技术上的优势和定制、代建等多种服务业务，不仅成功抵御了危机冲击的汹涌波涛，而且还成为了如今的行业佼佼者。因此，田明希望通过这种商业模式转型的成功，让朗诗迅速成为一家不是单纯依靠房地产业兴起而兴起的企业，而是成为一家完全能跨越房地产周期规律的企业。届时，朗诗除了房地产开发业务，还有大量的地产科技、物业管理、养老、咨询服务等业务，朗诗可以用专业能力、运营能力为客户提供持续的支持。比如，在能源方面的投入以及对老年社区的建设，这都是长期且少受楼市政策影响的事情。朗诗也希望靠这种战略差异化，能在行业遇到拐点，而不能再带来持续增长时，其他业务板块能够快速补上去。

另外，除了上述基于业务结构的转型外，朗诗超越房地产周期的玩法还有一个策略就是跨国经营。“朗诗未来肯定不会把所有的鸡蛋都放在一个篮子里，而是会谋求成为一家国际化的公司。”田明表示，未来5年，朗诗在美国与欧洲的业务比重将大幅度提升，整个业务将会涉及中国内地、中国香港、美国、欧洲，而相应的报表也将涉及这四个国家或地区的会计准则，最后再形成中国集团级的会计报表。对此，田明开玩笑地说：“这个报表很复杂，恐怕只有全球四大会计师事务所才有能力做。”

二、地产/非地产业务各占半壁江山

面对转型，朗诗依旧是一家以房地产为核心业务的公司，不同的是，朗诗业务格局已经发生了深度调整，未来5年将会形成以房地产为主力军，技术服务等业务为生力军的盈利组合模式。未来5年朗诗非房地产版图会初具雏形，比如绿色服务将不仅仅服务于朗诗，养老模式也将比较丰满成熟，整个非房地产板块利润对集团的贡献将有所提升。这种此消彼长后的业务组合，显然更耐抗楼市风险。

预计到2016年，朗诗产品线会更丰富，技术也更专更绿更成熟，资产模式更轻更抗风险，房地产板块会在香港持续融资，还可能在未来以“绿色技术服务”为主要特色申报第二家上市公司。无论怎样，它肯定不会是一家再按照“地产开发模式”估值的公司了。

三、从“绿”到“深绿”

在新环境、新战略、新模式、新业务下，朗诗要构建什么样的竞争力？田明表明，朗诗从成立到现在还不到12年，当年抛弃行业中很多确定的东西，而单做绿色的价值观就不像个主流地产商。之后朗诗业务与经营变化还很多，但一直不会变的是绿色理念。

未来朗诗业务发展，比如地产开发、技术服务、代建、金融等都要以绿色为基本导向，至于是不是做朗诗竞争对手的绿色业务倒没有关系，但是不做绿色，就有很大关系。田明在内部反复强调：“不是绿色的业务不准做，高耗能、高污染项目严禁做，是不是绿色，这是朗诗经营的红线。”

“绿”了10年后，朗诗依旧觉得还没“绿”过瘾。田明表示，朗诗高管团队已提前用了近1年的时间进行思考和研究，并在新10年战略构想框架下，制定了2012~2016年的5年“深绿”战略——这是一个绿色转型升级的战略，是由“绿”到“深绿”的战略，也是朗诗在行业中构建独特竞争优势的一种升级战略。

朗诗计划用5~10年时间，将朗诗从前10年定位于一家具有绿色科技特色的房地产企业，转型升级为下一个10年，做一家以绿建科技为核心，集绿色地产开发、绿色科技服务、绿色养老产业以及绿色金融服务为主的绿色集团，而这就是朗诗的“深绿战略”。

1. 中国绿色地产市场标杆

朗诗目前已经成为中国绿色地产市场的标杆，这源于其三大优势：第一是专注，朗诗以绿色为集团战略，持之以恒，只做绿色科技住宅，目前累积所开发的绿色建筑面积全国第一；第二是专业，朗诗绿色建筑科技运用水平比肩国际，在实现低碳节能的同时，带给居住者远超普通住宅的健康价值和舒适度；第三，在衡量建筑项目究竟有多“绿”的重要标尺——节能率上，朗诗住宅的指标在国内遥遥领先，可以说是行业里“最绿”的住宅。

2. 做强“绿公司”

未来，朗诗将切实推行“深绿战略”，做强“绿公司”。“‘绿公司’与‘绿色公司’不一样的是，‘绿公司’不仅要尽量采用绿色技术，做绿色产品，更要坚持做绿色产业。”田明强调。朗诗在过去十几年中，一直重视对地段、产品价值的绿色塑造，对人的价值和对社会价值的提升。朗诗做“绿公司”是一种对资源、社会可持续发展的经营管理模式。细数朗诗地产每一个项目，鲜有奢华的装修，更没有名贵的用材，有的只是更舒适、更健康、更环保的人居设计。从企业经营效率上考量，朗诗认为对绿色的重视不仅仅体现在技术和产品上，而是要全面体现在公司治理、经营、管理、激励等各个方面。朗诗作为一家正在从

“绿”向“深绿”过渡的公司，最关注的就是公司的人才以及支持人才的激励机制是否“绿色”。

3. 加速深绿：代建 + 科技 + 金融

朗诗未来 5 年将通过四大策略完成“深绿战略”的落地。

第一，做大绿色住宅以及绿色代建。一方面朗诗将以房地产业务为基础和资源依托，进一步提高绿色住宅的市场份额和盈利能力；另一方面，朗诗也将加速推进绿色代建业务，而且可能原本与朗诗属竞争关系的住宅开发商也将成为朗诗代建服务的对象，朗诗科技将为其开发项目提供科技服务的支持。“其实这还是有点儿令人担心的。”田明笑言，将朗诗现有“绿色住宅”的技术作为朗诗科技的服务内容供应给同行，所带来的后果仍然是个未知数。“比如，对方把我们的技术学过去了，把我们的人挖走了，甚至可能更离谱，执行中偷工减料，到时候出了事把账算到朗诗头上……”田明无法掩饰自己的担忧，但他却异常坚定，关于绿色代建，他认为朗诗是一定要做的，朗诗初期可能会找一些靠谱的、志同道合的公司来做。

第二是做强绿色技术。未来 5 年，朗诗将凭借此前积累的绿建技术整合经验，同时对外拓展市场积聚新的能力，以培育朗诗绿色建筑技术的核心能力。在朗诗，技术公司是前台，科技公司是后台。目前朗诗科技公司共有 300 多人，他们分散在朗诗集团内部的核心技术部门，该部门既能支持朗诗集团业务发展，创新各条产品线，又能同步推行产品标准化，而且也会从后台支持前台的技术公司对行业外部业务的处理。从具体能力上来看，朗诗已经具备对住宅、写字楼、疗养院、医院病房、商场、老别墅的节能改造能力。从市场空间来看，朗诗完全可以对同行进行绿色技术改造业务，甚至对现有存量家庭市场，推行 B2C 的家庭绿色环保改造。

第三是沉淀养老模式，积极探索，进行养老业务试水并积累经验，逐步形成养老业务的商业模式。

第四是建立绿色金融平台，拓展投融资渠道，为地产开发、技术服务以及养老产业提供金融支持。朗诗旗下的基金青杉投资于2012年5月成立，曾先后与金融机构合作发行了基金、信托、债券，其募集资金用于朗诗自有地产项目的开发，而未来该基金也将用于绿色建筑相关的产业开发。截至2013年年底，青杉投资已经实现了近40亿元的管理规模，预计到2016年，朗诗金融的资产管理规模会达到100亿元。

从“绿”到“深绿”的战略转型，守正出奇的经营组合拳，将绿色金字招牌持久做大做强……应对地产海啸，挣脱行业周期束缚，朗诗早已做好全方位的准备。

第三节　守正——做大绿色住宅规模

从中国的人口结构、城市化进程、经济增长等基本面来看，在今后10年左右的时间里，以住宅为主的房地产行业还将继续发展。在这个时间里，朗诗要做的是，如何将绿色地产业务做得更好、更精，通过绿色竞争力和高周转，通过对市场布局和产品结构的纵深配置，快速做大做强。在田明看来，住宅市场中下一个10年能存活的地产企业，一种是规模大且有资金实力的大型企业，另一种是有“绝活”的企业。朗诗的绝活，就是绿色，当然朗诗也会努力做大规模，2013年朗诗销售额已突破百亿大关，未来3～5年内朗诗业绩计划进入行业前30强。

一、核心在于做高 ROE

在做大做强的策略上，朗诗推行的是，基于自身差异化的绿色产品与资产高周转的经营策略。作为董事长，田明并不太关注内部收益率（IRR），而更多关注的是能够体现股东价值的净资产收益率（ROE）。事实上，田明对于朗诗近些年来的ROE颇为满意，"朗诗的ROE一直是行业平均水平的两倍以上，从来没有低过26%。"

对于影响ROE的三大系数即净利润率、周转率和财务杠杆，田明表示，三个指标中，他最关注的是周转速度，其次才是杠杆率，而利润率是他最后才关注的指标。朗诗在销售利润率上处于行业平均水平，在周转速度上保持行业领先水平，而在权益乘数上高于行业水平。这样算来，周转率和杠杆率都明显高于行业水平，那么ROE水平就会2倍于行业均值。

1. 维持行业平均利润水平

高利润与高周转本身就存在一定的矛盾，尤其是在过去的10年中，房地产土地升值红利巨大，但田明很早就下定决心——不靠土地溢价赚钱，而是将差异化"三恒"（恒温、恒湿、恒氧）绿色产品作为竞争利器，来增加朗诗的品牌和销售溢价。在产品利润率上，朗诗并不求多，而是战略性设定为行业均值，以更快地销售和回款来加速资金的周转。

田明强调，货如轮转远远比销售利润更重要，朗诗拿了地就快速开发、快速销售，没有时间等待土地的升值，所以在利润结构里面，朗诗的土地贡献度要比其他企业低。反过来看，若要从土地增值里获得利润，一方面朗诗没有那么多本钱，另一方面朗诗真正的特色是以做产品见长，赚产品溢价的钱，而不是赚原材料的钱，而这种经营理念也可以倒逼企业追求长远发展。

2. 打好高周转系统战

朗诗地产十几年来一直坚持做产品的快周转，重视对地段价值的深挖掘，在所开发产品的附加值上做文章，快速把房子卖出去实现利润。朗诗高周转连续7

年都做到了这一点，这说明其内部有很强的系统性和一致性的打发。

田明表示，朗诗高周转是有一系列的策略组合，即土地投资不能是10年才能开发完的项目。在投资拿地环节，朗诗从来不选投资量太大和不确定性太大（拆迁改造）的项目，项目一般属于“不大不小、不高不低、不远不近、干干净净”，都是小、快、灵项目，基本能够用3年左右开发完成。如此，同样的投资额度下，项目数量就会多一些。“这种投资策略对现金流比较友好，但较难获得土地升值的‘红利’，有利有弊，但这却是合适朗诗的理性选择。如果拿地体量过大，而且全是高端项目，时间周期太长，很可能捂在手里。所以拿地要有大有小、产品要有高有低，能够针对刚需和高端人群，加起来的周转速度才能够有所保证。”

在周转上，朗诗要求从拿地到首次开盘时间，对技术复杂程度高的“三恒”项目，一般是8～12个月；而对技术不太复杂的“未来系”等其他项目，一般是6～9个月。在周转最为关键的投资拿地环节，朗诗在决策和组织上很有特色，朗诗有一支在业内比较知名的“海狼团队”，专门负责搜集土地信息，提供投资决策参考。起名海狼，是参照第一次世界大战时德国潜艇队的狼群战术，意思是打造一支无疆界、行动隐蔽、适合打高难度攻坚战的团队。朗诗集团总部有“大海狼队”，各区域公司又有各自的“小海狼队”，相互配合，行动灵活。在决策机制上，朗诗内部有一套完善的土地投资决策评审体系，作为董事长的田明也只拥有项目的否决权，没有决定权，由此，以组织决策的体系性来降低拿地风险。

3. 用透无息负债

朗诗并不反对高杠杆，田明态度明确，“如果朗诗本身能够利用杠杆，且不会带来财务风险，为什么不用？如果财务和现金流没有多大问题，杠杆甚至还可以更大一些，因为它会支撑ROE做大。”

在朗诗的负债结构中，“无息负债”占据大约70%，剩下30%是有息负债，这种结构是非常有利的。朗诗有息负债利率水平整体维持在行业低位。目前朗诗是中国极少数自己产生现金流的企业，几乎全部是通过自身业务发展产生充裕的现金流来支持拿地。朗诗绝大部分无息负债的核心有两大部分：第一部分是朗诗经营规模增大，收入的钱会比支出去的钱要多，而这种通过正常经营行为对合作方资金的占用叫作经营性杠杆，这一部分不应该追求“高比例”，否则会很难有良好的合作关系；第二部分是客户预售款，这是朗诗无息负债的大头。据估算，朗诗总资产有一半来自客户预售款，自2006年来每年都保有大量的房屋预售款，其比例显著高于上市公司。这是不需要还本付息的负债，只是在会计制度上没有到确认的时候，等到把房屋交给别人了，会计才能进行确认。

整体而言，朗诗净资产并不多，但是加上负债就有很大的“盘”了，核心在于做大客户预售款。目前，预售款占总资产的50%是朗诗能够接受的一个数值，比如总资产是200亿元，预售款就必须做到100亿元。这个数值若是再高，可能很难做到。

目前，朗诗一方面尽可能降低有息负债的融资成本，另一方面努力做大客户预售款占比，并将预售款占到总资产50%财务指标更多细分成2级、3级业务指标，与公司运营绑定，考核各单位和城市公司。田明表示，“目前朗诗充分利用预售制度，加速回款，这也说明了朗诗产品在市场上是受欢迎的，也说明朗诗产品定价是接地气的，没有过分追求利润率，而更多是强调快周转。预收款几乎没有什么风险，若有风险就在于产品无法交付，客户要求退款。如果这种情况都发生，那说明产品实在很差，客户不认可，那企业本身该破产。”

对于有息负债，田明对公司财务体系、资金中心、清算投资等的最高要求就是熨平现金流，所有新的融资安排都要跟以前的融资安排做好循环，切实让现金流规划与企业业务规划有直接关系。这就好比一个资金蓄水池，上面的进水与下面的出水应该是有一个对应关系。若要维持原样，就要进水量与出水量相同。若要提升资金总量，就要进水大于出水。经营中，田明极其反对“人为放大自己的资金风险”。首先，前期财务规划就要将资金风险摊开，比如不能同1天还款，要分开2~3个月，资金链要熨平一些，这样企业就安全很多。其次，过程中现金流进出要把握节奏，不能债务叠加导致还债高峰出现。比如投资就要熨平现金流，在某一个点上投出50亿元，结果自己同时还要还钱，这就可能会有风险。

4. 现金流4道阀门

规模型房企为什么会死？田明认为，他们往往不是死在不盈利上，而是死在现金流上。“金融危机时，很多企业死掉都是因为资金链断掉，其实资产质量还是不错，这就好比一个身体很强壮的小伙子，结果头被袋子罩住了，两三口气呼吸不来就倒下去了，现金流就是那股气。”

面对杠杆与风险，田明表示，“我知道朗诗杠杆有点大，但我更知道房企要做大靠的就是资金，所以真正关键的问题是如何做好风险控制。”对此，朗诗借鉴金融行业的风险内控模式，即以总资产额为基础，按照一定的安全比例设定账面现金余额，这个安全比例分为黄色、橙色和红色预警，警报一旦触发，将按对应预案规范处置，从而控制现金流风险。账面现金余量保持总资产的8%，是朗诗的一个安全值。若账面余量高于8%，即为绿色，过高，则要赶紧去投资；如果低于8%，则进入黄色区域，就要减少投资、加快销售；若低于6%就进入橙色区域，颜色更深，这时就绝对不能做土地投资了，而反过来要加快销售，回笼资金，有些地方甚至要采取超常规手段，控制整体的现金流流程，所有不必要的现金流都采取点杀的策略进行收紧；如果低于4%，则属于高危的红色区域，这时候就要卖地，转让项目，销售要降价倾销了，或是引进紧急战略投资者，借高利贷。

报警机制最大的成功就是没有报警，朗诗就是如此，这套参照银行设置的预警机制，自2007年设立以后就从来没有触发过，6年来朗诗账面现金从来没有降到总资产的8%以下。

那么，朗诗会面临哪些市场风险？田明表示："其实，最大的市场风险是忽然房子卖不掉了。对于这一点，假设前面的投融资没有放大这种风险，仅是单方面卖不掉的话，也只是一个市场风险。不会叠加一个管理风险，这样看来，事情就好办了，而现金流风险中橙色预警、黄色预警和红色预警等，也正是针对房子卖不掉的情况下设置的。"

二、精选城市做大

1. 投资策略："芭蕉扇"计划

从2010年开始，朗诗坐拥长三角后，溯江而上进入了中西部地区，并随之向南向北展开，投资布局上形成了"芭蕉扇布局计划"，长三角是芭蕉扇的中间，然后沿长江向南向北展开。在随后的发展中，朗诗将分步进入北方和南方的区域。

在具体城市选择上，朗诗以二线城市为主，一线和少部分三线城市为辅。至于为何聚焦二线城市，田明表示，一则朗诗起家于二线城市，早期进入的都是利润相对丰厚的二线城市，如南京、无锡，在这些城市由于朗诗进入较早，品牌影响力大，投入资源会相对节省很多，经营起来也更轻车熟路；二则朗诗经营更关注安全，整体看来，二线城市泡沫和风险比一线和三、四线城市都低，且一线城市对资金链需求过大，所以朗诗更倾向于把二线城市作为主战场。当然，朗诗也看好三线城市中部分经济发达地区的地级市。一线城市中目前朗诗已经进入上海。

2. 敏锐视角：警惕一线城市风险

与很多房企不同的是，朗诗对一线城市有自己独特的研究和判定。其一，朗诗并非把一线城市看作是单一符号，而是把一线城市按不同片区、板块，又分解成一线、二线、三线微城市。比如，北京最值钱的地段和不动产应该出现在三环以内等核心区域，但它不是同心圆分布。中心是皇城和重要办公场所，作为房地产市场没有太多发展空间，其他则就是 CBD 等散状重点区域，但五、六环以外的地段又是另外一种类型，或者说北京的四、五、六环已经类同于二线城市，所以一线城市按照分布特征也可细分为一线、二线、三线微城市。

其二，朗诗对一线城市并不是整体看好，田明特别强调一线城市郊区外围存在较大泡沫。为什么？田明分析认为，中国的城市发展和房价、地价都很奇怪，往往在离城市很远的郊区容积率还要求 2.5 ~ 3.5，并且中国可以把远郊土地卖到天价，这些在国外自由市场下会被认为是一种怪相。因为国外城市远郊地皮相对很便宜，西方国家土地本身掌握在企业和个人手中，土地是自由市场，土地价格和土地的使用更多会按照自由市场规律出牌，而不像中国这个“管制”市场，供给方只有一个主体。

以美国纽约、日本东京为例，这些城市中心城区房价、地价整体都非常坚挺，而城市外围区域则存在巨大落差。2008 年田明到欧洲旅游时就发现，“金融危机时，英国伦敦市中心的物业，泰晤士河边上的金融城，价格依旧坚挺，非常抗跌，罗马的老城区，中国大使馆购买的墨索里尼的别墅房价也同样坚挺，巴黎也是。但罗马、巴黎远郊的房价却跌了 40% 之多。”这也证明了大城市里核心地段的房地产价值很高，但外围房价随着离中心距离渐远迅速递减。

另外，西方建筑物高度由自由市场生成，商店、酒店的房屋价值是由沿街面的宽度来决定的，面宽是 1 个单位还是 2 个单位，价值就差别明显。在东京，谁家的商店有 3 个单位宽，家里必定有钱，而日本最有钱的商场也就 5 个单位，临街面宽之后纵深很深，日本城市容积率都很高，但是沿中心走出去几站路后，一家一户的小房子、矮房子就多起来了，地皮、房价就便宜多了。

但中国的一线城市外围区域的地块价格也在不断飙升，这不符合规律。原因是土地完全由政府供应，导致中国一线大城市更多是人为定价，没有市场化，最终造成了高房价，田明相信，在下一轮地产海啸中，市场的力量会彰显，高房价在一线城市的远郊、外围有可能迅速倒下，但核心区不会跌太多，这一点朗诗会高度警惕。

3. 产品导向：沿长江轴线发展

朗诗沿长江轴线的城市布局在行业中算是“非主流”，这一策略在初期也是由历史原因形成的。朗诗发源于南京，然后起步于江浙沪一带老根据地，而后考虑到朗诗产品“恒温、恒湿、恒氧”的绿色属性，相信会在长江轴线的沿岸城市更有竞争力和“卖点”。田明谈到，“中国城市气候南方是遮阳隔热除湿，北方气候则是保温防寒加湿，而唯独长江轴线沿岸城市既不属于南方，也不属于北方，整个气温属于‘过渡带’，即典型的夏热冬冷气候，这对绿色技术提出了更高、更全面的要求。反过来说，对朗诗‘恒温、恒湿、恒氧’的产品也是个利好。另外，朗诗也在暗暗跟自己较劲，若能在气候复杂的长江轴线做好产品，那么在南方、北方城市就都可以做了。”而目前，朗诗进入南方潮湿和北方严寒地区已经没有问题，关键还在于对市场和客户要熟悉。

朗诗的城市选择已完成了两轮布局，第一轮是从南京进入长三角，第二轮是从长三角进入长江中上游，即武汉、成都等城市。朗诗进行城市布局的策略是，在进入之后把根扎稳，然后再进入新的区域进行成长消化，最后，逐步选择性进入向南向北方向的城市。

4. 海外布局：深耕国内布局海外

在国内市场打拼的同时，朗诗担心单一经济体可能引起风险，因此也开始拿总量的6%~8%到国外投资。“本来做境外项目，只是为了把鸡蛋装在不同的篮子里，没想海外市场的投资综合回报率竟然比国内还要高。”田明称，集团正在德国拓展养老地产业务，并已正式进军美国市场。

目前，朗诗在欧洲做的是养老地产，这是考虑到欧洲养老产业自第二次世界大战后就已经开始，做了60～70年，经验非常丰富。盈利只是一方面，更为关键的是给国内提供一些服务，收费是欧元，主要赚一些欧元（部分预防人民币贬值），但现阶段投资欧洲的主要目的还在于吸收养分，为后期朗诗在国内大规模做养老地产提高竞争门槛。

在美国，朗诗是针对中国客户做学区房，有很多中国的高端客户，在美国买房进行投资和子女教育，还有一些是做移民打算，因此，朗诗主要是在美国大学集中的地方做一些房地产。截至目前，朗诗在美国的地产业务部署已初具规模，已在美国西海岸加州地区和东海岸的纽约地区做了投资，项目土地投资额近8 000万美元，预计后期投资总额将达3亿美元。项目类型包括联排别墅、城市公寓等。朗诗在美国的投资布局，在区域上横跨东西海岸，覆盖了美国三大都会区，在产品线配置上涵盖了联排别墅和公寓类产品，在客户选择上主要针对美国本土中产阶级市场，同时兼顾国内客户的需求，并为中国客户提供移民、留学、落地生活的综合服务。

另外，兼顾到香港上市，朗诗分散投资也会去香港，朗诗独特的绿色产品完全可以在香港市场制造轰动，对此田明信心十足。

三、绿色产品独步江湖

1. 客户需求多类型，朗诗产品多层次

应对刚需市场，朗诗自2012年就开始加速产品线的变革。早期朗诗以绿色“三恒”产品驰骋市场多年，而如今，朗诗开始依照人的需求分布开发出首次置业产品、改善置业产品、高端置业产品、养老置业产品4条产品线，且各自比例

会保持为 4：3：2：1 的格局，哪一条线产品少了，就要快速补充。田明表示，“无论做哪条产品线，绿色环保是中心点，这是朗诗的优势，朗诗不能丢。”比如，面对商业与住宅的平衡，朗诗的策略是坚持住宅领域，除非是所购地块包括部分商业要求，但如果商业部分超过 30% 占比，这样的地块即使再好，朗诗也不拿。

同时，朗诗产品也一直在创新，2013 年，朗诗享有自主知识产权的两类新产品问世。一是朗诗玲珑屿健康住宅，它更关注室内环保健康舒适，将原来以栋为单位的辐射/新风系统，创新为一个小型的户式化系统，该项目首次开盘，便突破 5 亿元销售额。另一创新产品是帕多瓦住宅，名字听起来就很有趣，朗诗研发和管理团队在一系列的国外学习考察后，经过连续几天会议，在意大利小城帕多瓦明确了更舒适、更健康、更人性、更绿色的新产品研发方向，所以以此命名。2013 年朗诗首推的 70 多套帕多瓦住宅，开盘当天就热销 50 多套。

市场需求是多层次的，朗诗的产品线也要多层次予以匹配。在一个相对平稳上升的楼市中，朗诗创新型产品无疑是锦上添花；而在调控甚严的城市中，朗诗变革的刚需产品线正好适销对路。对此，田明也表示，“朗诗 2013 年突破百亿元大关，一个重要支撑就是‘首置产品线’即青春版‘未来系’住宅的火爆销售。”数据显示，2013 年，朗诗在上海、南京、苏州、武汉四地的“未来系”住宅销售占到全年产品销售额近 40%。

2. 朗诗绿色独步地产江湖

绿色建筑已经成为朗诗的一个金字招牌，它的好处在于市场好时售价比竞争者高；市场不好时，也不易滞销。朗诗绿色住宅每到一个城市，先把“绿色概念”布下去，吸引第一批业主，这批体验过的业主就变成了朗诗的宣传员。朗诗产品的魅力就在于住过朗诗房子的业主都会持续跟他的亲朋好友传播这个房子值得买，比企业在新城市打广告更管用。田明表示，“朗诗要在每个城市先建立一个‘病毒源’，要有足够数量的‘病毒’，而后再在这个城市传播，这样等项目再进去的时候产品就好卖了。”

田明认为，人类对自然资源不加节制的使用导致生存环境越来越恶劣，中国社会总能耗有一半以上就来自建筑物的建造和运行。另外，在中国诸如上海、杭州、长沙、南京等越来越多的城市持续高温，半个中国已进入“烧烤模式”，对此，朗诗10年前就针对性地创新了第一批绿色健康环保住宅，实现了室内居住的恒温、恒湿、恒氧，即朗诗会始终保证室内温度处于20℃~26℃，相对湿度在30%~70%，且每2小时将室内空气完全置换1遍。目前，朗诗所有产品能耗大大低于常规建筑物系统。

如何与常规地产商形成差异化？田明表示，在一个更多关注规模、圈地圈钱的行业，大多房企不情愿在产品科技研发上进行投入，但朗诗会每年坚持拿出不低于一个亿的经费用于绿色建筑研发。朗诗也在浙江长兴建立了致力于绿色建筑、室内环境、暖通设备等多个专项研究的实验基地，最终为消费者提供越来越健康、绿色、环保的居住产品。

比如在室内污染研究专项中，朗诗就关注家庭主妇的需求和健康——中国人有油炸食物的传统习惯，一方面做饭的时候，女主人需要与家庭亲人沟通；另一方面，烹饪尤其是油炸会产生大量的甲苯、二甲苯、对甲苯、甲醛等化学污染物，这些污染物都是致癌物或神经伤害性物质。针对这两方面的情况所做的房屋改进工作，都在朗诗浙江长兴研发基地进行研究、实验、测试，在样板间展出。朗诗对绿色建筑研究，是全方位的。

（1）非主流研究：小区微环境研究

朗诗做产品会对小区微环境进行研究，任何一个房间微环境都跟这栋建筑有关系，跟小区环境有关系，跟外部大环境也有关系。这些都是建设者要思考的问题，从日照、通风、温度耗散的角度，包括声环境和光环境，如果考虑得越多，你的东西先天就专业。

举个例子，在房屋前方和左右两侧种树，很多企业更多会考虑成本和视觉的问题，但朗诗首先考虑的是选择对太阳能友好的树，比如种银杏、法国梧桐、榆钱树等，夏天时它们枝繁叶茂，能遮阳降温，冬天时树叶掉光，不影响房屋的阳光照射。有些企业追求昂贵的树种，比如种香樟树，跨区域移植，很容易导致好树不死不活。朗诗要求夏天不要把热度渗透进来，冬天不要把热度散发出去，因此也会把四周的墙和窗户作类似的研究处理。

（2）阳光日照的"趣味故事"

朗诗绿色建筑专注于对细节的研究，比如对阳光照射和温度的管理。考虑到夏天热量都是从南向获得，夏天的阳光在头顶，朗诗就会投入精力对南向进行热量阻挡和降温，比如在南边窗框上做些水平遮阳装置，就可以挡住大部分阳光，挡住直射光后，散射光就容易出来了。而北则不需要水平遮阳装置，夕晒的时候，北侧只需要在窗边顶上做一个小构件，突出窗檐一些，阳光就不会通过窗框反射到室内增加温度。单就做多长的构件，这就是专业，对此，快速扩张的房企不会研究这么细。比如，都知道"座高一丈，出檐三尺"。即房屋的柱子如果有一丈高的话，檐口就要延伸出去三尺，但实践中，朗诗研究北京的夏天和冬天的日照时发现，夏天的阳光垂直角度大，根本照射不到墙脚，从墙、窗户和门也进不来。冬天阳光照射角度小，可以直达室内。这个规则在北京有用，但在南京就需要调一个角度，因为不同的城市经纬度不一样，角度就会不一样。有些房企把朗诗南京的产品复制到济南去，结果效果不好，他们大惑不解，其实就是"画虎没画到骨"。

（3）创新研究“地热保温”

朗诗每到一个城市都会查阅研究这个城市连续20年的气象资料，分析当地的气候特征，来考虑遮阳保温。朗诗正在这些方面取得巨大进步，毕竟其战略聚焦绿色已经10多年了。朗诗进入一个城市做绿色建筑，会考虑这个地区是否是恒温场，在房屋井水中放个西瓜拿出来是否是冰的，地源热泵对地下60～80米的温度有何影响……这些朗诗都要系统分析。

比如，南京地下恒温场一年四季都在18℃左右，在南京做地源热泵，调节温度应是多少度？夏天制冷措施把热量传入地下，在土壤中堆积形成19℃、20℃。在采暖季把地下热能调出来用，比普通空调节能40%～50%，在存储热能用完后再不进行供暖。所以这种地源热泵比空调有效，空调的热能只能流失到空气中，容易形成城市热岛效应。另外，地下热能不能太大也不能太小，变化太大，会改变地下生态环境，如微生物，把常态微生物变弱势，把一些这地区不该有的微生物变得强大。温度变化还会让管桩的摩擦系数发生变化，影响建筑物安全，可能会造成“豆腐上插筷子”。同时还要看地下的恒温场温度是多少，有没有溶洞和水流，有水流会把热量带走……

未来5年，朗诗地产将围绕“深绿战略”坚持进行体系的打造、流程的梳理、能力的提升，这是朗诗区别于市场一些同行的鲜明特征。朗诗将建筑变“绿”打造成一个完整的、系统的工程，最终持续领航中国绿色地产。

3. 朗诗是做绿色产品中成本处理最好的

大力度做绿色，朗诗成本是否会显著大增？田明则表示，“朗诗是目前在国内做环保、节能、舒适度的房企中，成本处理最好的公司，朗诗把海外的经验本土化，因地制宜地利用本地资源，使技术标准、综合成本力争达到最优。”

对比那些模仿抄袭，做绿色噱头营销的企业，朗诗有价值观上的差异。田明强调，“朗诗对绿色建筑的定义不是单一产品环节的绿色节能，而是从规划、建筑到使用维护，再到最后拆除整个过程的绿色节能，比如朗诗在建房子之前就会考虑未来很长时间后房子的拆除成本和建筑垃圾可降解性，是大环保、全绿色、大节能的理念。”

田明表示，一方面，绿色建筑实践总有一部分比如中空玻璃、保温材料、遮阳设置，以及技术标准、人才培养等方面确实要多花一些钱，但是该花的钱还是得花。另一方面，把产品做得更绿色和更健康，与是否增加成本，大部分时间是两码事，有可能做得更绿色，成本投入反而大幅度降低。整体而言，绿色可能跟成本无关，但是跟理念、技术手段和是否能娴熟地应用有关。

第四节　出奇——就地养老打破“集中营”模式

养老地产无疑是当前中国的朝阳产业，但养老地产跟传统住宅地产可能是跷跷板效应，以后年轻人对新房的需求可能不再增长了，绝对值有可能还会下降，但是老年人对房屋的需求会迅速增长。在 2010 ~ 2050 年的 40 年间，中国老年人的绝对数量、占总人口的比例将实现双增长。而政府暂时还没做好准备，且中等收入以上的中高端养老需求本身也应该由市场来实现。所以朗诗判定，未来业务增长量，传统住宅地产贡献度会逐渐变小，而养老地产却会逐步增大。

一、现状：养老不为老

作为新兴行业，国内养老地产目前还没有相对成熟的主流模式，进入者更多还处在探索和试水阶段，目前调查到的模式主要有三种：第一种是以传统开发房地产的方式在运营，就是利用政策导向，找政府要政策拿地块，然后找银行借钱，最后把它卖出去；第二种是受寿险公司主导的模式，即提供一套可供出租的房子，但最终目的是怎么把寿险产品卖给每个老年客户，而房子只是卖保险的一个载体；第三种是受医疗机构主导的模式，即先把房子弄好，然后提供或销售更多的医疗产品和服务。

整体而言，上述三种模式中，相同点都是从企业自己早期的既有成功模式出发，都关心从老年人那里得到什么，但却忽略了老年人需要什么。

二、朗诗切入点：老者为先

对于行业“养老不为老”的现状，朗诗希望做出改变，想从服务的角度，从老年人内心需求的角度切入养老地产。

在朗诗看来，养老地产，从本质上讲是服务业，不是地产业。做养老地产一定要先研究老年人的需求，而不同的老年人（经济条件不同，身体条件不同，区域不同……）又会有不同的需求。在这个基础上再想能够提供什么样的服务，提供什么样的金融方案来运作和盈利。田明认为，如果只是按照地产开发思维来做注定要失败，“有的开发商在上海买了5 000亩地，在成都买了5 000亩地，在海南岛也买了5 000亩地，完全是打着养老地产的旗号去获取便宜土地，但问题是未来老年人怎么可能像候鸟一样飞来飞去？老年人都能飞得动吗？能够经常飞的只是很少一部分。反过来说，你开发5 000亩地确实能安置很多老年人，但没有年轻人是不行的。”

田明认为，老年人的需求不是有吃有喝就行了，他们的核心需求还是精神需求。首先，老人像小孩儿，但也不像小孩儿，小孩儿出生或寄养在美国就是美国人，放在俄罗斯就是俄罗斯人，但老人很守旧，最不愿意离开过去熟悉的环境，不愿意被儿女家庭疏远，更不愿意被社会遗弃，这是他们的内心诉求；其次，他们喜欢跟孙子玩，跟街坊邻居聊天，跟原来社区的一草一木朝夕相处，那些印象和记忆是很难抹去的；最后，从居住地而言，他们不一定喜欢“青山绿水”，他们甚至讨厌呆在纯粹的“老年人集中营”，隔几天就听到120救护车响，不断地听到“老张头”、“老李头”、“老王头”离去，这种生活反而会给他们带来更多的压力，跟蹲监狱差不多。

三、朗诗模式：就地养老

朗诗对养老产业的未来有两点自己的判断，一是养老产业未来有很大的发展空间，二是未来肯定不会遵循以前的房地产发展模式，未来养老产业将是以服务业为主，全面整合地产、保险、医疗等的综合性商业模式。朗诗做养老，不做青山绿水的“老年集中营”，也绝不会拔掉“老树的根”，让老人离开原来的城市，而是推崇“就地养老”模式——在城市的社区里面划分不同的网格，每个网格里有不同数量的服务点，规模不用太大，就近的老人可以集中在这里。附近有幼儿园、商场、医院，他们能天天看到人来人往，与子女能方便互访。条件不一定太好，规模不一定很大，但可能是相对最舒心的养老模式。为此，朗诗已经着手在一些项目上尝试推出“一碗汤”产品，以及“老少居”产品和功能性养老住宅等。

1. “一碗汤”的孝心地产

老人到底愿意跟子女保持多远的距离——既不能在同一个屋檐下有“干扰”，又可以及时地相互照顾，朗诗对这个距离要求是“一碗汤的距离”，就是一碗汤从子女那里端到老人那里，不会冷掉。

2. 老少居

如何避免老年人和年轻人的居住代沟和矛盾，但同时又能保持老年人与年轻人的情感沟通？应该说，朗诗的“老少居”产品找到了都市年轻人和老年人和谐相处的最佳距离。

“老少居”既可促进爷孙亲情高粘度互动，又可使他们之间相互保持一定的独立空间。这里田明举了一个他在荷兰发现的案例：也许老人对杂技表演并不是特别感兴趣，但考虑到老人的孙子、孙女们都很爱看，所以，荷兰养老地产机构每周末会固定把诸如大象杂技团等请到社区来表演，于是孙子、孙女就会愿意过来陪老人，甚至每周五晚上小孩们会主动提醒爸爸妈妈带他们去看望爷爷奶奶，尽管小孩们可能是想去看杂技表演，但养老机构从源头创造了老人与子孙见面相处的一个机会，这本身就是一种人性化的策划。

3. 功能性养老住宅

朗诗正在尝试做综合性的养老社区，里面涵盖了养老公寓、护理、医疗及养老住宅，但在操作中，朗诗会先把买房者和长租者放在住宅里，并变成常规配套项目，如果城市有庞大需求，就再做独立的养老设施，扩张到城市里面。在朗诗养老社区里，30% 是居住，70% 是公共娱乐空间，比如诊疗、健身等。

事实上，从房间而言，老年人的得房率是很低的，只需要床、桌子、椅子就够了，关键是室外的社交活动空间和周全的配套服务设施。比如，即使是理发、修指甲等配套设施，也能体现老人的尊严和居住快乐。“想想看，如果老人整天蓬头垢面的，肯定生活得不愉快，但房屋内如果每天都很亮堂，别人赞扬，他们就会很开心。”而至于配套建筑设施，比如方便老年人的扶手、小坡度、自动冲凉房、低位的灯光开关、低位的应急按钮（老人跌倒后能够得到及时求救）等，这些反而相对容易做。真正难的是老年人的需求识别，要想把养老项目做成功，首先就要满足老年人的真实需求。

如何为老人提供更多的增值服务？朗诗做了很多创新，医疗是垄断的，朗诗肯定做不了医疗和医院，但朗诗可以利用自身的品牌和溢价能力与各地理疗机构建立长期合作关系，为社区老人建立绿色通道，使朗诗社区老人到当地医院看病可以免去排队挂号，能直接接受治疗。医院也愿意跟朗诗合作，因为朗诗有大量高端客户。朗诗虽然不做医疗，但却可以做护理，比如为老人按摩、陪护、陪散步都可以，当然有条件的地方还可以在小区设置一个门诊室，由医院派员驻点可以提供量血压，以及吃药打针之类的医疗服务。另外，朗诗养老社区食堂办得很好，尽管老年人不太能吃，但会吃得很满意。朗诗还会为临走前的老人提前办一个漂亮的生日聚会，这就是幸福社区，人的完美归宿，人活得有尊严。

四、成长谋略：从养老服务起航

1. 先做软件，再做硬件

该如何做养老地产的初期探索？田明分享了一个精彩案例，他在欧洲发现一家中小型养老公司，起初就是一个“夫妻店”，当他们发现社会出现了大量的老人，有大量的家政护理服务需求时，就决定由老公做经营由老婆做护士，认真细心地做好服务，期间通过口碑相传和发布小豆腐块广告，不多久就打出了名气。后来业务多得忙不过来，他们就开始雇佣人员组成自行车小分队提供上门服务。再到后来，业务更大了，扩张到不同城市，布点也增多了，而服务模式也开始根据需求而不断创新，比如子女要出差或者旅游，在 1 ~ 2 个月内家里的老人没人照顾，他们就推出老年人日托和长期照顾项目，价格合理且多个老年人形成玩伴，老人也愿意过来……可以看到，他们是从软性的服务起步，刚开始投入很少，只是在家里装几部电话，然后骑自行车上门服务，而后逐步发展到服务实体和硬件建设，这跟中国养老地产先做硬件后做软件的做法恰恰相反。

朗诗更认可海外这种模式，并迅速组建了一个养老服务公司，在中国几个城市做服务，先把“软性”这一部分摸清楚摸透了，然后再做服务型产品，最后再做实体。前期的这种软性服务虽然不是赚大钱的事，但朗诗愿意静下心来研究，这样的终极好处就在于能够知道老年人究竟需要什么。

企业的价值观不同，做出来的事情就不同。有的企业看到的养老是金钱和利润，而朗诗看到的是人，特别是人的需求，朗诗的价值观是以人为本。朗诗相信，先把人的真实需求满足了，赚钱只是顺带的事。

2. 模式重要，服务之心更重要

国外养老服务人员对长者都是发自内心地愿意服务，而国内这种氛围还远远没有形成，因为国外很多都是基督教国家，基督徒认为帮助别人是一件很幸福的事情，会以服务老人为快乐。目前国内养老服务人员还太功利，比较看重薪酬，朗诗不反对提供竞争力薪酬，但朗诗担忧的是高薪也解决不了内心价值观的东西。

田明表示，中国很多农村女人到城里来当保姆，也赚到一些钱，但她就是不快乐，而在中国就业的菲佣，她们往往没有什么高大的理想，生活的目标就是把雇主服务好，做好饭、打扫干净卫生等，再就是养好自己的子女，然后星期天请假去教堂做礼拜。信仰决定了她们内心的幸福度。同样，在中国台湾、韩国、日本，那里的护工做这些工作都觉得很体面，自己过得很快乐，而这种状态在中国大陆基本找不到。

朗诗最担心的就是做好养老产业后，找不到合适的人员去支撑用心服务，当然，朗诗也在尝试跟教会联系。据说，中国有 1 亿教徒，天生就有以帮助别人为快乐的文化基因，但能否转化成功，田明也只有静心等待。

五、养老目标：做养老产业

朗诗通过对长者全生命周期的需求研究，确立了养老“服务输出”和“产品开发”并举的经营策略，并在已有项目上开设老年人日间照料中心，产品配建中建立“一碗汤”产品、“老少居”产品和集中性社区（类似于如家服务连锁项目的养老全体系产品线），以此形成对长者从居家养老到机构养老的全覆盖。通过近两年的市场孕育，专注于养老产业的朗诗常青藤投资有限公司已于 2013 年正式成立，并宣告朗诗正式进军养老产业的战略。朗诗养老地产将依托已有的地产开发、绿建技术及物业服务能力，探索适老性物业及服务体系，确立以养老服务为主的发展思路，建立多层次、连续性的养老住宅产品和养老服务能力。

实践中，朗诗所有拿到的房地产项目都会先进行一项养老产品的评估，只要评估合适，朗诗就会在地产上面投放一部分老年人产品，有钱的高端客户可以买，中端客户则可以租。如果是销售的住宅则用 70 年产权物业来做，如果是租赁则用 40 年产权的配套商业来做。朗诗目前已有 4 个社区做成功了。

从模式来看，未来朗诗要做的是服务型养老连锁机构，有可能是像如家那样，不过朗诗会用自身的技术适当改造，以期快速发展。操作中，朗诗会在这些产品基础上，尝试做租赁型养老服务的连锁，不是自建房屋，不是自己产权，而是把自己的养老硬件、软件加上去。类似如家那样快速实现连锁发展，力争朗诗成为中国最早探索出可盈利、可复制的养老模式的企业之一。所以从整体而言，朗诗推崇的是养老产业，而不是单一养老地产的概念。

朗诗的养老产业究竟做到什么样才算成功？田明给出了一个创意的却又实在的标准——如果我们做的项目你自己愿意把父母亲、岳父母送去住，而且能够获得别人的夸奖，说你很孝顺。我们能做成这样口碑的项目，就算成功了。

结　语

上一个黄金 10 年，朗诗成为“中国绿色地产行业标杆”；下一个动荡的 10 年，朗诗希望打造独特的绿色帝国，从“绿”到“深绿”，从全国到全球，从十年朗诗到百年朗诗……对于未来，田明更想表达的是：“朗诗不用太在乎眼前利益和行业排名，核心要围绕绿色产业，在房地产领域继续发展，虽然竞争激烈，但朗诗用力也别太猛，用八分劲，招式不要用老了，跑 80 码速度就好了，完全不用跑 120 码，因为在中国做地产——长跑更重要！”

第十三章　地产+互联网

勇立潮头花样年——做中国最大的社区服务商

独家对话花样年控股集团主席兼首席执行官　潘军

不知是互联网成就了花样年，

还是花样年放大了互联网。

一家深圳地域性房企，

就这样在互联网思潮下声名鹊起，

其“轻体模式”甚至引得全国同行窥视。

怎样“变轻”?

用花样年总裁潘军极简洁的说法就是，

房子“免费”社区“赚钱”，

果真如此，

这位弄潮者的未来不可限量!

企业素描

花样年集团算是中国最有个性的地产企业之一，其地产业务连续多年入选“中国房地产百强企业”。2009 年，花样年在香港联交所主板成功上市，之后就开始酝酿一次华丽的转身。在过去的 4 年里，花样年完成了从一个单纯房地产公司向社区综合服务平台供应商的转型。为此，花样年成立了彩生活服务集团，专攻社区服务，目前彩生活集团已经向香港联交所提请独立上市。到 2020 年，花样年要进入中国 100 个最具价值的城市，服务 1 000 万个家庭，管理 10 亿平方米的社区，统一中国封闭式小区的管理标准，成为中国最大的社区整合者，这也是花样年布设的一盘“花开中国”大棋局。

规模：五大区域 16 个城市

花样年地产业务主要集中在珠江三角洲、长江三角洲、环渤海都市圈、成渝经济区、中部地区五大区域，已进入北京、上海、深圳、武汉、重庆、成都、天津、南京、东莞、惠州、苏州、无锡、桂林、大理、宁波等 16 个城市。在房企奔赴海外捞金的大潮中，花样年也不甘落后。目前花样年已在新加坡、日本东京、美国纽约等地设立办事处，以寻找合适的高增长投资回报项目，积累海外地产开发经验。

业绩：2011～2013 年销售额增长图

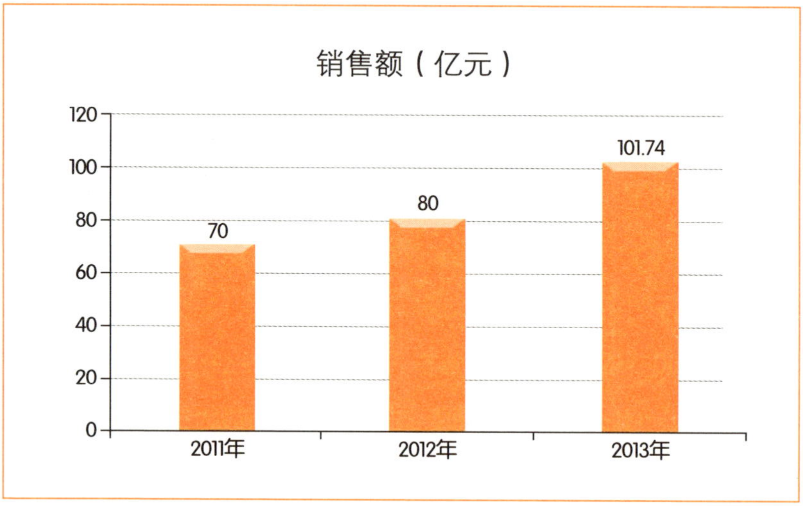

百强座次：连续 3 年入围中国房地产百强企业榜单

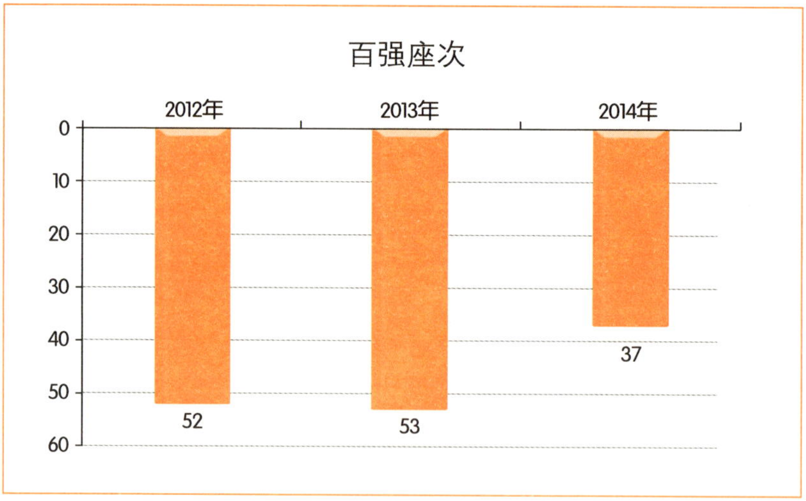

资料来源：2012 年、2013 年、2014 年中国房地产百强企业研究成果发布会（中国指数研究院）

潘军

1999年加盟花样年，2003年起担任深圳市花样年投资发展有限公司董事总经理，现任花样年控股集团有限公司董事局主席、首席执行官。

潘军管理语录

地产民企要想存活就必须轻资产化：

房地产市场的未来是央企的未来，民营房企只有团结起来才可能侥幸赚点小钱。中小型民营房企要想存活就必须转型，转型的出路就是轻资产化，靠管理、服务挣钱。5年后房地产业务必定不是企业收益的重要来源。

社区蕴藏着上万亿元的市场：

到2020年，花样年服务的社区将超过10亿平方米，超过4 000万人口。假设每人每月的社区消费是2 000元，4 000万人一年将会消费上万亿元。如果能拿到1%的佣金，就是一百亿元，按天猫模式计算，收3%～5%的佣金，则是300亿～500亿元。

掌握终端就掌握了未来：

我们希望花样年的战略能够成为抓住未来的抓手，如同腾讯手握社交端口、淘宝占领电商端口、360把控安全端口、百度依靠搜索端口一样，花样年要牢牢抓住通向社区的“服务端口”，谁掌握了终端，谁就掌握了未来。

免费黏人，服务挣钱：

未来，房子只是家庭的“外壳”，是社区的硬件，各种服务则是软件，房企将不靠硬件而是通过服务来挣钱。我正在研究如何实现将房子像“存话费送手机”一样，不要钱，免费送。

引言

做企业，不能只看到今天有多大，而要想到未来有多大，更重要的是面对未来趋势，要能前瞻性地选择合适的商业模式。花样年的八大产业转型，正是立足地产行业的趋势，根据自身能力和资源预估，抢行业之先的战略转型——“请不要叫我开发商，我们是社区服务商，只要牢牢掌握了社区终端，就掌握了未来。”这正是花样年集团总裁潘军向业界反复强调的观点。花样年为何要进行八大产业转型？又是如何玩转社区服务？如何构建企业未来的竞争优势……带着这一系列战略问题，明源地产研究院专程采访了花样年集团主席兼首席执行官潘军先生。

第一节　潘军看市——民营房企必须“变轻”

有人说，花样年是房地产干不下去了才进行战略转型的，对此，花样年集团总裁潘军不以为然。在潘军看来，中国房地产是一个高风险的行业，即使是地产百强，也随时可能破产倒闭，在这种背景下，花样年集团主动变革，不求一时的业绩成长与飙升，而更在乎长远的生存与发展，这才是做企业的最高境界。对此，花样年做轻资产转型，做商业模式变革，正是为了解决未来 5 年、10 年及以后持续发展的关键性问题。反过来说，很多同行也知道“改变”只是个时间问题，但他们还是沿着原有道路前行，其实内心也在隐隐地担忧行业危机会提早到来。但，花样年不愿意冒这个风险，因为花样年不想做生意“赌家”，而要做“企业赢家”。

一、金融化：从依赖土地到依赖资本

面对行业发展，潘军表示："早期房地产业的发展更多是依赖资源，这个资源就是土地，而在最近5年，房地产行业又变成了一个依赖'资本'的行业，企业只要有资本就好，因为土地是公开市场，一块地动辄就要几十亿元，甚至几百亿元，不是超重量级的企业根本拿不下来，在这种量级下，逼迫每个企业都去寻找资本，最终房地产金融化趋势逐渐显现。"

以前，做房地产，都会说受政策影响，最后发现影响力最大的是"金融政策"，这也导致业内越来越坚定地认为，房地产业变成了金融行业。这个时候，整个房地产企业之间的竞争就演变成为了赤裸裸的金融游戏。

对比之下，外国金融机构往往能够为房地产企业提供大部分资金，比如美国、新加坡在买地环节，银行会贷给75%，房地产企业自己只需拿出25%，盖房子时还能贷款80%左右的资金，企业只需要把握市场风险和客户满意度即可。那为何中国又是重资产模式呢？其一，买地，要求五天内付清款项，报建完、四证齐全后银行才地放出开发贷款，周期较长，这样房企就需要充足的本钱和资金，否则就没有参与竞争的资格。在新加坡，项目报建完了，资产是银行的，房企只要通过了审批，就可以预售了，这在中国简直是天方夜谭。因此，大部分房企开发地产，核心还是玩金融，房地产金融化属性也就越来越显著。

二、规模化：产业链成熟后的下一站

在中国，一旦产业链成熟了，利润率也开始相应下降，整个行业必然走向"规模化之路"。纵观国内房地产行业，自1998年取消货币分房走向市场化后，投资、拿地、设计、建设、营销等各大环节都高度专业化了，整个房地产上下游产业链各环节和社会配套也已经很成熟了。在这样一种基础下，房地产企业都拼命往“规模化”发展，小企业往中等企业发展，中等企业往大企业发展，拼命扩张规模。

但在规模之争中，中小型房企尤其是民营中小型房企，往往因为融资、产品、品牌、人才等多方面相对于大型房企或是央企国企缺乏竞争优势，以致发展前景堪忧。

三、花样年突围：轻资产+服务化

当房地产竞争从资源竞争转化为资本竞争，当行业净利润率进一步下降时，当房地产开发已经进入一个平台期，营业额、销售面积都已经趋于稳定时，房企若是依旧按照“买地、建楼、卖房子”的传统套路经营，其未来生存与发展必将面临严峻的挑战，而换种玩法，在某种程度上已成为新时期的房企变革的必然。

面对未来，潘军强调：“民营房企未来很重要的一条出路是轻资产模式，当土地变成资源、金融变成门槛的时候，民营房企会越来越被动，民营房企不可能跟央企争资源，要想存活就必须转型，转型的出路就是轻资产化。”另一方面，美国相对成熟的房地产市场已经细分为众多依靠专业和运营赚钱的服务机构，而国内龙头万科面向未来也选择了“做城市服务规划商、配套服务商”的战略定位。潘军表示：“未来中国房地产业将逐步走向服务产业，与之对应，开发商的核心竞争力将是服务能力。并且，资源是一时的，服务却是长久的，而且服务业天生是轻资产模式，所以花样年选择做好社区服务，做中国最大的社区运营服务商。”

基于对行业趋势的研判，潘军为花样年在战略层次“量身订做”了一套“轻资产”模式，即最终把花样年打造成为一个以金融为杠杆、以服务为平台、以开发为工具的金融控股集团，目标是逐渐淡化房地产开发在集团中的主业地位，并逐渐将公司业务范围扩展到包括金融服务、社区服务、物业管理、商业管理、酒店管理、文化旅游及养生养老等其他七大领域。

潘军强调，后七大领域完全是“小投入、大产出”模式，花样年往往只需拿出几亿元资金，就会有很好的利润，比如做社区小贷，仅仅几亿元的资金就够，若是在房地产开发领域，可能连一个项目都做不了，但若在社区小贷领域却可能做成领军企业，且利润率比房地产还高。另一方面，轻资产市场价值空间巨大，在资本市场，轻资产概念的房地产上下游企业往往 PE 很高，比如房地产股的 PE 值在香港资本市场普遍是 4 ~ 5 倍，国内则是 8 ~ 10 倍，但是轻资产的小微企业却往往能够做到 60 ~ 80 倍。比如东方园林为房地产市场提供苗木和景观设计服务，其市值就非常高，达 100 多倍。经过预估测算，2020 年花样年轻资产业务销售额将达 1 000 亿元，将全面超过房地产业务。

但在目前，花样年还是坚持做住宅地产，花样年也计划在 2013 年销售额突破 100 亿元的基础上，于 2014 年突破 150 亿元，并通过 3 ~ 5 年做到 500 亿元。潘军强调：“住宅地产开发在一段时间内仍然是花样年的拳头业务，但从长远来看，七大轻资产业务占比将会快速提升。”

第二节　剑走偏锋——做中国最大的社区服务商

面对行业演变，花样年立志做中国最大的社区服务商。在潘军看来，中国房地产最大的价值不在于生产房子，而在于生产客户。未来花样年不仅要让人住上好房子，更要立足社区服务，抢占终端，让所有社区人住得更便捷、更有品位、更有趣味。

一、蛋糕巨大：社区服务盈利空间可达 500 亿元

花样年要赚“社区”的钱！为什么？对此，潘军表示，房子迟早会卖完，但社区可以服务 70 年。花样年进行转型就是希望在住宅地产行业没落的时候，

自己还有更多的牌可以打。更多时候，花样年把房地产开发当作生产客户的工具，比如花样年开发销售1.5万套房子，就相当于生产了1.5万户家庭客户。同时，别人在圈地，花样年在圈社区。

截至2013年年底，花样年圈的社区已覆盖70个城市、650个社区。服务社区面积超过1亿平方米，大约覆盖100万人口，接近80万个家庭。已经成为中国最大的小区服务运营商。另一方面，花样年集团物业经营收入中有70%来自彩生活，而彩生活利润率较房地产业务高一倍。

从社区服务市场的未来空间看，到2020年花样年服务的社区将超过10亿平方米，超过4 000万人口，假设每人每月社区消费是2 000元，一年就是2.4万元，4 000万人一年将会消费上万亿元。如果按1%的佣金计算，收益就是100亿元；拿到2%，就是200亿元；按天猫模式收3%～5%的佣金计算，就是300亿～500亿元。

钱永远在客户那儿，花样年要想得就要考虑怎么服务好客户，把人服务好，就能顺便挣大钱。

二、掌控端口：掌握终端就掌握了未来

在移动互联网时代，没有互联网思维的企业可能就没有未来。移动互联网经济最核心的思维有三个：把一件事做到免费，通过其他服务来赚钱；让客户体验最舒服；抓住了最大量的人群就是王。花样年就用这三大核心思维，颠覆了社区服务模式。如同腾讯手握社交端口、淘宝占领电商端口、360把控安全端口、百度依靠搜索端口一样，花样年在未来要牢牢抓住通向社区的“服务端口”，因为谁掌握了终端，谁就掌握了未来。

1. 免费，花样年可以做到“零物管费”

在实践中，花样年是比较早用互联网思维来重组和发展业务的房地产公司，

互联网经常提到的海量、免费、大数据这些词，花样年已经引入社区管理中。“零物管费”，就是通过整合业主的大量消费来实现利润，这种模式听起来很诱人。潘军也作过类似设想，他正在研究如何实现将房子像“存话费送手机”一样，即手机不要钱，免费送，而致力于挣长期话费的钱。

“免费”是潘军增加客户黏性的终极武器。“眼下，花样年最重要的诉求，是基于社区平台，大幅度提高客户的黏度，”潘军表示，“我们希望通过彩生活整合大家的消费，产生积分，最终实现客户能免费使用花样年的社区服务。”具体而言，花样年可以整合周边商户提供的各种日常商品及服务，社区住户购买这些商户的商品和服务都可以获得积分，用这些消费积分可以兑换管理费和其他社区服务，积分是免费送的，使用者并没有花钱买积分，这样就可以实现“零物管费”。

未来，房子只是家庭的“外壳”，是社区的硬件，各种服务则是软件，花样年未来挣钱不是靠硬件，而是通过优质的社区服务。

2. 体验：社区竞争未来拼 F2F 体验

未来，花样年不仅仅是为住房盖房子，而且要盖好房子，成为整个体验式经济的推动者，花样年盖房子不只是给住房提供一个空间，更关键的是要成为这个空间的服务者和空间的创意者，开发商有义务为住户提供美好的生活平台。在花样年的社区里，住户的生活空间体验是线上和线下一体化的，让住户感觉很好玩，方便又实用。未来房地产市场的竞争看的不是谁的面积大、谁的产品多，而是看谁的 F2F（Face-to-Face）体验做得好，而这正是花样年要提前做的事。

中国社会是非常强调人际关系的，而现在的商业模式把人际关系都给切断了。未来的趋势一定是强调发展人与人之间的关系，如果没有“Face-to-Face”的话，商业就没有未来。如果房地产项目一点特色都没有，一点差异化都没有，只是满足客户的居住需要而已，那么就是冷冰冰的社区。花样年要做的就是把社区打通，把社区变成暖洋洋的社区，切实做好 F2F 体验。

3. 出发点：传统物管关注“物”，花样年物管关注“人”

传统的物业管理关注的是“物”，而花样年颠覆了物管思维，将重点放在“人”身上，从被动服务转化为积极的主动式服务，提出了“把社区服务做到家”的创新服务理念。这个理念包含两重意思，一方面是希望做到最好，成为这方面的专家，另一方面是要关注“家”这个单元。社会是由家庭组成的，“家”代表了这个社会关系的最小单元，社区是经济社会最基本的聚集单元，也是共性生活的集合体，生活需求的直接触点。潘军作了一个形象的比喻：“就像治病得从细胞和 DNA 研究起一样，只有细胞健康，整个人才会健康。社会的消费同样由每一个消费细胞组成，因此花样年就做最小的细胞，做家庭服务，坚持做，就一定能做好。”

花样年打造的是一种新的“B2F”商业模式，核心就是服务家庭，研究家庭细胞的生活需求，比如生老病死、吃喝玩乐、教育等，有针对性地提供不同的服务组合。

三、基础服务：“智慧社区”颠覆传统物管

面对传统物业管理行业 95% 亏损的格局，潘军自豪地说：“花样年彩生活集团 2013 年的利润差不多是一亿元，但从 2002 年至今所有投入一共才 50 万元，第一年略赔，第二年保平，第三年就回本，历史分红 2 700 万元，形成了 9 000 万元的现金资产。”花样年具体是如何做到满足住户消费需求和良好体验的呢？又如何把一个多年亏损的行业扭亏为盈的呢？

如果基础的物业管理服务不到位，就不能得到社区住户的认可。因此，在现

阶段对于花样年来说，基础的物业管理服务仍不能丢弃，不过必须超越传统服务模式。智慧社区是社区管理的一种新理念，是指充分利用物联网、云计算、移动互联网等新一代信息技术的集成应用，为社区居民提供一个安全、舒适、便利的现代化、智慧化的生活环境，从而形成基于信息化、智能化的社会管理与服务的一种新型管理形态的社区。与传统物业管理相比，该新型管理服务更多、及时性更好，企业的收益也会更多。彩生活基于这样的思路，用技术解放劳动力，提升项目管控集中度，在降低成本的同时提升效率。

1. 去“稻草人”，社区管家月薪 9 千元

在潘军看来，传统的物业管理模式劳动力成本太高，还留不住人。传统的物业公司几乎没有什么资产，除了几台电脑、几张床、几个对讲机、几套保安服就没有什么了，依赖的就是人，70%~80%的员工都是保安，负责小区的安全和秩序，这样的企业在未来是很难生存下去的。各地都在不断提高工资标准，劳动力成本上升是必然趋势，但要提高物业费却很难，比如要通过业主委员会表决，所以把成本转嫁给业主的做法也不太现实。

比如传统保安岗位价值低，只是承担管理社区安全的职责，很容易变成只是摆设的“稻草人”，反而形成安全隐患。举个现实例子，社区大门保安在执勤时遇到没有带门禁卡的业主，会要求业主登记，对此有些业主会配合保安进行登记，但有些业主会言辞激烈地和保安理论，保安在被业主“教训”后，往往只能开门，这样一来，保安就会形成见人就开门的习惯，更有甚者会让大门常开，最终失去设立门禁的意义，但是保安又不能分辨谁是好人，谁是坏人。而这些完全能通过社区智能化中的科技手段轻松解决。

所以，花样年要做的是解放闲置劳动力，打造“社区管家”。彩生活主要依赖现代技术来提供一种信息化、专业化、机械化的便民模式。目前，物业管理行

业在劳动力开发上面做得很不够，对人的使用率是比较低的。比如说对一个社区保安，可能只是开发了其能力的 1%，甚至更少，99% 都是闲置的，如何把其 99% 的时间或能力利用起来，也是社区服务企业应对成本上升的一个办法。将闲置的劳动力释放，用高质素的管家为业主提供更多的服务，获取高附加值。潘军说："大学生可以到我们这里做社区管家，底薪 3 千元，做好了再提升 6 千元，一个月能拿 9 千元，也不错。"实际上，业主对社区服务公司有比较高的信任度，如果能够把更好更多的服务带进小区，业主的接受度还是比较高的，但关键是社区的服务得先做得让业主看得到。

2. 智慧社区：集中管控+远程监控

面对大规模扩张中高质量的项目经理稀缺，以及劳动力紧缺和人工成本大幅上涨等问题，彩生活依托 400 全国呼叫中心技术，以及基于互联网技术支持的信息平台、基于物联网技术的远程管理平台等三个互相关联的子平台进行实时互动，整合为"云管控"平台。通俗地说，云管控服务平台就是一个多功能控制中心，它将物联网、小区网、互联网、3G 网等多网融合，将原有的各自独立的系统功能如智能家居、楼宇对讲、门禁、防盗报警、远程监控、停车场管理、资讯服务、多媒体娱乐等有机整合，让工作人员通过 3G 手机、PAD 就可以与上述各系统实时互动，从而为社区服务带来全新的、智能的"酷体验"。

云管控平台的出现实现了彩生活总部运营中心对分布在全国各地数百个项目生产服务活动的统一计划、指挥、跟踪检查、奖罚，以及对项目关键岗位和设施管理运营超级扁平化的"集中管控"和"远程监控"：一是将项目不移动岗位（如大门岗、车库道口岗、接听电话的客服岗等）的现场值守，转化为远程集中值守。所管小区没有保安在出入口值岗，安全、清洁、设备维修等工作都直接受区域总部运营中心远程监控，这样企业的人员结构将彻底改变。二是赋予移动性的岗位管家以综合职责，使其在底层解决基础物业管理与增值服务的劳动分时间题。三是改变以单个项目封闭运行的模式，建立项目片区“控制环”，在城市设立片区维修机动队伍和清洁机动作业队，由区域总部运营中心根据需要通过“云管控”网络直接向事业部、片区、项目下达作业指令，并对工作人员执行跟踪，最终既提高了管理和执行效率，又大幅度减少了人员配置。

以“设备故障维修”集中管控为例，小区设备若发生故障，管理处或业主可拨打400电话报修，呼叫中心接到电话后，做记录并编制应急维修任务派工单，通过任务系统发送给片区维修机动队队长，并用400电话通知他。维修队队长通过平板电脑和电话接收指令和派工电话，驾车前往小区，到达后打400电话通知信息中心，并在小区远程摄像机下报到。维修机动队作业前用彩PHONE手机拍摄现场照片两张，用工作任务系统上传照片。之后，对故障设备进行检查作业，有能力则自行修理，如有困难，可以连接网络摄像机及电话，传输图像及语音数据，请求信息中心维修专家远程技术支持。修复后，拍两张照片用任务系统上传，并交社区管理处进行验收。信息中心检查工作任务系统中队长的指令回复，在数据库中检查照片，并用400电话对社区管理处进行回访并做记录。信息中心每天发布“集中管控日报”给集团各级领导，每月统计指令（作业计划）完成情况，并上报人事部门，据此计算月绩效奖金。

四、社区盈利：不收物业费也能赚大钱

1. 商家分成：做隐形的社区7－11

长期来看，花样年是希望打造一种无店面的7－11。7－11实际上有几百种服务，它能够解决社区居民的早餐、柴米油盐、日常生活用品（如牙膏和牙刷）等，甚至可以缴纳各种费用，连买报纸、订杂志等服务都有。花样年整个的社区

服务中心，希望利用现代电子商务，将客户的需求用一种无店面的形式来实现，而花样年则从其中获取中间服务费用。

花样年的这种模式是受到了台湾 7－11 模式的启发，因为台湾没有大的社区，都是一栋一栋楼，整个台湾 2 000 多万人口，有 5 000 多家 7－11 店，台湾人很喜欢把许多家庭琐事在 7－11 便利店解决，比如交税费、煤气费、电话充值、交通卡充值、买早餐或者是订报纸等。台湾人购物不用开车，买完东西把离家最近的 7－11 便利店地址写下就可以，2 天后货会送到 7－11，然后 7－11 再打电话通知客户去取，这中间 7－11 可以向卖家收取一定的费用。未来，花样年希望自己像 7－11 店一样，能够把社区内大量的居家生活需求在“彩生活”里解决。

比如现在北京买一瓶酱油都要开车出去，今后这类事情都能由社区服务帮忙解决。比如，花样年社区与小白兔干洗建立了合作，小白兔成为花样年社区指定的收衣商家。花样年在社区里为小白兔做了一个存放衣服的专用柜子，提供代收衣服服务，同时还通过电商推广。花样年就是借助社区优势，节省了商家开设分散铺面的成本，从而与其分享收益。比如，通过社区代收衣服，小白兔就不用在离小区最近的地方租一个商铺，也不用请人，成本降低了 30%，多赚的钱就按一定比例分给花样年。

2. 占领终端：控制社区最后 100 米

潘军认为，彩生活未来可以和马云的菜鸟网络形成竞争。因为花样年掌握了最小的细胞即社区家庭，也就掌握了终端，控制了所有物流的进出，这就是控制“最后 100 米”的优势。

以后在花样年彩生活管辖的社区，速递员将不能直接进入小区，速递员可以采用租赁彩生活保险（放心保）柜的形式，将信件及物品直接放到保险柜里，让业主从“等快递”变为就近“取快递”。这种模式有两个好处，一是可以杜绝小区内的安全问题；二是可以提升快递公司的工作效率。目前，花样年已经和速递易进行了合作，快递到小区以后，快递员会把包裹存放在速递易设备中，而设备会自动发一个提取码到收货人手机上，收货人把提取码输进设备就可以打开对应的箱门拿到包裹。以后，不管是从社区发出的，还是从企业、家庭发出的包裹，都可以用这里的电子柜。

3. 个性服务：按不同人群匹配专属服务

传统的物业管理将关注点放在物上，那么提供的服务基本上是一致的，比如说保洁、安全、绿化等，这些是共性的；当社区服务针对的是人时，那么企业就必须研究不同的社区、不同的人群，了解住户的个性需求。所以，彩生活是针对不同的人群开展不同的服务，最终增强客户生活的便利性和惊喜度。

对于小户型公寓来言，一般购房者有两类人群，一类是白领，将之作为过渡性的住所，第二类就是投资客；而大户型和所谓的“豪宅”，业主往往以二次置业、自住为主。这两种不同类型的项目，其客户群有很大的不同。比如说小户型公寓里居住的主要是年轻人，年轻人大多有小孩，个别的有老人，他们因忙于工作等基本上在家的时间不多，那么社区服务就要多考虑如何把小孩和老人列入服务的重点对象；再比如说白领公寓，由于住户的生活节奏很快，他们的家居生活用品很可能需要社区服务企业来提供，此外还要考虑为小孩提供学习、玩耍的场所，为老人提供休闲娱乐的场所和服务，如棋牌室等。而在那些大户型的项目中，住户可能对柴米油盐这些日常生活用品的需求比较少，相对而言对高端的服务需求会多一些，社区服务也要相应地改变侧重点。

对于社区的小业主，彩生活模式的个性化增值服务板块又注入了房屋增值的内容。所谓房屋增值，就是彩生活服务集团设置专门的职能部门充当房屋买卖双方的媒介及专业服务提供者，为社区住户配置家私家电和代收租金，为租户提供酒店式服务及租金代付，并通过吸纳社区住户中小户型房源，对其进行统一承租、装修，其后包装、策划、分租，以提高房屋整体租售价，起到一个资产经营公司的作用。由于彩生活服务集团所掌握的房源存量可观，对社区情况熟悉，因此，在房租定价时相应地有了发言权，为自身积累了服务增值的一部分利润外，也为业主创造了更大的价值。

4. 团购电商：对接原产地、低于市场价 30%

乔布斯说了一句话“每个人都想来改变这个世界，留下一点痕迹”，但真正要做到，就要跟别人不一样。花样年的 8 个产业，就是基于社区的颠覆性改造。未来最想颠覆的就是社区超市，通过电商形态，让社区超市消失掉，以至于最后到生鲜超市都会被电商化。就像智能手机会颠覆照相机，将照相功能容纳在手机里一样。

中国的居住模式跟美国等国家非常不同，在一个很小的地块上可以居住成千上万的人，有的小区规模达几百万平方米，你可以想象得到，在这个拥有成千上万人居住的社区里面，它的消费力有多大。另一方面，有些商品的渠道成本极高，较高的渠道成本在很大程度上源于品牌的渠道成本，如广告、柜台、租金、人工费用等。彩生活服务模式就可以通过整合资源，直接跟厂商合作，从而省去中间成本，产生团购效应。这种服务模式最终的结果是业主可以用较低的价格买到更多商品，彩生活能够凭借渠道和平台从商家获利，供应商也能开拓新的渠道和销售模式，实现三方共赢。

日用品“团购七彩包”：基本的团购服务主要针对花样年社区住户的居家生活需求，提供社区住户日常家居生活所需的日用品，彩生活服务集团将这种团购服务命名为“七彩包”。七彩包主要分为两类：一类是以资讯为主的产品，比如上网业务、电话充值、车辆保险、教育培训等，这类商品不需要物流配送。另外一类就是涉及物流配送的产品，比如桶装水、米、食用油等基本的生活用品。对于此类商品，彩生活服务集团也有自身的遴选原则：一是针对没有购物乐趣的住房需求；二是针对携带和搬运不方便的住房需求；三是针对容易存在信任风险的商品。彩生活模式的七彩包品类丰富，在进行团购服务时，对货品的质量管理以及保证商品供销渠道的畅通，是彩生活服务集团进行该项服务风险控制的重点。目前，彩生活服务集团已经成为了相关品牌产品的代理商。

吃穿住行“幸福中国行”：彩生活现在开展“幸福中国行”活动，每月向社区推荐来自原产地、低于市场价 30% 的水果，这些水果都是从产地直销，由社区承包卖给住户，同时，彩生活联合国内顶级电商给业主做团购。目前花样年已在全国 45 个城市建立了“彩生活”团队，完全可以满足配送需求，剔除中介环节，便意味着节省了流通环节 50% 以上的成本，而节省的成本一部分返利给业主，一部分支撑花样年物业赢利。同样，对于蔬菜，花样年也找到农业运营商，通过农业合作社与社区平台孵化，最终把田间地头的菜直接送到终端，把中间的成本环节全部省掉。这样做的目的是卖给业主的菜，保证比超市的价格低 20%，而且还要更方便。现在超市蔬菜卖得很贵，尤其是有机蔬菜，实质上卖的是附加值，而通过花样年电商渠道，超市租金没有了，上架费没有了，业主也不用去农贸批发市场，花样年就是这样把家庭需求与农业合作社对接上了。

5. 与银行错位：基于个人信用做“草根金融”

社区金融也是花样年致力于新战略的一部分，潘军表示，因为花样年最了解客户的情况，最了解客户的需求，所以未来花样年要做财富管理，替客户做专业的财富安排。

潘军希望通过社区服务平台打造“草根金融”：业主如果需要急用钱，或者银行定期存款未到期，通过一个专业评估之后，系统可以确认是不是给他借钱；然后通过自己的小贷公司，提供小额贷款给个体。现在银行做的小微贷款都是50万元以上的，几万块钱银行都不做，但这个市场需求又很大，花样年就要抢占这块大蛋糕。至于盈利模式，花样年遵循“大数法则”，通过海量的小额借款，比如每人借5万元，2 000个用户就能放出1个亿的贷款，产生的利息是很可观的。社区业主的小额贷款几乎没有出现坏账的可能，因为业主有房产在小区；而对于那些在小区租房的用户来说，只要严格把关，也能将坏账率限制在可控范围之内。

如何评估个人信用呢？这就体现出花样年的优势——社区平台。个体的信用数据可以通过社区消费系统来采集，即通过业主的日常行为，包括交水电费、物业管理费、停车管理费等是否准时，将这些记录输入IT后台。采集数据是一个长期积累的过程，花样年已经从5年前就开始搜集用户数据。在这个平台上，业主、小区内的生活服务商都会留下所有行为的数据。目前，花样年的小贷业务已经在全国快速拓展，包括工薪贷、业主贷和生意贷，贷款者只需提供几样简单的证明，而随着对社区大数据的深入搜集，未来这些资料或许无须用户提供，而是直接由系统自动生成。

当前中国已拥有超过16.8万个社区，社区家庭总户数高达40 380万户，花样年目前所服务的社区仍很有限，未来需要更快速地扩张。花样年对于社区服务的未来发展规划是“百城千万”，即到2020年，彩生活将进入中国100个最具价值的城市，服务1千万个家庭，管理10亿平方米的社区。

除规模之外，潘军的心中还有一个更大的目标，就是未来要用最先进的物联网、互联网系统，针对所有社区实施标准化运营。潘军说：“花样年要统一中国封闭式小区的管理标准。未来如果花样年进入的小区没有现成的设施，就自己投资改造，全部按统一的标准建，最终形成行业标准，让所有的社区都使用花样年的这套系统。因为，花样年——要做中国最大的社区整合者!”

第三节　体系创新——花样年社区服务三件宝

基于互联网和B2F模式，花样年搭建起专业服务体系即彩生活社区服务体系，既能满足社区住户日常生活、不动产的经营与打理等各种需求，又可通过相关线上技术支持平台，实现社区内需求与社区外相关信息流、物流、商流、资金流的有效对接，让业主得到极大的便利和体验乐趣。2008年，花样年单独组建彩生活服务集团有限公司，以输出“彩生活社区服务体系”的方式，与全国物业公司展开全面战略合作。具体而言，该体系主要包括彩空间、彩之云、彩付卡三大模块。

一、彩空间：管理处变成“体验店”

“彩空间”是指通过与物业管家、生活顾问相结合，借助高新技术手段，将基本物业服务更为形象地转化、融合于其中，并落地到社区从而构建的一种“彩生活空间体验店”。行动体验是顾客体验过程的一个重要组成要素，也是感官、情感、思考体验的递进过程。在这一阶段，顾客体验最终会转化为对其生活方式的影响，或者改变其某些行为。花样年就是通过彩生活空间改变原来客户与物业公司对接的习惯，让业主从原来习惯于在线下、习惯于面对面和管理处进行沟通来解决问题，转变成由业主自主到线上通过体验自助式服务来解决问题。

社区里可能有很多老年住户，还有不断新进来的住户，他们对彩生活的各项服务、产品不熟悉，对此彩空间就会想尽办法给大家一个充分了解的机会，期间还有一些游戏可以让住户体验一下，重要的是通过体验能让住户认知、熟悉、喜欢相关产品的使用。举例来说，过去业主是跑到管理处交下个月的停车费，客服员就拿业主的卡往机器上一刷就行了。现在到彩生活空间，方式就变了，业主来了之后，工作人员先不急着收钱，告诉业主现在社区交停车费有新的方式，可以登录彩生活网站，有交停车费的按钮，点击进去通过支付宝或者银联卡就可以自主缴费，而且还有优惠。这种线上线下的推进，彻底改变了传统物业管理与服务模式，让业主感觉社区服务更便捷、更细心、更周到。

二、彩之云：移动 APP 玩转微商圈

1. 把点状商家集合成商圈

“彩之云”是彩生活服务集团基于移动互联网与云计算技术推出的一个为社区业主提供各类生活、家居服务的一站式服务移动 APP，它将物业管理和各种各样的社区服务都集成到“云端”。彩之云的核心就是“一网、一中心、一站”，充分利用互联网的手段建立呼叫中心，打造一站式的社区服务平台。社区业主和居民通过智能手机等终端，即可将居家生活一网打尽。

更为重要的是，“彩之云”还把社区周边一公里范围内的所有商家都集合进来，集成包含衣、食、住、行、娱、购、游在内的各领域商户服务资源，时时推送更新活动资讯，凭借千种拓展服务，通过层层审核把关提供最放心的便捷选择，建立起了一个邻里社区的“微商圈”，真正形成了一个社区服务的大平台。用户足不出户，即可享受社区周边的各类服务，体验最便捷的品质生活。

2. 把业主核心服务集成到 APP

为了更好地服务业主，花样年为业主开发了相应的 APP，它能将常见功能都包含在内，且留有未来拓展的接口，具体有“缴物业费、车费，报修，订餐，晒贴……这些算是初级功能。而用户只要打开他所在小区社区的 APP，打的、租房、洗衣服、买彩票、订机票车票、订酒店、报驾校、金融理财……各种服务无所不有。这款叫“彩之云”的 APP 让人感觉，恨不得要装下用户的全部生活。

具体而言，其服务有以下六大内容。

（1）物业服务

这里可以实现基础的物业管理、投诉和报修，物业缴费，还有水电煤气费的代收代交，房屋增值业务等。比如，业主可以直接通过手机支付，而无须开通网银就可以在线对物业费进行交纳。交停车费也很简单，输入车牌号和停车方式，就会出来停车费的金额，同样这也可以进行手机支付。

（2）020 服务

020 的业务涵盖社区周边一公里的商圈，通过 APP 实现信息的传递，在其上面可以直接快速地预定和订购产品和服务。举一个很简单的例子，现在很多比较宅的人在家里，原来订餐的方式是打电话到楼下的快餐店，但是要花很长的时间与商家交流，对方也不耐烦，因为订餐时点也正是生意的高峰期。如果通过 APP，他则可以在家里下单，可以选择他要吃的东西，商户的 APP 上会及时收到这个信息，商家会在他指定的时间内将订的餐送到他家里去。周边的优惠是完全整合小区周边一公里的商家，根据不同的商家类别，业主可以通过彩付卡享受相应的折扣优惠，比如说一个花样年认证的商家，所有的业主过去都可以得到 9. 5 折的优惠。

（3）虚拟服务

包括四大类——生活、出行、汽车、金融理财——虚拟服务。

（4）商品服务

花样年规划了 100 种业主需要的产品，并联合国内顶级的电商，跟他们一起通过彩之云的平台服务于业主。花样年对这些供应商有要求，让他们对服务做出承诺，这比单个业主跟这些供应商谈判要有效率。我们把这些服务放到服务平台上去，商家也愿意与社区业主实现无缝对接，因为他们单独去做网站平台成本太高，而通过我们的平台让其成为彩生活的特约商家，还可以让住户享受到很多的额外服务，比如全国最大的华润无公害蔬菜、粮油等一些战略供应商为社区提供的优质服务。

（5）智能管家

基于安全角度来考虑，APP 里规划有智能管家内容。通过家用的无线移动摄像头，家里只要有 WIFI 的环境，这个摄像头就可以放在任何一个房间，业主将可以在办公室远程地控制摄像头，他甚至可以让这个摄像头 360 度旋转来察看家里的情况。无线红外报警主要设在大门、阳台和窗户处，一旦有不明的侵入将会实时报警。

（6）连锁经营

这也是彩生活独创的在社区里面引入供应商和代理，并通过彩之云的平台来实现供应商、加盟商、业主和平台的四商共赢，我们现在在深圳已经开展了桶装水、小白兔的干洗服务、营养早餐，以后还会把更多的服务带向全国。

三、彩付卡：消费积分换服务

为了方便社区业主与居民享用“彩之云”所带来的种种便捷生活服务，彩生活还建立了一个专门的社区支付和积分的平台——“彩付卡”，这被称为彩生活的“第三大法宝”。彩付卡是连接社区服务平台、商家和业主的纽带，任何一个业主都可以通过彩付卡购买平台上面提供的商品和服务，然后到线下享受商家的服务。这张卡就是花样年和光大银行联合发行的彩生活联名卡，它通过支付方式贯穿整个服务的过程。用户只要在“彩之云”上享受任何服务，都可以得到积分，这些积分可以用于消费社区中各种各样的服务。

花样年利用彩生活社区服务体系来整合社会资源，把线上的技术性优势和线下的人性化服务完美融合，让业主能够把更多的时间和精力节省出来，投入到多姿多彩的社区生活之中。目前，彩生活社区服务体系已经更新到 V2.1 版本，同时逐步在全国社区铺设。

结 语

互联网是一个实证性的行业，它是磨出来的，马云也并非 10 年前就想透彻了，他更多地是看到了互联网的趋势，而后勇敢地去做，反复地改，改得别人都模仿不了，最终形成自己的淘宝帝国。花样年地产率先向互联网应用、轻资产转型也是如此。潘军表示："移动互联网的大时代已经来临，企业如果不革自己的命，未来别人就会革你的命，虽然先行者阻力众多，但花样年必会不骄不躁、勇敢前行！"